Татьяна Разумовская
Лев Разумовский

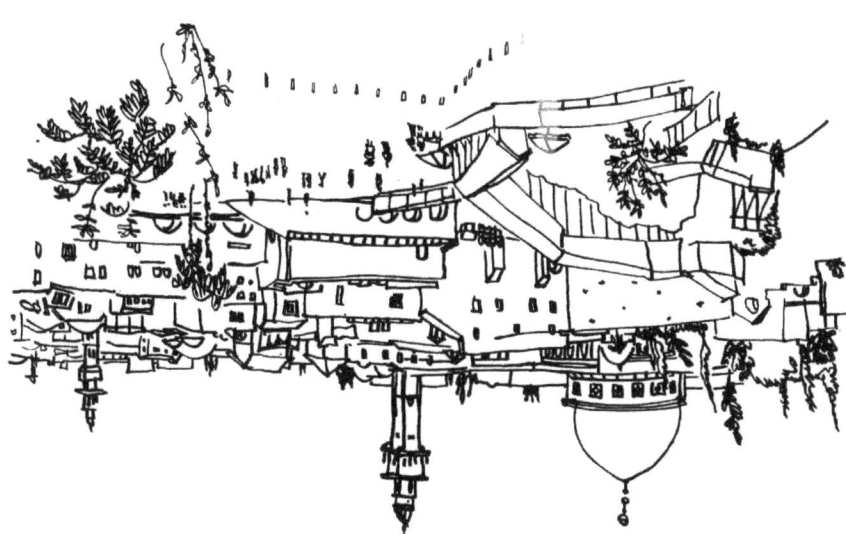

Мир наоборот

Израильские зарисовки

БОСТОН • 2023 • BOSTON

Татьяна Разумовская, Лев Разумовский
Мир наоборот: Израильские зарисовки

Tatiana Razumovsky, Lev Razumovsky
The World Upside Down: Israeli sketches

Copyright © 2018–2023 by Tatiana & Lev Razumovsky

All rights reserved. No part of this book may be reproduced or utilized in any form or by any means, electronic or mechanical, including photocopying, recording, or by any information storage and retrieval system, without the written permission of the copyright holder.

ISBN 978-1960533197

Cover Design: Larysa Studinskaya © 2023
Дизайн обложки: Лариса Студинская © 2023

В оформлении текста книги использованы рисунки Льва Разумовского © 1988–2001

Published by M•Graphics | Boston, MA
  www.mgraphics-books.com
  mgraphics.books@gmail.com

Printed in the USA

Вместо предисловия

Это необыкновенная книга. У нее два автора — отец и дочь. Отец: Лев Самсонович Разумовский — человек поразительных способностей и удивительной судьбы. Такое впечатление, что он как бы явился к нам из мира Высокого Ренессанса. Настолько это яркий пример «универсального человека», вполне выдерживающего сравнение с когортой выдающихся мастеров, которую дала человечеству та знаменитая эпоха. Судите сами: он замечательный скульптор, удостоенный всевозможных наград, превосходный художник, график, медальер, создатель дивных моделей детских игрушек и, к тому же, замечательный писатель. Автор горькой, потрясающей своей запредельной искренностью книги о войне «Нас время учило…», где некоторые страницы напоминают эпизоды дантовского Ада. Но это еще не все. Он, потерявший на войне левую руку, сделал, казалось бы, невозможное — сумел виртуозно овладеть самой трудной профессией в искусстве. Стал скульптором. Уникальное явление в мировой культуре. Лев Разумовский мог своей одной рукой делать то, что даже великан Бриарей никогда бы не сделал своими ста руками.

Но, конечно, основной автор этой книги Татьяна Разумовская, репатриировавшаяся вместе семьей в Израиль в 1988 году, и сразу ощутившая его уникальность, с первых же дней стала записывать свои впечатления в блокноты, заполнявшиеся одни за другими.

Татьяна Разумовская не придавала своим записям особого значения, и, возможно, эта книга так бы и осталась в файлах компьютера, если бы не ее отец. Начиная с 1988 года и до самой своей кончины, Лев Самсонович каждый год приезжал в Израиль в гости к дочери и внуку. Он видел здесь всё и старался понять новые для него реалии жизни.

Именно из-за этих рисунков и решилась Татьяна Разумовская на издание своей книги: в память об отце. Рисунки мастера вошли в нее и слились в единое целое с текстом, не оставив рубцов в художественной ткани. Отличает эти рисунки какая-то особо теплая аура, и если долго на них смотреть, то покажется, что они оживают.

Достоинства включенной в книгу прозы в простоте и художественной целостности, в прозрачной чистоте языка и в живописности героев, словесные портреты которых созданы автором с большим мастерством, одним-двумя штрихами. И, конечно, в музыкальной тональности, пронизывающей всю книгу.

Конечно, скажут некоторые, она ведь дочь исключительно одаренного человека, и ее мастерство результат наследственности. Я лично не считаю, что артистичность и удивительная способность чувствовать и заставлять почувствовать нас неповторимые мгновения жизни передаются по наследству. Слишком уж часто яблоки от яблони далеко падают.

Конечно, мне хотелось бы привести наиболее яркие фрагменты из этой книги, но, боюсь, что тогда мне пришлось бы слишком много цитировать. Читайте сами.

Владимир Фромер, писатель, историк, журналист, эссеист

От автора

В январе 2024 года исполнится 36 лет, как мы прилетели в Израиль. Много было за это время — прекрасного и горького, трудного и счастливого, — как во всякой человеческой жизни. И все эти годы, в бесконечных хлопотах, заботах и беготне, я записывала какие-то свои впечатления, наблюдения. Сначала ручкой в блокноте, потом в компьютере. Сценки, которые увидела на улице или в автобусе, разные ситуации, в которые попадала, люди, с которыми пересекалась. Быстрые скетчи, зарисовки на бегу. Разрозненные кусочки головоломки, которые, если обернуться назад, все вместе складываются в стройную картину.

Так я и обозначила условные части этой книжки: блокнот первый, блокнот второй… Поскольку я пишу стихи, я позволила себе некоторые из них, так или иначе связанные с израильскими реалиями, вставить в текст. Точно так же я поместила отдельные впечатления от посещения концертов или вечеров — ведь они тоже часть моей жизни.

К нам каждый год приезжал в гости из России мой отец, Лев Разумовский, художник, скульптор. Он с огромным интересом наблюдал новую для него израильскую жизнь и постоянно рисовал в своем блокноте: дома, в транспорте, на улице, за разговорами в гостях. И не только в альбоме, но и на картонках и оберточной бумаге, найденных у помойки. Часть его рисунков украсило эту книгу. Они, мне кажется, совпадают по духу — мои быстрые словесные зарисовки и папины быстрые наброски иерусалимской жизни. Его рисунки — не иллюстрации к написанному, они сами по себе, ведут свою мелодию.

Я знаю, что он бы порадовался такой нашей с ним общей книжке.

Татьяна Разумовская

***

По странности судьбы, по логике абсурда,
Я родилась в семье не лорда и не курда —
Родителям спасибо за труды.
Росла я там, где снег и морось — норма,
Где город держит гордо стиль и форму,
Вне всякой политической бурды.

Потом металась я туды-сюды.
И вот, на неком странном повороте
Я оказалась, как оса в компоте,
Наполнившем стакан граненый всклянь,
В стране, где правят бал свой суховеи,
Где как куда ни глянь — одни евреи,
Где каждый сам себе проводит грань.

Тут всякой твари боле, чем по паре,
И тут почище финской бани парит,
А если «бы», то не всегда «кабы»,
Но все вкусней, как в дорогом десерте,
Ты ближе к жизни, но и ближе к смерти,
По воле случая, по странности судьбы.

Мир наоборот

ИЗ ПЕТЕРБУРГА — В ИЕРУСАЛИМ

Мы сменили пространство жизни не просто на иное — на противоположное. Во всем. Страну — супергиганта, растянувшуюся на два континента, — на закорючку, не видную на карте без лупы. Даже название не помещается. Только цифра и сноска внизу. Плюнуть чуть дальше — уже заграница, международный скандал.

Питер — город равнинный, болотный, ни взгорочка. Проспекты — как взмахи палочки регулировщика. Стильность, сдержанность, определенность. Иерусалим сумбурен — весь на холмах, улицы вокруг них вьются кольцами, планы города подвижны, дома лепятся ульями, спускаются с вершин гор в лощины. Никогда не знаешь, куда вывернет незнакомая улочка. Во многие дома входишь с улицы в средний этаж — в часть квартир надо подниматься, в другие спускаться.

Мы выросли в ритме четкой смены времен года — зима, весна, лето, осень. С этим связаны сказки, смена одежды, развлечения, поведение, еда. Вся русская литература настояна на временах года, вся петербургская поэзия пропитана дождем и снегом.

В Израиле логику времен года постигнуть сложно. Грибы собирают в декабре, в январе начинают цвести миндальные деревья, и иерусалимские холмы покрываются нежной молодой травой. При этом вполне может пойти снег. Правда, короткими приступами, не дольше, чем два-три дня подряд, потом тает. На время снега жизнь в городе останавливается. Не ходит никакой транспорт, школы закрываются, кипарисы и хрупкие итальянские сосны не выдерживают тяжести снега и падают, электричество подается с перебоями. Причем снегопад и метель иногда сопровождаются грозой. Валят хлопья, и одновременно гремит гром, каждые десять секунд бьют молнии. Снег бывает почти каждую зиму, но всякий раз воспринимается как стихийное бедствие. Радио и телевидение ни о чем другом не сообщают, сводка о снеге поступает каждый час, как с поля боя.

Февраль-март — время бурного цветения кустов, деревьев, пустыни. Красота необыкновенная. Ручейки звенят, бабочки летают. В мае все дожди категорически заканчиваются, в июне реки высыхают, цветы и трава выгорают, холмы до следующей зимы будут стоять лысые, покрытые сухими колючками.

Сезон арбузов в Израиле — с апреля по ноябрь. Сезон клубники — с января по июнь. Новый день начинается с вечера — с момента зажигания третьей звезды. Рабочая неделя — с воскресенья. Привыкнуть к этому людям, выросшим в российских широтах, непросто. Всякий раз удивляешься заново.

Все наоборот. Для россиян праздник немыслим без выпивки. Чтобы ее было много, да потом еще бегают по соседям, чтобы добавить, потому как не хватило. Закуска — дело третьестепенное, можно занюхать корочкой хлеба или рукавом. Для израильтян праздник — это поесть. Выезжают на природу большой компанией, долго из машин выгружают коробки с заготовленными салатами, лепешками, соленьями, тортами, маринованным мясом. На нескольких мангалах жарят шашлыки в немыслимом количестве и едят, едят. Если кто-нибудь захватит с собой бутылочку сухого вина, скорее всего, он увезет ее обратно — никто не соблазнится. Пьют кока-колу и минеральную воду.

Все наоборот. Пишем на иврите справа налево. Заглавные буквы отсутствуют, гласные тоже. Книги и газеты листаешь в обратную сторону. Пальцы долго бунтуют, вертят книгу туда-сюда, ищут, откуда начать.

Петербуржцы в массе своей сдержаны, сосредоточены. Жесты скупы, улыбки редки, на каждом лице маска, каждый вещь в себе. Одеваются под стать городу — в приглушенной серо-коричнево-черной гамме. Детей постоянно одергивают, чтобы не шумели, не баловались, вели себя прилично. Хвалить своего ребенка считается дурным тоном.

Израильтяне разговаривают руками, голосов не понижают, перекрикиваются через улицу. Детей целуют бурно, расхваливают чрезмерно. Орущего, прыгающего, рассыпающего вокруг себя чипсы ребенка никто не останавливает — все смотрят с умилением. Одеваются открыто, сексуально, формы подчеркивают, не зависимо от габаритов. И чем ярче, тем лучше. Светские, конечно, у религиозных свой стиль. Женщины носят одновременно по пятнадцати разномастных колец, столько же золотых или серебряных браслетов, да еще ножные браслеты, и кольца на пальцах ног, и по несколько серег в каждом ухе. Да на шее десяток цепочек, с подвесками и без. Как ни странно, это бывает красиво.

Эмоции все наружу. Идешь по улице. Рядом тормозит машина. «Слушай, ты очень красивая, ты мне нравишься. Поедем, выпьем чашечку кофе?» (Общеизвестный эвфемизм, приглашающий переспать). «Нет». — «Почему?» — «Не хочу». «Ну ладно, как хочешь». Лучезарно улыбается и уезжает.

Стоит группа мужчин. Ссорятся. Чудовищные обвинения нарастают, оскорбления, крики: «Я тебя убью!», противники машут кулаками, хватают друг друга за ворот. Ярость доходит до верхней точки… И стихает. Вот они уже хохочут. Выплеснули раздражение и успокоились.

Можно такое представить в России?

Россияне привыкли мучиться больными вопросами. «Что делать? Кто виноват?» Мыслят глобально, в масштабах земного шара, с заглядыванием в следующие десятилетия, века. К тотальному воровству в стране относятся фаталистически, как к судьбе.

В Израиле — наоборот. Обыскивают не на выходе из магазина, а на входе — ищут взрывчатку. Никто не планирует жизнь на потом, вся страна живет не по средствам, у всех долги банкам, и никого это не смущает. Это привычка к постоянной военной ситуации. Кто знает, что будет завтра? Зачем строить планы, думать о будущем или в чем-то себе отказывать? Живем сегодняшним днем и радуемся.

КАРТИНКА

Холмы гурьбой зазеленели,
Снуют улитки, слизняки,
Сквозь толщу прошлогодней прели
Пробились первые цветки.

Ночь шире, день немного уже,
Над шляпами цветут зонты,
Брезгливо огибают лужи
Иерусалимские коты.

Выводят тучи сложный танец,
Махая лентами дождей,
Пацан в автобусе свой ранец
Забыл — и всполошил людей.

Из шкафа вылезли ботинки,
Свободой гордые весьма,
И ясно сразу из картинки:
У нас в Израиле — зима.

РОЗМАРИН

Иерусалимские холмы
Заголубели розмарином,
Их аромат нутро промыл
До самой мёрзлой сердцевины.

Прорехи залатал души,
Изгнал отчаянье и простуду
И лёгким приказал: «Дыши!
Дыши и радуйся — покуда».

Блокнот первый

УВЕРТЮРА

Мы отправились в Израиль в январе 1988 года. Народ тогда летел через Вену, где евреи разделялись: одни отправлялись в Израиль, а другие — в Италию, чтобы там дожидаться американской визы.

Но как раз ко времени нашего отбытия из СССР появилась другая возможность — лететь через Бухарест. Что мы и выбрали. Это был второй такой рейс, и нас, и еще одну семью, направляющуюся на историческую родину, в Бухаресте торжественно встречала посол Израиля в Румынии.

Нас отвезли в лучшую гостиницу Бухареста — для высоких иностранных особ, выдали румынские деньги на текущие расходы.

В этой роскошнейшей гостинице мы прожили восемь дней в ожидании самолета на Израиль, и она нам до чертиков надоела. Коврами в ней было застлано все: номер, коридоры, лифты. Кровать была четырехспальная. Но в номере горела одна, пятнадцатисвечевая лампочка, а по неосвещенному коридору приходилось пробираться ощупью. Экономия электричества. Уличные фонари тоже не горели, так что мы выбирались погулять только днем и ненадолго — мутно-мрачные январские дни и такие же лица на улице не вызывали желания совершать променад.

Питались мы в гостиничном ресторане, опять же за счет посольства, но была там на завтрак, обед и ужин одна лишь свинина. Я попросила чего-нибудь молочного — для ребенка, но ничего такого не имелось вообще. И в молочном магазине, куда я зашла, не было ничего белого или желтого. Румыния в тот период забыла, что такое молочные продукты.

Наконец рейс на Тель-Авив определился, и мы с радостью покинули наши апартаменты. В бухарестском аэропорту сильнейшее впечатление произвели таможенники и служба безопасности. От неизменного выражения ненависти и подозрительности на лицах, какой-то жуткой военной формы мы ощутили себя преступниками, шпионами, диверсантами, которых вот-вот схватят и посадят. Данька, которому было тогда год и десять месяцев, из чувства протеста, наверно, вдруг звонко запел: «Из края южного гурьбою дружною мы уезжаем в Ленинград!». Была такая песенка. Но заслонки на их лицах не сдвинулись.

Ночью, 11 января 1988 года, наш самолет, следующий рейсом Бухарест — Тель-Авив, подлетал к Израилю. Из кромешной тьмы вдруг внизу вынырнуло поле огней, огибающее дугой ночное море. Там начнется наша новая жизнь.

Потом суматоха аэропорта, паспортный контроль, оформление документов. Нас было на весь самолет — две семьи, прилетевшие жить в Израиль, но для нас приготовили прозрачные цистерны с соками, разные печенья, булочки. Данька немедленно оживился и рванул к столам. Даром, что в самолете он слопал обе наших порции — мы от волнения совершенно не могли есть.

А потом во внутренние помещения аэропорта, куда посетителям вход категорически воспрещен, прорвалось несколько друзей, улетевших в начале семидесятых. С цветами и какими-то подарками. А когда мы, наконец, вышли наружу, нас окружила целая толпа давних российских знакомых, израильских родственников мужа… Мы были одними из первых, кто прилетел из Советского Союза после того, как восемь лет никого не выпускали, и наш прилет воспринимался как чудо.

В день прилета в Израиль я позвонила родителям — было право на один бесплатный звонок. Папа закричал в трубку:

— Только не выпускай Даньку сразу на солнце! Там же почти Африка, у него будет солнечный удар!

— Папа, — сказала я, — не волнуйся, тут сейчас два градуса тепла. Идет снег.

Пауза. Папа подумал, что либо я сошла с ума, либо не туда залетела.

Так начался наш Израиль.

НАЧАЛО

Первые три примерно месяца израильской жизни я ничего не могла купить из еды. Заходила в крохотную лавочку рядом с домом, и от обилия и разнообразия продуктов, мелькания бесконечных этикеток мне становилось плохо. Я выходила с пустыми руками и мыслью: ну зачем так всего много?!!

Мы улетали из Союза, когда прилавки продуктовых магазинов были пусты и просторны, а неделя жизни в Бухаресте показала, что с продуктами может быть гораздо хуже.

Друзья навещали нас по нескольку раз на дню, и каждый притаскивал мешки всяких вкусностей, стараясь порадовать нас экзотикой.

Первый кокосовый орех в своей жизни я долго крутила в руках, потом припомнила из книжек, что внутри должно быть кокосовое молочко. Мы с трудом распилили орех, выпили по полглотка невыразительной мутной водички, остальное выбросили.

Кроме того, меня нервировали авокадо, которые нам приносил каждый гость. Мы попробовали эту пресную жирную мякоть и отложили. Выбросить дары было неловко, и я застенчиво ждала, пока они сгниют полностью, и тогда уже отправляла их килограммами в мусорку. Теперь я использую его в десятке блюд круглый год.

Как-то я сказала со вздохом, что при таком изобилии придется отвыкать от милых сердцу российских продуктов: гречки, соленых огурцов, кислой капусты. Друзья расхохотались и немедленно все это приволокли из ближайшего магазина. А нас-то перед отъездом во всех домах кормили дефицитной гречневой кашей, чтобы мы наелись на всю оставшуюся жизнь!

Почему-то рассказ о первых днях в Израиле получился продуктовым. Но это было началом нашей новой жизни, а самые сильные детские впечатления — вкусовые.

Закончу историей того же времени. Данька, в свои неполные два года прекрасно владея русским, о себе говорил во втором и третьем лице. Съев порцию фруктового компота, заявил:

— Хочешь еще компотику!
— Больше нет.

Он подумал и сказал:

— А хочешь посмотреть на пустую баночку!

Эта емкая фраза вошла в наш семейный словарь — так она ложилась на многие ситуации!

ПЕРВЫЕ ШАГИ

Сегодня мой сын совсем взрослый, музыкант, дирижер, живет и работает в Европе.

Поверить трудно, сознание, как всегда, отстает от реальности.

Долго, года два, привыкала к жужжанию электробритвы из его комнаты — никак не могла усвоить, что же это за непонятный звук. Все прислушивалась с недоумением, потом говорила себе: «Ах, да-да...»

Когда мы приехали в Израиль, Даньке было год и десять месяцев. Привела я его в детский сад. В Израиле есть замечательная традиция встречи в садике новых ребят. Всех малышей группы собирают в праздничный круг, каждому выдают что-то, производящее шум: колокольчик, трещотку, барабан и пр. Воспитательницы выставляют вкусное на столы и поют приветственную песенку новому человеку. И ребенок сразу чувствует, что ему рады, что его приход — праздник для всех, и никаких стрессов не происходит.

И вот весь этот веселый гам устроен в честь Даньки. Он стоит потрясенный, придерживая меня за ногу (так все-таки спокойнее!), и на мордахе полнейшая растерянность. Он свободно говорит по-русски и привык, что его все понимают, он всех понимает, а тут происходит что-то странное. Мы четыре дня в стране, еще — ни одного слова на иврите.

Песня заканчивается, я смотрю на сына и вижу, что в его сознании идет работа: на приветствие надо ответить приветствием, хотя и страшно.

Он собирается и поет:

Дан приказ ему на Запад,
ей — в другую сторону,
уходили комсомольцы
на Гражданскую войну

И так всю песню до конца.

А иврит... иврит пришел к нему сам собой, в игре, как это бывает у детей.

ХАНУКА
(Размышления светского человека)

До того как я получила в ленинградском ОВИРе отказ на выезд, я смутно слыхала о паре еврейских праздников — семья была совершенно ассимилированная: мы знали, что мы евреи, но не больше этого. В отказе мы знакомились с собственной культурой, но как неофиты были все немножко напряжены и избыточно серьезны.

В Израиле годичный цикл еврейских праздников оказался для меня чем-то совершенно новым, разнообразным и очень привлекательным. Все эти праздники сегодня — радость для детей, они ужасно ДЕТСКИЕ.

С каждым связана определенная еда, вкусная, праздничная, которую дети жадно ждут заранее. Набор детских песенок, разных веселых ритуалов. Я все это прошла с сыном, который в этом рос, и очень этому рада.

Для светского населения, которого большинство в стране, — это традиция, которой ВЕСЕЛО и совершенно ДОБРОВОЛЬНО следует основная часть израильтян. И это объединяет людей, взрослых и детей, причем в чем-то хорошем, добром. (В России в мое время таким праздником был только Новый год.)

Мне кажется, что даже если взрослый человек перестает их отмечать, все равно это мощная подпитка его душе, и, возможно, со своими детьми он захочет снова в эту традицию окунуться.

Вообще, все еврейские праздники связаны с серьезными историческими или религиозными событиями, та же Ханука — с победой Маккавеев, освобождением страны от захватчиков и очищением Храма.

Но с веками они полегчали, стали более веселыми, спустились (или поднялись?) к детям. Кстати, так происходит зачастую и с литературой: Дюма писал совсем не для детей, а теперь это — детская радость.

Ханукальная еда: пончики (для разнообразия начиненные вареньем, шоколадным муссом — на всю жизнь в бедрах!) и картофельные оладьи из тертой сырой картошки. Похожие делают в Прибалтике.

И дети счастливы: каждый вечер, в течение восьми дней, зажигать в ханукие (девятисвечник) на одну свечу больше — в память о капельке масла, которая чудом горела в Храме восемь дней подряд после его очищения от языческих идолов.

А еще они крутят четырехугольные волчки («дрейдл» — на идише, «савивон» — на иврите), на гранях которого четырьмя первыми буквами обозначена фраза: «Чудо Великое Произошло Здесь». Вне Израиля последнее слово заменяется на «Там».

Ну, и существует традиция дарить на этот праздник детям деньги. Насколько я замечала, никто из детей против этого не возражал!

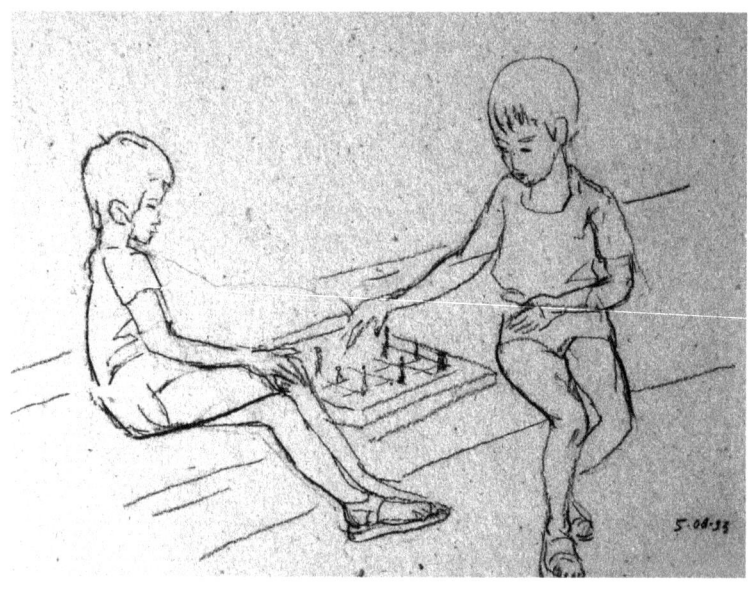

ВЫДАВЛИВАЕМ РАБА

Если подумать, так холопство не столько сверху насаждается, сколько страстно снизу рвется, прямо из нас.

В первый год нашей жизни в Израиле в наш центр абсорбции приехал тогдашний премьер-министр Ицхак Шамир. За несколько месяцев жизни на новой родине у народа накопилось. И один очень активный и неглупый человек, узнав о визите премьера, сказал:

— Как только он явится, я ему напрямую все выскажу, пусть знает, гад!

И вот, мы стоим, подъезжают правительственные машины, охрана, маленький Шамир идет, сияя, между нашими рядами, кому руку пожмет, кому слово ласковое скажет. И тот человек, когда премьер около него остановился, схватил протянутую руку, потряс ее и залепетал:

— Спасибо Вам... Мы так счастливы... И благодарны... Спасибо!

А потом на наши расспросы честно ответил:

— Всю жизнь в Москве прожил, а главу страны видел только по телеку или в черном членовозе... А тут премьер-министр сам мне руку жмет... Я и растерялся...

О СМЕРТИ

Трехлетний сын увидел мертвую птичку. Заволновался. Начались вопросы: «А все умрут? И папа умрет? И ты умрешь? И я умру?»

Глаза испуганные, играть не играет, ходит за мной хвостиком. Что сказать, как успокоить? Помогли индусы.

Сказала ему, что птичка в следующем рождении станет, может быть, кошкой. «Вон, видишь, котенок — такого же цвета, может, это она?»

И каждый человек тоже кем-нибудь станет и кем-то уже был: зайчиком, лягушкой, ласточкой. Данька сразу успокоился, глаза загорелись — стало интересно ведь!

И потом мы долго с ним обсуждали, кем мы были раньше и кем хотим стать потом...

Хорошую религию придумали индусы!

СМЕШНОЕ

Конец декабря 1990 года. Перед самым началом войны с Ираком. Радио и телевизор только о войне и бубнят, очищаются бомбоубежища, противогазы мы уже получили, окна заклеили скотчем крест-накрест. Запас воды, еды, фонариков, батареек стоит в комнате, подготовленной на случай химической атаки: окно затянуто полиэтиленом, для заклейки дверей приготовлен скотч, ножницы, мокрая тряпка под дверь...

Уложила четырехлетнего сына спать, слушаю новости. Из комнаты зов:

— Мама! Иди сюда! Я должен тебе что-то сказать!

Захожу. Сидит в кроватке, веселый, в глазах чертики.

— Мама! Я такое придумал! Смешное!!!
— Ну, что?
— Стишок!
— Прочти.
— МАМУЛЮ СБИЛА ПУЛЯ. Правда, смешно? Правда?!!

ХМУРОЕ УТРО

В Израиле — шторм. Шла от автобуса до работы с танцевальными поворотами — ураганный ветер разворачивал вокруг себя, гнал юзом не в ту сторону, дождь заливал очки, а мелкий град колол щеки. Несколько раз пришлось прижаться к стене дома, чтобы переждать очередной бешеный рывок урагана, против которого не устоять.

Пальмы в кадках перед кафе — все повалены. Мимо со свистом пронеслась фанера — щит с приглашением зайти и съесть хот-дог!

ИСКРЕННОСТЬ

Мы столкнулись в Иерусалиме с моей еще питерской приятельницей, с которой несколько лет не виделись, и пошли в кафе немного поболтать.

Она стала с жаром рассказывать мне о своих детях — Мише и Лизочке. О Мишиных успехах. О сложностях Лизочкиного характера. О Мишином окружении. О Лизочкиной страсти к безвкусным нарядам. О Мишиной подружке. О том, что Лизочка бросила флейту. Миша. Лизочка. Миша. Лизочка.

Из вежливости и чтобы поддержать мамскую тему, я сказала:

— А вот Данька...

— Извини, — мягко остановила меня приятельница, глядя на меня своими добрыми красивыми глазами, — ты понимаешь, я настолько увлечена своими детьми, что твой меня совершенно не интересует.

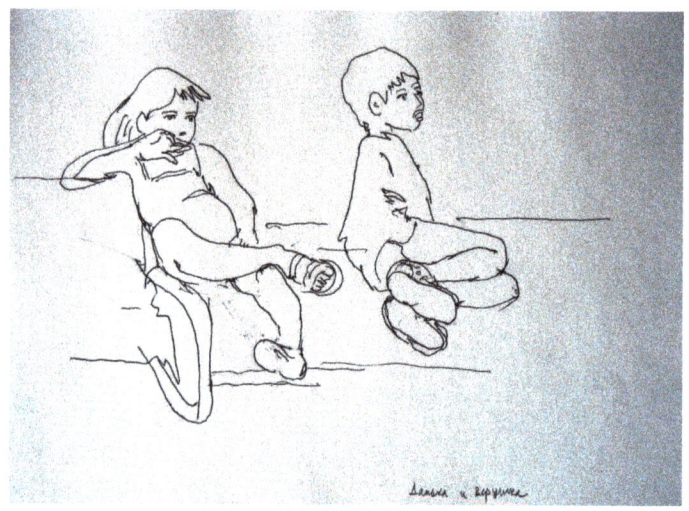

Данька и Верушка

...И МУЖА ЕЕ, ТОВАРИЩА КРУПСКОГО

В начале израильской жизни меня часто подвозил на роскошной машине один израильтянин. Всю дорогу он рассказывал, какой он крутой бизнесмен — каждую неделю в Париж летает.

Потом спросил:
— А ты что в России делала?
— Экскурсии в Эрмитаже водила.
— А что такое Эрмитаж?
— Ну, это такой большой музей, вроде Лувра.
— А что такое Лувр?

ЛАВКА

Продуктовую лавку напротив нашего дома держит семья иранских евреев — пожилые родители и два сына, одному около тридцати, другому двадцать три года.

Родители — благодушны, бестолковы, ленивы. Отец предпочитает покуривать в уголке кальян, мать о цене каждого товара всякий раз спрашивает сыновей на фарси. И они в тысячный раз ей спокойно отвечают. На ее полном пальце — золотое кольцо с совершенно сумасшедшим бриллиантом — карата в два с половиной, чистейшей воды. Среди пакетов с лепешками и овощами он смотрится, как король на сходке нищих, и иногда выбрызгивает сноп радужных лучей.

Братья — проворны, энергичны, физически сильны — и талантливы. Торговля, как и любое занятие, требует способностей — ума, опыта, гибкости, сообразительности. Они еще и честны — несколько раз выбегали за мной — отдать забытую сдачу.

Однажды, когда папа гостил у меня, я оставила ему сто шекелей и убежала на работу. Когда я вернулась, папа был чрезвычайно расстроен. Он пошел в лавку, купил всякую мелочь, а сдачу ему дали, как с двадцатки. Он только дома сообразил.

— У кого ты покупал там?
— У пожилого хозяина.

Понятно, с сыновьями папа бы объяснился по-английски.

— Пошли, поговорим с ними.
— Ты с ума сошла — это же безнадежно!
— Пошли, пошли.

Мы спустились в лавку. Я сказала хозяину:

— Иосиф, это мой отец. Он вчера приехал из России. Я ему оставила сто шекелей, других израильских денег у него нет. Он купил у тебя кефир и лепешки. И ты ему дал сдачу — как с двадцати шекелей. Вы оба ошиблись. Давай не будем ссориться, я у тебя покупаю вот уже пять лет и знаю, что вы — люди честные и порядочные.

Иосиф попытался поспорить, но быстро сдался — и дал сдачу с сотни. Папа был совершенно потрясен.

Младший, Майкл, говорит по-русски без акцента. В рамках работы, разумеется. Слова привета, названия всех продуктов, точные цены.

Право, это не так просто выговорить: «Огурцы — три пятьдесят, водка «Александров» — двадцать четыре шекеля двадцать девять агорот… — с вас за все шестьдесят восемь шекелей. Будьте здоровы!»

Когда наш район на пару лет заселился румынскими рабочими-нелегалами, братья заговорили по-румынски. Когда сюда стали стягиваться эфиопы — по-амхарски. А уж с людьми — разными: сумасшедшими, капризными, вороватыми — всякими еще как надо уметь общаться!

Сегодня, в процессе покупок, я все время сталкивалась в лавке с молодым человеком, в вязаной кипе, полноватым и очень серьезным, с претензиями.

— А почему это у вас нет холодных напитков тут?
— Вот, три холодильника и еще десяток полок.
— Мне нужна кинза — выбери мне, тебе это проще.
— Вот — целая полка зелени. Хочешь этот пакет?
— Нет, отойди, я сам — ты плохую мне дашь.

Потом он подошел к Фараджу, старшему брату, сунул ему длинный список продуктов, который написала, судя по всему, его жена, и раздраженно спросил:

— Прочти мне, тут что написано?

Фарадж, которого другие покупатели рвали на части, взял список и, еще не глядя в него, сказал со вздохом:

— Тут написано, чтоб ты был здоров. — Потом взглянул и сообщил: — Капуста.

Толстяк пошел за кочаном. Вернулся с пакетом овощей. Протянул зеленый плод Майклу и заявил:

— Это авокадо меня пугает!

Майкл тихо хмыкнул:

— Лично меня пугают только груши.

Тут я уже начала ржать, прикрывая себе рот, и пошла домой, как после спектакля.

Нет, талант и чувство юмора — дорогого стоят!

О ПОЛЬЗЕ ОШИБОК

Мой тогда шестилетний сын во время общего застолья попросил попробовать вина. Я налила в бокал воды и добавила ложечку вина. Он попробовал, рожица сморщилась, и он испуганно сказал: «Горько…»

Что такое?

Я глотнула и поняла: не воды я налила, а водки...

Возможно, именно поэтому сын до двадцати пяти лет вообще ничего спиртного в рот не брал, даже пива... А теперь способен выпить бокал хорошего вина, но не больше.

Мультики

ЕВРЕЙСКОЕ СЧАСТЬЕ

У нас в супермаркете — недельная завлекаловка для покупателей: «Каждый сотый покупатель получает все свои покупки бесплатно!» Прелесть в том, что сотый ты или не сотый, знает только компьютер на кассе.

И вот — счастье! Я собираюсь платить, а на экране кассы загораются какие-то звезды, звучит музыка, и девочка-кассир радостно мне говорит:

— Поздравляю! Вы — сотый покупатель! Все ваши покупки — бесплатно!!!

Очередь смотрит на меня с завистью и восторгом.

А купила-то я кефир, мед и несколько помидоров.

А ведь могла бы весь магазин унести. Эх...

Потом умные люди мне объяснили: компьютеры запрограммированы так, чтобы находить «победителя» из тех, кто купил на малую сумму.

ДЕТИ
Папа рисовал всех детей, которые забегали к нам в дом поиграть.

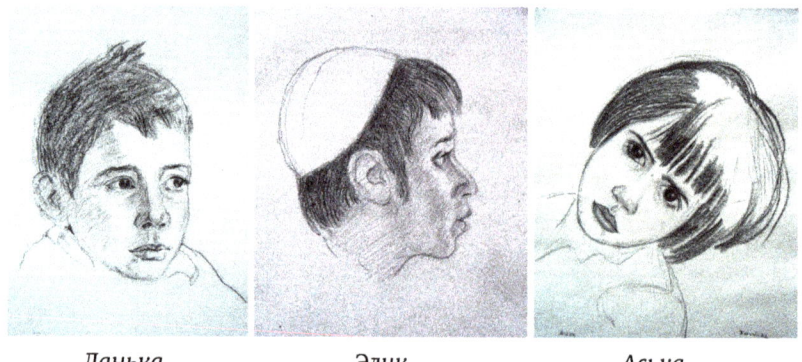

Данька   Элик   Аська

СЦЕНКА В РЕСТОРАНЕ
Сидели мы с приятелем в иерусалимском рыбном ресторанчике рядом с Кошачьей площадью. Непоздний вечер, будний день, в ресторане были только мы и в отдалении мужская компания из семи человек. Только мы углубились в меню и карту вин, как в той компании взревел голос:
— Мать-перемать! Трубку надо сразу брать, падла, поял?.. Я сказал!.. Я СКАЗАЛ!.. Засохни!

И т.д., с обильным матом.

Я с интересом смотрела на орущего в мобильник. Он был в черной рубашке, усатый, с увесистой бритой головой, собранной на затылке в складочку. Потом та компания ушла, мы остались одни.

Официант принес нам запеченных крабов и сказал:
— Знаете, кто был тот, который кричал тут по-русски? Российский министр здравоохранения!
— Откуда это известно?

— Его охранники сказали.

Дома посмотрела в Интернете. Пост министра здравоохранения РФ занимает Скворцова Вероника Игоревна.

АЗАРТ

Когда я была маленькой, папа рассказал мне историю, как в тридцатые годы к ним в квартиру залезли воры. И найдя тяжелый шар, который дети несколько лет скатывали из серебряной фольги от конфет, решили, что там и есть главное богатство, и разломали его на кусочки.

Я тут же загорелась этой идеей и начала скатывать такой шарик. Шоколад в доме появлялся не так уж часто, и азарт гонки за фольгой был велик. Потом я заразила этим свою подругу, и мы стали соревноваться, чей шар растет быстрее.

Дорастила я его лет за семь до размера грейпфрута. Он был сверкающий, тяжелый и очень приятно было его держать в руках.

Когда мы приехали в Израиль, я, в свою очередь, рассказала сыну историю о ворах. И мы начали увлеченно собирать такой шарик. А потом узнали, что серебряная фольга продается в любом магазине рулонами, и азарт тут же пропал.

КРИК ДУШИ

Ожидаю в банке своей очереди. Мужик лет сорока громко возмущается на иврите.

— Нет, что за ужасная страна Израиль!

Навостряю уши.

— Во всех нормальных странах сколько праздников в году? Ну, пять-шесть. А тут — сорок! И значит, к каждому — стол праздничный, подарки всякие! Разве это жизнь?!!

Действительно, ужас.

ПЕРВЫЙ ГОНОРАР МОЕГО СЫНА

Мы привезли его в Израиль в год и десять месяцев. Он свободно болтал по-русски, а в детском саду быстро заговорил на иврите. За иврит его я не беспокоилась, мне было важно сохранить его русский язык. Из чистого эгоизма: я сомневалась (и правильно!), что буду знать иврит на уровне своего русского, а общение с ребенком должно быть полноценным, чтобы обеим сторонам было интересно. При бедном языке контакт сведется к бытовым фразам. И потом, каждый язык — это еще один богатый мир!

Мы с его отцом разговаривали с сыном на все темы, отвечали на сотни вопросов, читали ему русские книжки. В четыре года Данька мог прочесть строчку по-русски, но делал это с отвращением и жутко сопротивлялся моим попыткам увлечь его чтением. А без чтения не может быть полноценного языка.

Но нам страшно повезло! В 90-м году капельное прибытие евреев из Союза в Израиль (три-пять семей в месяц) сменилось цунами, захлестнувшим страну. Каждый день в аэро-

Урок музыки с отцом

порту приземлялось несколько переполненных репатриантами самолетов. Среди прибывших было много талантливых людей, и вот группа писателей и художников стала издавать журнал на русском языке для детей «Балагаша». Красочный, веселый, с очаровательными стихами, занимательными рассказами, разными играми, в которые вовлекали детей всяких возрастов.

Данька влюбился в этот журнал, ждал каждый номер с нетерпением и — ура! — начал читать. Проглатывал журнал от корки до корки. Как-то в журнале детям предложили присылать свои изобретения и пообещали гонорар, если идея будет интересной. Данька придумал градусник-светофор: зеленый свет — нормальная температура, желтый — чуть повышенная, предупреждающая об опасности, красный — очень высокая. Нарисовал картинку, я приписала объяснение, и мы послали это в «Балагашу». Как мы ждали следующий номер! Данька аж извелся.

И вот, журнал вышел, а там градусник-светофор и подпись: «Придумал Даниэль Стратиевский, 5 лет». А потом пришел по почте чек на пять шекелей. Я тут же вручила автору идеи соответствующую купюру (тогда они еще были бумажными). Для ребенка это была серьезная сумма. И потом — первый гонорар за собственное произведение!

Вскоре, как часто бывает, субсидии журнала уменьшились, он стал выходить уже не цветным, более тонким, а затем и сошел на нет. Но с тех пор сын стал читать запоем!

DURA LEX... ДУРА...

Разбила я дома солонку. Вчера купила новую, простую — стеклянную, с красной крышечкой. Примерно, за 4 доллара. Дома смотрю: крышечка не держится.

Сегодня пришла в магазин.

Я: Купила у вас вчера солонку, а она с браком.

Продавщица (милая приветливая девушка): Да, я вижу. Что бы ты хотела?

Я: Такую же, но без брака.

П: У нас была такая единственная. Может, ты хочешь какой-нибудь другой товар?

Я: Нет, спасибо. Мне нужна была солонка, а раз ее нет, верни мне, пожалуйста, деньги.

П: Мы не возвращаем денег, только даем обменный чек на наши товары.

Я: По новому закону, вы обязаны возвращать деньги за любой товар в течение двух недель, а я купила солонку вчера.

П: Минуточку! Я сейчас позвоню директору и выясню! (звонит) Директор сказал, что, по новому закону, магазин возвращает сумму не ниже 10 долларов, а у тебя 4, поэтому только обменный чек.

Я: Но мне ничего не нужно в этом магазине.

П: Я сейчас позвоню директору и выясню. (звонит, долгие переговоры) Директор сказал, что либо ты берешь обменный чек на полную сумму покупки, либо мы посылаем запрос в главное управление на утверждение разрешения возврата денег, и в течение двух недель ты получишь деньги с удержанием 5%. Так сказано в новом законе. Что ты выбираешь?

Я *(начиная с этого момента веселиться)*: Я выбираю деньги через две недели.

П *(она действительно очень старается)*: Хорошо! Тогда заполним бланк. Так, число, товар, описание брака. Теперь, пожалуйста, твое имя, фамилия (моя двойная фамилия, которую никто не может написать с первого раза!), номер паспорта, домашний адрес, номер мобильного. Распишись здесь и здесь. Вот тебе копия. Через две недели мы тебе позвоним.

Я: Спасибо тебе за хлопоты, ты сделала, что могла. Но не кажется ли тебе, что было бы куда как более логично и просто вернуть мне 4 доллара? Впрочем, рассказ, который я об этом напишу, стоит дороже!

Выхожу из магазина в отличном настроении. Через пять минут звонок на мобильный.

— Татьяна? Не могла бы ты вернуться в магазин? Директор разрешил отдать тебе деньги из кассы.

Возвращаюсь. Получаю деньги из кассы. Расписываюсь в получении. Спрашиваю:

— А почему сумма неполная?

П: Ну я же тебе объяснила, что мы удерживаем 5%. Это закон!

В ИЕРУСАЛИМСКОМ ТРАМВАЕ

Время после работы время, трамвай забит. Входит мужчина лет шестидесяти и по-арабски обращается к сидящему рядом со мной мускулистому красавцу. Тот, не глядя на него, что-то насмешливо и брезгливо бросает ему в ответ по-арабски же, выпятив губу. Мужчина продолжает многословно и жалко просить. Парень отвечает все так же, с небрежной ленцой.

Мужчина достает какую-то карточку, и я вижу, что это израильское удостоверение инвалида. Вскакиваю.

— Садитесь!

Он садится и говорит извиняющимся голосом, на иврите:

— У меня удостоверение…

— Да-да, все в порядке, сидите, пожалуйста!

Перед выходом из трамвая, не удержавшись, наклоняюсь к парню и говорю:

— И ты будешь когда-нибудь больным и старым.

Его красивое лицо передергивается ненавистью. Он злобно бросает:

— Когда я буду старым, мне ни один человек не поможет!!!

ГАЗЕТЧИК

Каждое утро перед работой я беру бесплатную газету «Израиль сегодня». Раздает ее на улице уже около года мужичок лет сорока, одетый в спецформу красного цвета. Высокий, глазки синие, лукавые, из-под красной кепочки золотистый чуб. В ухе золотая серьга.

Непривычный человек на такой работе. Обычно эти утренние газеты раздают пенсионеры или студенты, подрабатывающие на каникулах.

Год назад он с пачкой газет в руках вихрем носился между спешащими на работу пешеходами и подъезжающими автомобилями, каждому совал газету, успевал улыбнуться, поздороваться, сказать что-то приятное, подмигнуть симпатичной барышне, перекинуться парой слов о политике или погоде с мужчинами.

Уже издали, когда взгляд ловил эту красную фигуру, совершающую подобие танцевального па с каждым, настроение поднималось. Получив у него на ходу газету вместе с улыбкой и комплиментом, я дальше цокала каблуками более звонко и пружинисто.

Потом он пропал, и его сменил скучный старик.

Недавно он снова возник на том же месте. Я обрадовалась, поздоровалась. Он угрюмо сунул мне газету.

Искорки из голубых глаз не сыплются, чуб опал, потускнело кольцо в ухе. Теперь он не летает, раздавая газеты, а стоит на месте, ждет, когда сами к нему подойдут, вытянут из вялой руки. А чаще он просто сидит, сгорбившись, на высокой пачке газет и глядит на свои кроссовки.

И всякий раз укалывает короткая мысль: подойти? Расспросить? Может, чем-то ему можно помочь? Но утром я всегда бегу, опаздывая, а часов с девяти он, раздав все, исчезает.

ВОЛШЕБНЫЙ ДОКТОР

Возникла у меня острая стрессовая ситуация. Пришла я домой, поняла, что с собой не справляюсь — нужна помощь, срочно. Подруга сказала, что буквально в соседнем доме живет врач, владеющая современными техниками — акупунктурой или чем-то таким, что помогает немедленно прийти в норму.

Я позвонила и через десять минут была у нее.

Открыла мне дверь дама средне пожилого возраста. Синий костюм, белая блузка, начес, красной помадой намазаны губы. Прошли. Сели.

Доктор представилась:

— Анна Борисовна. Я всю жизнь проработала в Советском Союзе психиатром в больнице.

Так, думаю, куда это я пришла? Вспомнила, как советская психиатрия успешно боролась с диссидентским движением. Да и вообще, зачем мне советский психиатр? Надо бы сразу встать и уйти, но уже неудобно.

— А здесь я окончила курсы альтернативных методов лечения, — продолжает Анна Борисовна. — Ну вот. Я вам все о себе рассказала, теперь рассказывайте вы.

Она берет лист бумаги, ручку и спрашивает:

— Ваша фамилия? Имя? Возраст? Адрес? Место работы? Семейное положение? Образование? Дата приезда в Израиль?

«А-а, — понимаю я, — это у нее условный рефлекс заполнения медицинской карты». Анна Борисовна говорит:

— А теперь расскажите, на что вы жалуетесь.

Объясняю кратко. Был стресс. Впала в неприятное состояние. Признаки его такие-то. Если вы можете помочь мне его преодолеть, буду благодарна.

Доктор спрашивает:

— Расскажите подробно, в чем заключался стресс.

— Мне бы не хотелось об этом говорить, да это и не важно.

Доктор удивляется (я нарушаю привычную логику беседы), но произносит:

— Мне все ясно. У вас — длительная тяжелая депрессия.

Я: Нет, доктор, моей «депрессии» — два дня.

А.Б.: И сколько у вас обычно длятся депрессии?

Я: Обычно у меня их не бывает!

А.Б. (*упорно гнет свою линию*): Вы, наверно, человек мрачный, постоянно находитесь в подавленном состоянии, часто думаете о самоубийстве?

Я (*в ужасе*): Нет! Не думаю! Я танцевать люблю! И плавать! И поесть вкусно! И вообще!

А.Б. (*важно*): Диагноз мне ясен. У вас глубокая застарелая депрессия. Но тем не менее я попрошу вас пройти один тест, который поможет мне определить ее глубину.

Я: Хорошо. (Черт! Что-я-здесь-делаю?!!)

Анна Борисовна берет деревянный брусочек и говорит:

— Положите руки на стол. Закройте глаза. Я буду стучать. На один стук — вот такой: «тук!», хлопайте правой ладонью, на двойной «тук-тук» — левой. Тест длится две минуты. Начали!

Мы начали. Я не музыкант, совсем не музыкант! И слух у меня самый обыкновенный. Но два «тюка» от одного отличаю. А доктор — нет. Выяснилось, что она не в состоянии простучать этот элементарный ритм, соблюдая одинаковую длительность пауз. Стучала то три раза подряд, то пять, то вообще неизвестно как. И я соответственно хлопала ладонями как попало, а еще ушами, а еще думала — ну, встаю немедленно и ухожу!

Наконец, Анна Борисовна сказала:

— Тест закончен. Да-а-а-а. Четырнадцать ошибок. В вашем тяжелом состоянии вам помогут только сильные транквилизаторы.

Я *(в ужасе)*: Нет, только не это! А других способов, доктор, у вас нет?

А.Б. *(очень недовольна, но держится профессионально уверенно)*: Есть альтернативный способ быстрого вывода пациента из стрессового состояния. Американский. Современная методика. Очень действенный. Хотите попробовать?

Я: Хочу.

А.Б.: Садитесь поудобнее. Расслабьтесь. Следите глазами за движением моих пальцев. Теперь постарайтесь представить себе ярко ту ситуацию, которая вас ввела в стрессовое состояние.

Я представила. Ярко. Слезы брызнули в обе стороны, как у клоуна в цирке.

А.Б. *(проницательно)*: Вам тяжело?

Я *(давясь слезами)*: Да.

А.Б.: Чувствуете в душе тяжесть?

Я: Ага.

А.Б.: Это правильно. Теперь продолжайте следить глазами за моими пальцами и представьте себе что-нибудь радостное, светлое, счастливое!

Тут я уже не выдерживаю.

— Знаете, — говорю, — боюсь, этот способ мне не подходит.

Тогда Анна Борисовна неожиданно сообщает:

— Раз вы от всего отказываетесь, мне больше нечем вам помочь.

Я немедленно встаю и спрашиваю:

— Доктор, сколько я вам должна за визит?

Анна Борисовна задумывается.

— Обычно, — говорит, — я беру двести шекелей. Но с вас возьму сто.

Я кладу на стол сто шекелей, прощаюсь и выхожу.

Иду домой в полной злобе на себя. Идиотка! Сколько можно давать себе пудрить мозги только оттого, что боишься обидеть человека? И сколько можно швырять деньги впустую? Когда ты уже научишься отказывать всяким прохиндеям? Вместо того чтобы сказать, что двадцать минут всей этой чепухи не стоят ста шекелей — и дать их, например, сыну на обеды в Академии!

Вот так, казня себя, пришла домой. И вдруг понимаю: стресс-то кончился! Слезы высохли, я в полной норме! Человек не может одновременно страдать от двух разных вещей. Бешенство на себя и острый приступ жадности по поводу зря выброшенных денег полностью вытеснили мое безобразное состояние! Как рукой сняло!

Ура!!! Да здравствует Анна Борисовна! Вот скажи она мне: «Я вам не смогла помочь, так что денег с вас не возьму», — я бы вернулась домой клюкса-клюксой. А тут за двадцать минут — такой блестящий эффект!

МИР КОНТРАСТОВ

Накануне выходных у банкоматов всегда очереди, хоть и небольшие. Передо мной стоит мужичок: ниже меня ростом, фигура в форме брюквы. На остатках седого ежика косо сидит вязаная кипа. Плохо выбритые обвисшие щеки видны с затылка. Выцветшая футболка, жеваные короткие брюки хаки, перекрученные носки в сандалиях. Явный нищеброд, с самых низов.

Он вставляет карточку в банкомат, снимает двадцать тысяч шекелей (пять тысяч долларов примерно) и уходит, шаркая пыльными стоптанными сандалиями.

ГРИППОЗНЫЕ ОСЛОЖНЕНИЯ

Приняла аспирин. Сплю. Звонок. С трудом говорю:
— Але.
Женский голос на иврите:
— А ты кто?
— А кто тебе нужен?
— Йоси.
— Такого здесь нет. Это ошибка.
Отключаюсь и проваливаюсь в сон.
Звонок.

Что-то мычу невнятное.
Тот же голос:
— Йоси?
— По какому номеру вы звоните?
Теперь отключается она. Проваливаюсь. Звонок.
— Позови Йоси.
— Я же тебе сказала, его нет… Он… он вышел в магазин. Что ему передать?
Короткие гудки.
Засыпаю с мыслью: «Какая же я сволочь… Бедный Йоси…»

ПОЖАР НА СЕВЕРЕ ИЗРАИЛЯ. *(декабрь 2010)*
Десятки погибших, множество обожженных, покалеченных… Тысячи семей — тысячи! — оставшиеся без крова. Выжжены леса на горе Кармель и вокруг — несколько тысяч дунамов леса. Полностью сгорел кибуц Бейт-Орен.

А ведь все эти леса, цветущие сады — рукотворны. На голых холмах посаженные деревья. Они прижились, под ними вырос подлесок, его населили звери, птицы, образовался целый живой мир.

Чтобы посадить сады, привозили землю, саженцы, семена, бережно подводили драгоценную воду к каждому кусту, каждому деревцу. Десятки лет ежедневного труда. Север Израиля поражал своей яркой, зеленой красотой.

Мои родители, одни из первых российских гостей страны после открытия границ, в 1988 году объехали с экскурсиями весь Израиль. Они были потрясены: столько садов, травы, ухоженных полей, финиковых и банановых рощ, такое невероятного уровня сельское хозяйство! И это на земле, еще полвека назад бывшей каменной пустыней с колючками!

И вот теперь это все уничтожено тупой злобой. Пока что не до расследований — надо остановить пламя, расселить погорельцев, спасти тех, кто попал в больницы.

Но пожар возник одновременно в нескольких точках. Таких случайностей не бывает в природе, это может сделать только человек, носитель разума.

Разума… Носитель тупости, злобы и фанатизма. И они претендуют на эту землю…

НЕ ДОЖДУТСЯ

Мы будем и дальше насаживать леса, превращать пустыни в сады, любоваться цветами на полянах, а не рвать их.

Мы будем, как и раньше, охранять зверей и птиц, а исчезающие виды разводить и выпускать на свободу, чтобы сохранить природный баланс.

Мы будем, как и прежде, приучать детей после пикников в лесу убирать за собой весь мусор цивилизации.

Мы не забудем в жаркие сухие дни выставлять поилки с водой для уличных котов.

Мы в такие минуты, как сейчас, будем предлагать свое жилье, денежную помощь, вещи для тех, кому не повезло, посмотрите, — вся лента в таких предложениях: «готовы приютить, готовы передать деньги».

Зря стараются.

ОСОБЕННОСТИ РОДНОГО ИЗРАИЛЬСКОГО СЕРВИСА

Плита сдохла окончательно и бесповоротно, что вынудило меня купить новую. Запакованную красавицу-блондинку фирмы «Бош» взволокли на мой четвертый этаж два могучих израильтянина. Одного звали Денис, другого Олег.

Грустно посетовав, почему им так везет, что все их клиенты живут под крышами и без лифта, они, к моей радости, согласились стащить вниз то проржавевшее рассыпающееся чудовище, которое я, по собственной глупости, получила в подарок от предыдущих хозяев моей квартиры, уверявших, что плита совсем новая и прекрасно работает…

Но рассказ о другом. На другой день должен был прийти техник от фирмы, чтобы плиту распаковать и подключить. Техники у нас ходят по домам только в рабочее время — они же тоже люди, правда? Поэтому я, несмотря на завал работы, взяла выходной день.

Техник пришел. Он был похож на студента второго курса математического факультета. Взглянув на запакованную плиту, студент возмущенно воскликнул:

— И зачем это я только поднимался на четвертый этаж без лифта!

Я: Простите?

СТУДЕНТ: Это же плита!!!

Я *(не понимая, кто из нас сошел с ума)*: Совершенно правильно, это именно плита.

СТУДЕНТ *(еще более возмущенно)*: А я техник по стиральным машинам! И плиты подключать не имею права! И вообще, у меня столько вызовов, а я к тебе сюда ехал в пробках, долго дом искал, тащился наверх! Безобразие!

Студент связывается с дежурной фирмы, передает мне трубку и уходит в гневе, не высказав даже традиционного пожелания хорошего года.

Я *(дежурной)*: У меня куплена плита. А вы прислали техника по стиральным машинам.

ДЕЖУРНАЯ: Так ты сама виновата! Ты дала нам неверную информацию.

Я *(обалдев)*: Подожди. Во-первых, я еще не в полном маразме и не путаю плиту со стиральной машиной. Во-вторых, я вообще с вами ни разу не говорила. Техника заказывал продавец. Это было при мне, и он тоже в здравом уме и говорил о плите. Так когда будет техник?

ДЕЖУРНАЯ: Свободных техников нет. Я записываю тебя на очередь на вторник, если кто-нибудь освободится.

Я: Так сегодня четверг! Я что, буду без плиты пять дней?!!

ДЕЖУРНАЯ: Ты сама виновата, я ничего не могу сделать, техников нет, я же сказала!

Тут у меня едет крыша, и я, брызгая слюной, начинаю дико вопить про сервис! и про пропущенный рабочий день! и что буду жаловаться Нетаниягу, Обаме и папе римскому! и что у меня назавтра уже приглашены гости! и я на эту фирму напущу телевидение и прессу! — и прочий бессмысленный бред.

ДЕЖУРНАЯ: Почему ты так нервничаешь и так некрасиво разговариваешь?

Я:!!!

ДЕЖУРНАЯ: Завтра с утра придет техник и все тебе подключит. Тебя это устраивает?

Я *(пытаясь отдышаться)*: Да.

ДЕЖУРНАЯ: Вот видишь, и не нужно никогда нервничать. Хорошего тебе нового года!

Пришел сегодня техник по плитам (!) и все быстро подключил. Но все-таки в нашем сервисе я за все годы жизни тут так ничего и не поняла.

В ДНИ ПУРИМА

Захожу в магазин сумок. Девушка-продавщица приветливо спрашивает:

— Чем я могу тебе помочь?

Я *(показывая на элегантную черную сумочку)*: У вас нет такой же, но бордовой?

Продавщица *(радостно)*: Есть! Именно бордовая! Сейчас принесу!

Уходит на минутку и возвращается… с рюкзаком ярко-зеленого цвета. Протягивает его мне.

Продавщица: Вот!

Я *(обалдев совершенно)*: Ты хочешь мне сказать, что этот зеленый рюкзак — бордовая дамская сумка? Прошу тебя, посмотри внимательно.

Продавщица перебегает взглядом с рюкзака на сумку и обратно. Потом произносит:

— Так ведь Пурим же!

Действительно.

ВСТРЕЧА ВО ДВОРЕ

Выхожу из своей парадной. Ко мне бросается тетка лет тридцати, вокруг которой клубятся несколько детишек.

— Ты здесь живешь?

— Да.

— Ой! Помоги мне! Ты мне поможешь?

Останавливаюсь. Тетка маленькая, круглая, выкрашенная в яркую блондинку, с алой помадой на губах и гроздью золотых цепей на короткой шее. Осторожно спрашиваю:

— А что случилось?

— Ты знаешь тут такую русскую, зовут Наталья?

— Нет, не знаю, извини.

— Может, ты ее тут встречала — она моего возраста и на меня похожа!

Качаю головой и пытаюсь уйти, но собеседница вцепляется мне в руку.

— Подожди! Я должна ее найти! Мой муж к ней ходит! Уже пять лет к ней ходит! Может, вспомнишь?

— Нет, я тут недавно живу, почти никого не знаю, прости.

Иду дальше и думаю: ну а если б знала?

Бегущая по волнам

АНТИКЛЕРИКАЛЬНОЕ

Ночью, в самое сладкое для сна предрассветное время, около моего уха зазудел комар. Я пыталась от него отключиться, нырнуть глубже в забытье, но он зудел и зудел, не переставая.

Наконец, я хлопнула себя по уху и, конечно, проснулась. Но зудение не исчезло. И тут я поняла, что это совсем не комар. А далекий голос муэдзина из Бейт-Лехема (Вифлеема).

Злобно посмотрела на будильник — было четыре часа утра.

СЮР

Ехала на работу, читала электронную книжку. Всей дороги — полчаса. Когда доехала до места, обнаружила, что между моей челкой и верхом книги паучок успел сплести паутину!

РАБОЧИЕ РАЗГОВОРЫ

Мне переводят звонок на русском языке.
Я: Здравствуйте!
Абонент: Вы кто?
Называю себя и свою должность.
Абонент: Вы там все зажрались! Хамы!
Я: По какому вы вопросу?
Абонент: Вопросу, вопросу! Бюрократы! Люди мучаются, а вам плевать!
Я: Прошу вас перестать кричать и изложить мне свою просьбу.
Абонент: А я не кричу! У меня такой голос! И у меня не просьба, а требование! Прекратите немедленно это безобразие!!!
Я: Какое?
Абонент: А вы не грубите!
Я: Как раз я не грублю. Изложите мне вашу просьбу или прекратим зря тратить время.
Абонент: Вот!!! Сидите там, зарплаты свои огромные получаете, а на людей вам плевать!!! Времени ей на человека жалко! Кофе хлебать — времени не жалко!
Я: Всего хорошего! Желаю вам и вашим близким хорошего года!
Абонент: Грубиянка! Научитесь сначала с людьми разговаривать!!!
Вешаю трубку.

***

Звонок. Женский голос на иврите.
— Але! Ты меня помнишь?
— Простите, нет.
— Я из Холона!

— Назовите себя, пожалуйста, мне весь день звонят, я не помню людей по голосам.
— Ну как же ты меня не помнишь? Я из Холона! Звонила тебе полгода назад и очень на тебя кричала!

* * *

Звонок по-русски.
— Здравствуйте!
— Здравствуйте.
— Это Учреждение?
— Да, это канцелярия Учреждения. Чем могу быть полезна?
— Мне нужен кто-то, кто по-русски говорит.
— Я вас внимательно слушаю.
— Вы говорите по-русски?
— Стараюсь.
— Тогда я вам объясню по-русски, а то на иврите мне трудно.

* * *

Пришла на работу затемно, вымокшая насквозь, поскольку ливень был больше похож на водопад. Еще не успела зажечь свет в кабинете, звонок. Мужской голос, по-русски.
— Доброе утро! Это Учреждение?
— Да.
— Это вас беспокоит Изя из сумасшедшего дома.
Отлично утро начинается.
— Да, я вас внимательно слушаю.
— Позовите мне Шарона к трубочке.
— Простите, но это невозможно…
— А он, что, вышел?
Хочется ответить: «Да, курит в туалете». Но нельзя, положение обязывает.

* * *

В Израиле землетрясение. Со стенки упали картины, мой тяжеленный рабочий стол качнулся и сдвинулся с места. Неприятное ощущение. Звонок. Женщина истерически кричит в трубку:

— Землетрясение! Что ж вы там сидите у себя в Учреждении и ничего не делаете?!! Безобразие! Сделайте что-нибудь!

— Извините, пожалуйста. Успокойтесь. Сейчас лично займусь.

***

Звонок. Грубый мужской голос на иврите.
— Татьяна?
— Да.
— Твой адвокат сказал, что ты отказываешься мне платить!
— Простите, кто говорит?
— Дуду. Так ты будешь платить или нет?
— А какая Татьяна вам нужна?
— Татьяна из Учреждения. Это Учреждение?
— Да.
— Так плати!

ДЕНЬ ОТДЫХА

Вчера наше родное Учреждение устроило нам День Отдыха. Обычно-то оно везет своих бесценных работников в трехдневные поездки, но у нас сейчас Новая Экономическая программа (НЭП), созданная для выведения страны из кризиса, а потому вот только один такой жалкий день отдыха перепал обездоленным канцелярским крысам.

Бедные крысы на шести автобусах были вывезены на Мертвое море, в пятизвездочный отель «Холидей Инн». Для начала нас завели в гостиную, отделанную в синих с золотом тонах, где ждало скромное угощение: чай, кофе, разнообразные сыры, белые и желтые, твердые и мягкие, нарезанные свежие перцы, редиски и прочая зелень, а также маковый штрудель и иная выпечка, еще теплая и ароматная.

Заморив червячка, мы получили по белой махровой простыне и разошлись кто куда. В нашем распоряжении оказались: пляж Мертвого моря с зонтами и лежаками, открытый голубой бассейн с пресной водой, джакузи, закрытый бассейн с соленой водой, серный бассейн, две сауны — сухая и мокрая, и спортзал со всякими хитрыми приспособлениями.

Не могу сказать, что я люблю купаться в Мертвом море. По ощущению это все равно что плавать в горячем жирном супе, причем самое главное во время этой процедуры — двигаться без малейших брызг. Потому как ежели капля попадет в глаз... Кстати, это каждый может легко опробовать, не выходя из собственной кухни. Возьмите большую чашку. Насыпьте ее до половины солью. Долейте доверху теплой водой и старательно размешайте, до полного растворения. Готово? Теперь капните полученным составом себе в глаза. Буду благодарна, если вы поделитесь своими впечатлениями...

Главная аттракция Мертвого моря — целебные грязи. К лоханкам с грязью устремляются туристы, жаждущие омолаживания, отважно зачерпывают полными горстями густую черную жижу и намазываются с ног до головы. Тут звучат все языки мира, поскольку место это уникально, грязь целебна и, ради этого процесса, люди готовы преодолевать любые расстояния. Намазанные перестают отличаться друг от друга всем, кроме пола и габаритов, и, застывая в странных позах, ждут, чтобы грязь высохла, а потом бегут отдирать эту корку под пресный душ. Для полного удовольствия гостей рядом с лоханками поставлено зеркало, чтобы каждый мог полюбоваться на себя в виде трубочиста... нет, афроамериканца... Не знаю, как выразиться политкорректно. В общем, того, от которого сбежали даже брюки.

Опробовав все предложенные развлечения, я улеглась в тени на синий лежак, осмотрела дали Мертвого моря, вода которого не плещет легкомысленно, а медленно колеблется, утяжеленная солями. Иорданский берег тонул в нежной дымке, и вообще вся гамма пейзажа была пастельная, жемчужно-розово-сине-зеленая, море окаймлено, как белым воротником, ослепительно-белыми соляными кристаллами — мечта акварелиста.

Вокруг меня были натыканы пальмы, а по ним прыгали воробьи. Это они неправильно сделали, лениво подумала я, выглядывая из-под широкополой шляпы. Такие воробьи должны прыгать где-нибудь в Петербурге, по веткам кленов

Александровского сада, а пальмам подошли бы какие-нибудь красно-зеленые попугаи или там колибри. Недоработочка вышла. Но я их, так и быть, простила.

Уставшие к середине дня от непрерывного отдыха, мы отправились на обед. Обед состоялся в грандиозном малиновом зале, шведский стол был неисчерпаем по предоставляемым разновидностям салатов, соусов, супов, горячих блюд, а также тортов, муссов, фруктовых салатов и пр.

Чтобы отдышаться, я пошла в палатку, устроенную в восточном стиле. На песке лежали цветные циновки и пестрые подушки, там можно было поиграть в шашки, шахматы, нарды, а также выпить из закопченного чайника черного кофе или чая с мятой. Я выбрала чай, а кроме того, попробовала первый раз в жизни курить кальян. И это оказалось очень здорово, не то что дурацкие сигареты. Дым пропускается сквозь воду с запахом яблоневых цветов (бывает вкус банана, ананаса и пр.), очищается и ароматизируется. Затяжка не мутит голову, а прочищает. Надо бы завести такую штуку дома. Пригласить гостей, посадить всех на ковер, расставить тарелочки с сухофруктами, орехами, подать чай и кофе, а в центре поставить кальян и курить по очереди, пуская мундштук по кругу… Опять я о еде! Тьфу!

Тут же желающие могли научиться играть на персидском барабане. Урок вел парень лет двадцати восьми — высокий, худой, смуглый, с выбритым черепом и в белом балахоне до пят. Был он похож на египетского жреца.

Барабаны имеют форму рюмки, на узкую часть садится барабанщик, коленками упираясь в пол, а ладонями выхлопывает разные ритмы по натянутой коже. Парень этот был явный фанат своего дела, он учил нас и рассказывал разные занятные притчи, и глаза его горели.

Одна притча такая.

«Когда сотворил Господь Небо и Землю, то вся любовь оказалась наверху, на небесах. Как же сделать так, чтобы любовь оказалась доступна и земле, подумал Бог. И тогда он придумал музыку. Музыка возносит душу наверх и соединяет с любовью. И с тех пор везде, где есть любовь, звучит музыка, и везде, где есть музыка, рождается любовь».

А потом он разделил нас, сидящих в кругу, на секторы, каждому показал, какой ритм выстукивать, и мы очень талантливо и весело все вместе исполнили что-то зажигательное.

А еще меня поразил ответственный подход наших учрежденческих дам к такому серьезному мероприятию, как День Отдыха. Я поехала в короткой полотняной юбке и майке, взяла с собой шапку, купальник и книжку.

Но дамы — не мне чета — захватили по паре чемоданов и переодевались каждый час. Ехали они в автобусе в джинсах и легких блузках, на месте переоделись в шорты и топики, затем в закрытый купальник с коротким халатиком, затем в открытый с длинным, потом надели сарафаны к обеду, а к ужину уже переоделись в нарядные платья, которые сменили к обратному автобусу. То есть такой выезд — демонстрация туалетов, обсуждение их, сравнение, зависть и восхищение, рассказы, где и почем что куплено, — в общем, темы с вариациями хватило с утра до вечера.

Ну а к вечеру, когда удлинились тени и море из светлого стало темным, мы пошли ужинать в золотисто-зеленую гостиную. Все расселись по десять человек за круглые столы и пили кофе с тортом.

А потом на сцену выскочила красивая девчонка и предложила устроить караоке. Зрители выбирали популярную песню, которую они хотят петь, выходили, пели в микрофон, под музыкальное сопровождение, а текст песни пробегал по экрану, и зал пел с исполнителем вместе. Несколько молодых и не очень министерских сотрудниц влезли с ногами на столы и стали плясать под музыку что-то вроде танца живота, прямо между чашек и блюдечек из-под торта. Я потрогала стол — он был крепкий.

Но когда заместительница гендиректора, с габаритами Зыкиной, спела песню, с припевом: «Бени, Бени, мальчик гадкий, я люблю тебя ужасно», я решила, что с меня хватит, пробормотала про себя вознесенское «Тишины хочу! Тишины!» и выскочила наружу. И оказавшись в пространстве, где только чуть постукивали пальмовые листья и чуть шуршало море, я подумала, что именно тишину создал Господь для того, чтобы душа могла подняться вверх и соединиться с любовью.

КЛЕЕНКА

Я пошла на иерусалимский рынок Маханэ Иегуда, чтобы купить новую клеенку для стола. Выбор там большой, а цены ниже.

Магазинчик был узкий и темноватый, похожий на щель. Перед ним снаружи и внутри, по периметру, стояли бесконечные рулоны клеенок. Центр оставшегося пространства — метра три квадратных — занимало роскошное широкое кресло, натуральной кожи, со скамеечкой для ног. Такие обычно ставят перед телевизором. В кресле блаженно спал хозяин, уютно сложив руки на большом животе. У его ноги стоял погасший кальян.

Я походила, выбрала клеенку. Покашляла. Постучала — сначала ногой о пол, потом, кулаком по столу. Потом, наклонившись к хозяину, громко спросила:

— Есть кто-нибудь в лавке?

Хозяин открыл один глаз и посмотрел на меня. Интереса не проявил. Мне стало неловко.

— Вот, извини, хотела бы клеенку купить…

— Сколько?

— Один метр.

Хозяин открыл второй глаз. Вздохнул тяжело. Поднялся. Взял рулон, поставил его на попа. Отмерил метр. И прямо так, не раскладывая на столе, стал отрезать кусок, ведя большими ножницами сверху вниз.

Я почтительно на него смотрела и думала: «Профессионал! Он столько в жизни резал клеенки, что может это делать безукоризненно ровно и в таком неудобном положении!»

В этот момент у него падают штаны. До колен. Это не цирковой номер клоуна, не моя глупая и пошлая выдумка, а чистая правда!

Не смутившись (смутилась я), бровью не дернув, хозяин прижимает рулон коленом к столу, освободившейся рукой подтягивает штаны, а другой продолжает резать клеенку!

«ПРОФЕССИОНАЛ!» — воскликнула я мысленно.

— Вот, — лаконично сказал Профессионал, подавая мне отрезанный кусок.

Я посмотрела. Линия отреза что-то мне напоминала… Что-то родное и подзабытое. А-а! Она точно повторяла сложные и красивые извивы великой реки Волги, которая впадает в Каспийское море.

— Извини, но… у меня стол имеет прямой край, который никак не подойдет к этой… м-м-м… этой скатерти.

— Это очень прямая линия, — скучливо и невыразительно сказал хозяин, которому так хотелось вернуться в свое кресло.

Но я была бестактна.

— Может быть, мы расстелем клеенку на столе и попробуем выровнять край? Я тебе помогу.

Так мы и сделали. Хозяин принял от меня деньги, не выразив по этому поводу никаких радостных эмоций. Когда я выходила из лавки, он уже спал, положив ноги на низенькую скамеечку и сложив руки на животе.

Я подумала, что если бы у меня был грузовик, я могла бы спокойно увезти все содержимое его лавки.

Только зачем мне пятьдесят рулонов клеенки?

У МЕНЯ ЗАЗВОНИЛ ТЕЛЕФОН

Отсыпаюсь после бессонной ночи. Меня будит упорный телефонный звонок. Шатаясь, добираюсь до телефона, беру трубку.

Женский голос, по-русски: Проснулась?

Я: Да.

Голос: Свинья!!!

Я *(раздирая слипшиеся веки)*: Э-э-э… Вам, простите, кто нужен?

Голос *(перепуганно)*: Ой! Я не туда попала…

Короткие гудки. Пытаюсь реставрировать ситуацию, вызвавшую такой звонок. Варианты различны.

МИР КО МНЕ НЕБЕЗРАЗЛИЧЕН

Сдаю кровь.

Медсестра: Вы беременны?

Я: Вы мне льстите.

Медсестра *(спокойно)*: Медицина сегодня чудеса творит! И то.

* * *

Сижу на каменной тумбочке, на улице, роюсь в сумке. Подходит женщина, говорит негромко, вежливо:

— Извините, но так нельзя!

Я:???

Женщина: Как вы одеты?!!

Нервно оглядываю себя — может, разорвалось где? Вроде, все в порядке: сарафан на месте.

Женщина *(указуя пальцем на мои голые плечи)*: Это же НЕКРАСИВО!!!

Да, я не модель, и мне не двадцать лет, правда. Но в Иерусалиме +32. Взглядываю на женщину внимательно. Возраст между 35-ю и 60-ю. Черные туфли без каблуков. Плотные коричневые чулки. Мешкообразная серая юбка. Коричневая кофта, с длинными рукавами, застегнутая под горло. Парик, на нем коричневый платок. Красота, конечно. Раскрываю рот, но слов не нахожу. Она уходит, довольная.

***

Разговариваю по мобильнику. Незнакомый мужик трогает меня за руку:
— Почему ты здесь стоишь?
— ???
— Ты стоишь на солнце. А можно сделать два шага и отойти в тень!

***

Вижу издали, что к моей остановке подъезжает автобус. Несусь. На автобусе нет номеров. Всовываю голову в двери, спрашиваю водителя:
— Это какой номер?
Водитель (*голосом Макаренко*): Выйди. И посмотри внимательно снаружи.
И закрывает двери!
Я (*подставив ногу*): Так там нет номера!!!
Водитель (*неохотно*): 72.
Сажусь. Еду. Удивляюсь.

ЗНАНИЕ ЗАКОНОВ КАШРУТА — НАШЕ ВСЕ!
Вчера, в русском некошерном магазине.
Дама просит отвесить ей ветчины. Прошу заметить — свиной ветчины! Продавщица протягивает ей кусочек.
Продавщица: Хотите попробовать?
Дама (*испуганно*): Нет, что вы! Я же не смогу потом два часа есть молочное!

ЗВЕРЬ, ИМЕНУЕМЫЙ КОТ
Жду приема у ортопеда. Входит молодая пара, солдат и девушка, по всему, пришли впервые.
А на диване развалился рыжий в разводах котяра. И покрышка дивана точно такая же — рыжая в разводах, так что они почти сливаются. Девушка бросается чесать кота за ушами.

А у меня спина болит, стою сама перекошенная и физиономия такая же. И говорю им серьезно:

— Видите, кот совпадает по расцветке с покрышкой?

— Видим.

— Это кот-хамелеон, он мимикрировал. Когда покрышка была черной, он был черным, когда белой — белым.

У ребят рты пооткрывались. На кота смотрят. Потом на меня — вроде тетка солидная, в очках. В глазах мысль: сумасшедшая или правда?!!

А я, не улыбнувшись, прошла в кабинет.

ЗУБЫ. СКУЧНОЕ

Сначала во рту что-то трещит и ломается, и ты вынимаешь кусочки мелких косточек внутри салата или куска сыра. Потом в тебя мучительно больно вкалывают обезболивающее и удаляют остатки зуба и корень. Затем тебе в рот суют ложку с каким-то липким пластилином, снимают форму, после чего тебе делают чудный пристяжной зубик. Временно. Его так легко снимать, надевать — и улыбаться во весь рот. Есть, правда, нельзя. Но это уже капризы. Смутно вспоминается: «Когда у Витьки Корнеева заболел зуб, он обернулся петухом, и ему сразу полегчало».

Дальше процесс пошел. Кося глазами к носу от ужаса, ты приходишь в назначенный день к хирургу. Хирург — молодой красивый парень, с внешностью саксофониста, разговаривает по мобильнику со своей подругой и по-испански обсуждает с ней сегодняшний ужин в ресторане некошерных морских деликатесов.

Когда очередь доходит до тебя, он равнодушно улыбается и сообщает, что ты всю жизнь неправильно чистишь зубы, слишком сильно — от этого все твои проблемы. Ах вот, значит, от чего...

Потом ты корчишься и пытаешься не выть, когда тебя обкалывают анестезией. Дальше врачи и ассистенты, поглядывая на часы, обсуждают своих детей-подростков, их тягу к пирсингу и независимости. Они ждут, когда ты полностью замерзнешь и задеревенеешь. Я деревенею вплоть до пяток, но когда хирург начинает мне что-то вкручивать в челюсть, я взвываю и начинаю сучить ногами. Мне под нос суют нашатырь (слава богу, мой лечащий доктор из России, и он знает, что такое нашатырь, исчезнувший из израильской медицины где-то в шестидесятых годах прошлого века). Мне задают какие-то вопросы, растирают кисти и настойчиво требуют открыть глаза.

Потом вгоняют еще шприц обезболивающего. От этого я чувствую себя, как замерзающий на дрейфующей льдине полярник, и мне безразлично, что на соседней льдине строят комбинат: что-то взламывают отбойными молотками, куда-то вбивают стальные клинья, что-то раздвигают скобами... Мне все равно, я замерзаю в своем айсберге, и мне хорошо.

Мне очень хочется уснуть и видеть сны, но меня будят, куда-то отводят, сажают и прикладывают к щеке лед. Вот это они зря: меня и так знобит от холода, мне бы горячего чайку с коньячком...

Соседка спрашивает с любопытством:

— Вы живы?

— Нет... — шиплю я невнятно, но искренне.

— Ой, как вас желтеньким-то разрисовали! — радостно сообщает соседка. — Ну, ничего, сейчас Пурим, все решат, что маска! А что вы глаза закрываете? Пока-то еще ничего, а потом наркоз начнет отходить, вот тогда и почувствуете! А завтра у вас и вообще всю щеку разнесет! А вот у меня уже почти все зубы удалили, а теперь остались глазные, это не опасно, как вы думаете?

Я ничего не думаю. Я замерзаю с ледяной грелкой у щеки, и мой врач сует мне антибиотики и говорит, что операция прошла прекрасно...

Прекрасно, прекрасно. Да и какая это операция? Ерунда! Вкрутили в челюсть болт, через полгода на него настроят красивый зуб. Смогу улыбаться и есть одновременно. Но эти полгода надо прожить еще.

Я проживу, постараюсь. Сегодня сижу дома, с раздутой щекой и закрытым правым глазом, типа ткачиха с поварихой. Но через полгода подкрашу ресницы, оденусь нарядно, приберу дом, улыбнусь во всю красивую челюсть, включу камеру и поговорю по Скайпу со всеми друзьями и родными, разбросанными по всему этому шарику.

ЗУБНОЙ СОНЕТ

Суровый Дант не презирал дантиста,
Зубную боль в стихах Петрарка изливал,
Когда Шекспира мучил зуб со свистом,
Он превосходные трагедии слагал.

Бывало, Пушкин, с воспаленьем корня,
Арину Родионовну браня,
Поэму целую заканчивал проворно,
Чтобы отвлечься — за четыре дня!

Так кариес и десен воспаленье
Поэтам приносили вдохновенье,
Увенчанное лаврами венца.

Так за поэзию, но и еще сугубо
Мы благодарность вознесем за зубы —
Великое создание Творца.

ИЗ ЖИЗНИ ВОРОН

Все-таки удивительная птица ворона. Что-то в ней есть очень человеческое, недаром она — персонаж в сказках самых разных народов.

Вот четыре крохотные вороньи картинки.

* * *

Через узкую улочку висит провод. Он не натянут, а болтается, как качели. И посередине к нему прицепилась ворона. Перевернулась вниз головой и стала провод раскачивать. При этом висела то на одной лапе, то на другой, помахивая свободной в воздухе. Это было совершенно бесполезное занятие — ворона просто развлекалась. Как я, как вы.

***

Каждое утро хозяин лавочки, рядом с нашим домом, ломает вчерашний хлеб и насыпает огромную гору для птиц. Голуби, воробьи и горлинки топчутся по ней, толкаются, ссорятся, но пищи — избыток, всем хватает с лихвой.

А сегодня на верхушку этой горы булочных обломков села ворона. Кар-р-ркнула на всех — и птичий народец разбежался. Но недалеко. Толпились вокруг, переговаривались робко (чуть не написала — шепотом), и отдельные смелые воробьи делали попытки стащить кусок. Но ворона бдела. Только кто сунется — грозно каркала, и мелочь разлеталась, не солоно хлебавши. Сама ворона хлеба не ела — на черта он ей? И вид у нее был чрезвычайно довольный.

***

За моим окном на работе — ящик кондиционера. На него сели две вороны: крупный самец и мелкая тощая самочка. Самец солидно ходил по ящику туда-сюда и размышлял о вечности… или о биржевых акциях… или о футболе. Ему бы очень пошла трубка в зубах… в клюве.

Супруга же следовала за ним мелкой побежкой и что-то непрерывно и истерично трещала, пытаясь забежать со стороны клюва, чтобы он наконец обратил на нее внимание. Он же невозмутимо смотрел по сторонам, не торопясь доходил до края ящика, разворачивался и совершал променад обратно.

Кончилось это тем, что самцу надоело, он сорвался и полетел, а ворона, совсем зайдясь в крике, рванулась за ним.

Я умирала от хохота и жалела об отсутствии камеры!

***

Вчера довелось увидеть — первый раз в жизни брачный танец ворон!

Самец склонился перед самочкой до земли в придворном каком-то поклоне — шея вытянута, клюв буквально лежит на асфальте. Расставил широко крылья в стороны и стал ими быстро-быстро мелко помахивать — как двумя веерами.

Самка посмотрела на это, посмотрела. Потом согнулась в таком же встречном поклоне, тоже развела крылья и так же ими завибрировала. Это был просто какой-то полонез — другого слова не подберу!

С полминуты они выполняли этот ритуал, а потом перешли собственно к любви.

Я нигде не встречала упоминания о таком: везде пишут о брачном танце самца вокруг самки. Но чтобы танец был парным? И чтобы самка танцем показывала самцу, что она согласна?

Нет, не зря я написала, что вороны поведением больше напоминают людей, чем птиц!

ЕСЛИ ДРУГ ОКАЗАЛСЯ ВДРУГ...

В нашем Государственном Учреждении — огромное количество людей. Работали там, среди прочих, две подружки. Назову их, скажем, Симха и Шоши. Им обеим лет около тридцати, живут рядом, часто подбрасывают одна другую до работы, вместе кофе пьют, сплетничают, о детях болтают, по магазинам бегают, в развлекательных поездках от Учреждения всегда просят дать им общий номер. В общем, не разлей вода.

Года через три после того, как они почти одновременно начали тут работать, заместитель гендиректора вызывает Шоши. Дело серьезное — проверяющая комиссия выяснила, что Шоши дала о себе ложные сведения: написала, что она несколько лет занимала в другой структуре некую должность, что увеличило годы ее профессионального стажа и дало ей право на более высокую зарплату.

Деваться Шоши некуда. Она рыдала в кабинете начальства, умоляя ее не увольнять, потому как семья, дети... Но замгендиректора — дама с характером, сказала, мол, dura lex — и послала домой.

Тогда Шоши утерла слезы, высморкалась и заявила:

— Идея дать эти ложные сведения была не моя, а Симхи. Она же мне помогла все это документально оформить. Так что увольняйте нас вместе.

Началось разбирательство. Доказать уже ничего нельзя, но замгендиректора сказала — в шею обеих. Симха рыдает, бегает по шести этажам здания, залетает в каждый кабинет, жалуется на несправедливость, на подлость этой Шоши. Ей сочувствуют. Во-первых, она очень хорошенькая, просто красавица. Во-вторых, только что развелась с мужем и осталась с двумя маленькими детьми на руках.

Делегации, просящие, чтобы Симху не увольняли, осаждают кабинет замгендиректора. В конце концов, может это Шошин поклеп, правда?

Весы стали склоняться в сторону Симхи.

Уволенная, но еще приходящая на работу Шоши об этом узнала. Ворвалась в кабинет замгендиректора. Не плакала, о нет! Сказала:

— Мало того, что Симха виновата в том, что оформила мне липовые бумаги. Но все эти годы, что мы тут обе работаем, мы регулярно отбивали карточки друг за друга. Одна из нас приходила на работу и отмечалась за обеих, а вторая в это время занималась своими делами. Проверьте — наши карточки всегда почти отбиты вместе.

И если эту Симху не уволят, я это так не оставлю. Пойду в газеты, на телевидение, устрою шум на всю страну, чтобы все знали, как работают в этом Учреждении!

Проверили. Все оказалось правдой. Обеих уволили.

А я осталась в каком-то растерянном недоумении. Как-то нас по-другому учили — о дружбе. Нет?

ПО ДОРОГЕ В АЭРОПОРТ

До аэропорта из Иерусалима везет удобная маршрутка «Нэшер» («Орел»), забирает у самого дома, приезжает четко, ни разу не подводила. И в этот раз мобильник зазвонил в ту секунду, когда я спустилась с чемоданом.

— Але! Ты ждешь «Нэшер?

— Да.

— Слушай, я тут не знаю, как заезжать на твою улицу, так что выйди на большую трассу, и я там тебя подхвачу!

Я очень удивилась и повезла свой чемоданчик к трассе. Водителю было лет шестьдесят пять. Кроме него в маршрутке сидел его ровесник и, как я поняла, его друг, он же рекомендатель на эту работу и инструктор, по имени Дуду (ударение на первое «у»).

Дальше они беседовали всю дорогу, причем оба орали хриплыми басами, как будто им надо было перекрикивать весь базар.

Дуду: Ави, а помнишь эти шашлыки, которые мы ели в День Независимости? Это были такие шашлыки!
Ави: Помню. (набирает номер по телефону) Алё! Доброе утро! Выходите с чемоданами через пять минут.
Дуду (*важно*): Ты неправильно говоришь! Надо просто говорить: «Нэшер», без всякого доброго утра!
Ави: Это все равно, как говорить!
Дуду: Нет, не все равно! Я твой инструктор, ты должен делать, что я говорю тебе!
Ави: Ладно.
Дуду: И ты неправильно едешь! Тебе тут надо направо!
Ави: Нет, тут налево!
Дуду: А я тебе говорю, что направо! Разворачивайся!
Ави: Я знаю, что налево!
Дуду: Направо!!! Делай, что говорю! Я твой инструктор!
Ави: Ладно!
Такси разворачивается и едет в обратную сторону.
Дуду: Нет, ты помнишь эти шашлыки? Какие были шашлыки!
Пассажирка с семилетним сыном: Извините! Вы не могли бы говорить чуть тише? Мой ребенок устал и хотел бы поспать.
Ави (*на четверть тона ниже*): Ну, и где тут эта улица? Я же говорил, надо налево!
Дуду (*надувшись*): Ты сам должен думать! Но я все равно был прав!
Пассажир, ждущий на улице с багажом: Вы опоздали на сорок минут! Это безобразие!
Ави (*раздраженно*): Ставьте чемоданы сзади! И не скандальте, залезайте быстрее, мне некогда!
Дуду (*тихо*): Правильно, не выходи! Пусть сам свои чемоданы таскает! (громко) А ты помнишь, какие это были шашлыки, какие шашлыки!!!

Так мы крутились по Иерусалиму, собирая пассажиров, около двух часов вместо сорока минут. Дорогу не знали оба, что инструктор, что новичок, а такую штуку как GPS, они, по всему, презирали. Но на рейс я успела.

ЧИСТО ИЗРАИЛЬСКОЕ

Шабат. Иду по Иерусалиму и слышу крик из окна, по-русски:

— Сколько раз тебе повторять?!! Надень кипу, Христа ради!

АВТОБУС № 20

Я никогда не сажусь на этой остановке, иду вперед, до следующей. Но это не помогает, потому что дважды в день я еду мимо нее, и малодушные попытки смотреть в другую сторону удаются редко.

Фотографии. Засохшие цветы. Памятные камушки. Выцветшие газетные статьи. Доска с именами.

Мы живем в бедном районе Иерусалима, называемом Ир Ганим, Город-Сад, мечта Маяковского. Зелени действительно много. Высокие дома застроены маленькими квартирами, которые скупает очередная волна репатриантов. В последние десять лет здесь превалирует русская речь.

Двадцатый автобус делает петли и восьмерки по мелким улочкам, собирая люд. Он всегда по утрам набит: взрослые, студенты, школьники. Больше всего народу в первый день рабочей недели, в воскресенье — солдаты возвращаются с субботней побывки к месту службы.

Это случилось как раз воскресным утром. И не случайность это горькая, а результат точной наводки. Прежде чем что-либо совершить, профессионально собирается информация, где больше всего народу, где будет больше эффект.

Я еду на работу рано, сын выходит через час после меня. Он — очень точный человек, в него природой встроены часы, не дающие опаздывать. А в этот день он опоздал. На секунду. Бежал за отъезжающим от остановки автобусом, даже хлопнул по корпусу, но водитель не заметил, не остановился. Следующий автобус пришел через пять минут и, крутясь по району, нагнал первый.

И тогда это произошло.

Звонок. Снимаю трубку. Данькин голос: «Мама, 20-й автобус, который ехал передо мной, взорван. Со мной все в порядке».

И тут по всему городу завыли сирены.

На остановке, у которой это случилось, одиннадцать фотографий. Я не была знакома ни с кем из них. Я всех их знала. За шесть лет, что мы тут живем, лица примелькались. Молодая полная женщина, в шляпке, религиозная, часто ездила с двумя из троих детей-погодков. В этот раз она была одна. Девочка-солдатка. Бабушка с внуком, они всегда ездили вместе, сначала бабушка возила его в детский сад, потом в школу. Пожилая мрачная женщина, всегда сидевшая, уткнувшись в книжку. Мужчина средних лет, с внешностью рабочего. Студент…

Я их часто вижу в автобусе, внутренним взором. Это такое легкое помешательство. И сесть в автобус на этой остановке я не могу.

(запись 1998 года)

МИХАИЛ ЖВАНЕЦКИЙ В ИЕРУСАЛИМЕ

Была на его выступлении. Ну надо же хоть раз в жизни, но живьем!

И не зря! Обаяние его, не смазанное экраном телевизора, просто затопляет переполненный зрителями зал.

Были более удачные тексты и менее удачные тексты. Но обаяние, друзья, не пропьешь! Вот выходит на сцену старый, лысый, пузатый человек, и через секунду весь зал — его.

Он вытаскивает из своего ободранного портфеля мятые листы, на которых написаны тексты от руки, роется в них, крутит туда-сюда, потому что концовка иногда залезает на поля. И пока крутит, просто общается с залом, как у себя на кухне. И, может, это — лучше всего.

Взглянув, между миниатюрами, на свой живот, замечает:

— Вот скажите мне, почему так? Толстеешь — брюки спадают. Худеешь — брюки спадают.

Реплика из зала:

— Купите подтяжки!

Жванецкий (мгновенно обернувшись на голос):
— Подтяжки — да, это выход! Но СТАРЯТ.

Из запомнившегося:
— Странный все-таки этот русский язык. «Я тебя не забуду!» — один смысл. А «я тебя запомню!» — совсем другой.
В Одессе.
— Скажите, где тут почта?
— ПОШЛИТЕ СО МНОЙ!

Будьте нам здоровы, Михал Михалыч!

ДОРОЖНОЕ *(13-е, пятница. полет Лод–Домодедово)*
Не могло в такой день все пройти гладко! Перед самым выходом уронила косметичку, и зеркальце в ней раскололось. Заклеила остаток скотчем и выскочила на маршрутное такси в аэропорт.

Такси ездило по Иерусалиму, собирая пассажиров. Долго крутило по узким витым улочкам Эйн-Керема и остановилось у ворот католического монастыря. Две монашки, в серых одеяниях, белых платах и в очках, залезли, пробормотали «Bonjour!», достали четки, стали их перебирать в пальцах.

Следующими сели у гостиницы две американские негритянки (ой-ой! — афроамериканки, конечно!), в черных балахонах, черных шапочках и золотых очках. Одинаково раздвинули губы в образцовой улыбке, сказали: «Morning!»

Последней села арабская семья: усатый глава семейства, с ним две жены, закутанные в многослойные одеяния и в платки, максимально скрывающие лица, и трое детишек. Они ничего не сказали, и такой вот специфической компанией мы прибыли в аэропорт.

У меня была только ручная кладь, крохотный чемодан на колесах, из которого бдительная охрана выудила пилочку для ногтей, забытую в кармане с предыдущей поездки, и выбросила это опасное оружие в мусор. Пилочки было жалко.

В Дьюти-фри я, как всегда, затоварилась французским бренди и пошла на посадку.

Пожилая пассажирка передо мной сердито говорит по мобильнику:

— Ты представляешь? Меня запихнули в хвост трамвая!!! Надеюсь, хоть ни одна сволочь не придёт на соседнее место!

«Сволочь» в лице молодой женщины немедленно оказывается рядом и просит освободить кресло от сумок. Пассажирка убирает сумки, приговаривая:

— Вот счастья-то привалило…

— А вы надеялись лететь одна? — встаёт в боевую позу соседка.

— Я не надеялась, я мечтала!

Через короткое время они уже в запой общаются, делясь личными переживаниями, жалуются на мужиков, угощают друг дружку бутербродами, ругают Израиль.

По проходу салона бродит огромного роста молодой русский священник, вопрошая басом: «Куда же мне поставить икону?» Самолётик маленький, все багажные ящики забиты чемоданами. Наконец стюард куда-то икону пристраивает, и священник оказывается моим соседом. Я сочувственно смотрю, как он втискивается в узкое кресло, выворачивает длиннющие ноги, чтобы как-то поместить их в щель между сиденьями. И мне-то, с моими стандартными габаритами, тесно и неудобно, а уж такому богатырю и подавно.

На взлёте священник размашисто крестится и произносит короткую молитву.

— Теперь-то полёт пройдёт благополучно! — не удержалась я.

— Сие только от воли Господа зависит, — спокойно басит мой сосед с высоты своего роста и убеждений.

Мы разговорились. Отец Зосима оказался интересным человеком. Владеет свободно четырьмя языками, объездил, посылаемый церковью, полмира, служил в разных странах, написал два международных путеводителя для паломников.

Был направлен служить в церкви в Антарктиде, что полностью разрушило его здоровье. На полюсе, рассказал он, сильная солнечная радиация, губительная для человека. Через четыре месяца его увезли оттуда в тяжелейшем состоянии, оказывало сердце, печень, почки.

— А как же остальные, которые работают там годами? — заинтересовалась я.

— Полярники и предыдущие священники спасались тем, что постоянно спирт пили, — ответил отец Зосима, — а я — непьющий. Вот и пострадал.

Я-то считала, что классика «истопник сказал, что столичная очень помогает от стронция» — шутка Галича, а оно оказалось суровой правдой!

Теперь отца Зосиму, по состоянию здоровья, церковь отпускает, как он сказал «на вольные хлеба», живи, где хочешь. И он собирается пожить в Абхазии, где теплый здоровый климат и много необходимой его больному сердцу кураги.

Я искренне пожелала ему выздоровления, но заметила, что выглядит он совершенно здоровым, кровь с молоком.

— Это на меня Иерусалим так подействовал, — сказал священник, — полет в ту сторону с трудом перенес, пришлось таблетки глотать.

Про церковь в Антарктиде о. Зосима рассказал любопытное. Когда рухнул Советский Союз, научные станции в Антарктиде стали закрываться одна за другой, денег на них не было. Начальник одной из таких станций решил ее спасти и нашел нестандартный ход — через церковные власти. Заказал сборную деревянную церквушку, ее привезли на корабле, собрали. Прислали из Москвы священника, освятили. Там же крестился и этот умный начальник. Так и осталась в Антарктиде эта единственная станция, в штат которой теперь полагается священник.

Там, на маковке земного шара, происходят всякие аномальные природные явления. Например, горизонтальные осадки. Можно лечь на медленный воздушный поток, поднять ноги и лежать, как в невесомости. А еще там опасно. Многочисленные морские животные — морские львы и особенно леопарды — охотятся на все, что движется. Обваливаются в снегу, становятся совершенно незаметными среди ледяных торосов. Одному корейцу такой морской леопард отхватил ногу, с трудом спасли парня.

Доводилось отцу Зосиме служить и на крайнем Севере, где зимние температуры опускаются до −60.

— И как же выживать? — спросила я, застучав зубами от одной цифры.

— Шубы там специальные: снаружи — бурый медведь, изнутри — мехом внутрь, белый. Шапки тоже — мехом внутрь. На ноги — унты особые, кожу для них берут с ног северных оленей, от копыта до колена. Это очень тонкая и морозоустойчивая кожа. На нее уже мех нашивают. Так издревле спасаются северные народности.

Соседка через проход, дама лет пятидесяти, с постоянно недовольным выражением лица добилась, чтобы к ней подошел единственный русскоговорящий стюард из всей ивритской команды бортпроводников, и стала ему громко и раздраженно выговаривать, четко артикулируя:

— Вы — представитель компании «Аркия»?
— Да.
— Как я могу написать жалобу вашему руководству?
— А в чем ваша жалоба?
— У меня был оплачен вместе с билетом кофе в аэропорту, а мне его не дали. Это полнейшее безобразие!
— Сейчас узнаю.

Стюард уходит и через некоторое время возвращается.

— Вас попросили подождать, пошли за кофе, но вы уже ушли.
— Я ждала десять минут! Я этого так не оставлю! Я свои права знаю! Я педагог! У нас в России, может быть и не все в порядке, но законы защиты потребителя там работают прекрасно!

Стюард стоит, втянув голову в плечи, и ждет, когда вызовут в школу его маму.

Выговорив все, дама утыкается в книжку «Воспитание родителей».

Отец Зосима вырос на югах, а медицинский институт заканчивал в Сибири. Поехал туда, потому что отыскался дед, посаженный в 1946-м, когда жена его была беременна. Бабушка, родив сына, умерла, мальчик рос в детском доме, не подозревая, что у него есть отец. И дед не знал, что где-то у него есть сын, — никаких связей не было. И вот отыскали друг друга чудом — уже в начале перестройки. О. Зосима (тогда еще Гаврилка) с дедом подружился, а тот, на последнем отрезке жизни, успел стать Заслуженным учителем.

Я позволила себе поинтересоваться, что заставило молодого врача отказаться от обычной жизни и уйти в монахи? О. Зосима вопрос не счел наглостью, а ответил очень просто:

— После тяжелой аварии я побывал ТАМ. И ТАМ так прекрасно, что возвращаться в светский мир с его растущим злом — а оно растет — не захотелось.

— А что есть ТАМ, если можно об этом говорить словами?

О. Зосима рассказал, что он видел ТАМ. Мне понравилось.

— И все-таки, — сказала я, дослушав, — мне кажется, нет зла как такового. Каждый из нас, если может, собирает вокруг себя островок добра, где действуют законы доброты, сочувствия, интереса к другому человеку, любви к своему делу, взаимопомощи. Это круг семьи и друзей. Чем больше таких островков, пузырьков в недобром мире, тем этот мир лучше. А родив и воспитав хороших детей, живущих по тем же законам, мы тем самым продолжаем род и спасаем будущее. Правильно ли отказаться от этих трудов, нарушая и биологическую программу — размножения, и чисто человеческую — воспитания?

О. Зосима покачал головой.

— Я сделал свой выбор. Может быть, вы правы, я избрал для себя более легкий путь, но он — мой.

НА АРАБСКОМ РЫНКЕ В СТАРОМ ГОРОДЕ ИЕРУСАЛИМА

После вернисажа выставки моей подруги-художницы я прошлась по арабскому рынку: искала косметичку из гобеленовой ткани, наша-то совсем разорвалась. Иду я тихо, ищу лавку сумок. А отовсюду мне продавцы кричат на всех языках:

— Девушка! Мисс! Геверет! Хабиби! Красавица! Иди сюда! Что надо? Заходи! У меня есть все, что ты хочешь! Купи! Дешево отдам!

И не просто кричат, а следом бегут, руками хватают, к себе тянут. Достаю старенькую свою косметичку:

— Такая есть?

— Такой нет, но у меня есть другие замечательные вещи!

— Нет, других мне не надо.

Иду дальше

— Красавица! Спорим, у меня есть то, что ты ищешь? Если нет, я проиграл, требуй, чего хочешь!

Хороший маркетинговый ход. Достаю опять свою косметичку.

— Нет, такой нет. Я проиграл — проси, чего хочешь!

Хмыкаю:

— Живи спокойно, у меня все есть.

Один высокий бородатый красавец вдруг говорит:

— Есть! Иди сюда!

Смотрю на его лавку с сомнением — там платки и шали.

— Иди, иди сюда! Заходи! У меня есть!

Захожу осторожно.

— Ну, показывай.

— У меня для тебя подарок есть!

Выхватывает большой темно-розовый шелковый шарф, быстро накидывает мне на плечи, заматывает.

— Мне не нужно подарка!

Сбрасываю шарф и делаю быстрый шаг к выходу.

— Стой! Почему обижаешь? Хочу тебе подарить — ты красивая! Может, я твоим френдом буду!

— Нет, моим френдом ты не будешь! Убери руки!

Выдвигаю нижнюю челюсть, делаю злобную харю. Выбираюсь с этого базара, удерживая зверское выражение лица. Нет, не буду больше одна по арабскому рынку ходить!

«У ПОЭТОВ ЕСТЬ ТАКОЙ ОБЫЧАЙ...»

Побывала на прекрасном вечере двух иерусалимских литераторов: поэта Александра Верника и прозаика Светланы Шенбрунн, чья новая книга «Пилюли счастья» только что вышла в Москве. Вечер удался, народу в зале Ури-Цви Гринберга было не протолкнуться, что очень приятно. Но я не об этом.

После вечера был фуршет, где насладившийся литературой зритель налег на водку с горячей картошечкой, шпротами и салатами. Когда народ собрался на выход, я увидела величественного и всегда немного трагического Верника, стоящего у двери с большой кастрюлей в руках. У меня само собой вырвалось:

— Поэт с кастрюлей — больше, чем поэт.

Тут же стоящие вокруг подхватили:

— И два поэта — больше, чем поэт.

— А полпоэта — меньше, чем поэт.

— Поэт с женою — больше, чем поэт.

Жена Верника вставила свое слово:

— Жена поэта — больше, чем поэт.

Верник посмотрел на всех и произнес:

— Ты — поэт, и я — поэт. В руке не дрогнет пистолет.

ЧЕМОДАН

Перед поездкой сына в Россию выяснилось, что оба наших чемодана приказали долго жить. И пошли мы с ним покупать чемодан.

Как порядочные, ходили из одного магазинчика сумок в другой, приглядывались, сравнивали цены. Лавки, как лавки — одни побогаче, другие попроще. Но две оказалась совершенно незабываемы.

Одна состояла из двух небольших помещений, где сумки и чемоданы были навалены друг на друга горами, свободного места в магазине оставался один квадратный метр. Пока мы, вытягивая шеи из дверей, пытались углядеть в этой свалке что-то подходящее, хозяин — маленький, седой, в домашнем вязаном жилете, беседовал с полной пожилой покупательницей, одетой в длинную цветастую юбку, вишневый жакет и синюю шляпу.

Продавец на нее не смотрел, трогал свои чемоданы, изображая большую занятость.

Дама: А вот тут колесо у сумки застревает, видишь, Шлеми? Я эту сумку у тебя год назад купила, а колесо застревает.

Продавец *(бурчит, глядя в сторону)*: Это очень хорошая сумка. И колеса там хорошие.

Дама: Нет, колесо заедает, ты мне его почини.

Продавец: Хорошие, очень хорошие колеса.

Дама: Нет, Шлеми, ты мне почини колесо.

Продавец: Зайди ко мне в понедельник, сейчас мне некогда. В понедельник я тебе починю.

Дама: А кремы для лица у тебя сколько стоят?

Я взглянула с изумлением: на невозможно грязных полках стояли запыленные упаковки кремов неизвестных фирм.

Продавец: Зайди в понедельник, я тебе продам крем, сейчас мне некогда.

Дама: А когда ты меня пострижешь? Ты пострижешь меня, Шлеми?

Продавец *(все так же хмуро)*: Зайди в понедельник, я тебя постригу.

Вот это набор услуг! Я подумала, может, он еще и кровь пускает, если надо?

Когда дама, наконец, вывалилась из лавки, наступила наша очередь.

Мы вступили на освободившийся пятачок и сказали, что нам нужен чемодан.

— Вот очень хороший чемодан, — скучно сказал Шлеми, — тыча пальцем в ближайший к нему.

— Да, но хотелось бы побольше, вон как тот. Можно его посмотреть?

Тяжело вздохнув, продавец вытащил чемодан. Мы его раскрыли, проверили застежки, потом сын спросил:

— А черного такого у вас нет?

— Нет, только красный. Он — единственный такой. Берите, это очень хороший чемодан.

Тут я вмешалась, заглянув во вторую комнату:

— А мне кажется, что вон тот черный — точно такой же, как этот.

— Нет, он другой, — с отвращением сказал продавец, глядя мимо нас.

— Ну, давай посмотрим, — предложила я.

Продавец угрюмо полез на гору чемоданов и стащил нам тот, что я просила. Он оказался брат-близнец красного. Спросив цену, сын сказал:

— Мы сейчас зайдем еще вон в те две лавки, посмотрим, что там, а потом вернемся к тебе.

Продавец впервые взглянул на нас. Перекосился. И сказал твердо:

— Нечего заходить. Только зря топчитесь тут, от дела отрываете!

И демонстративно захлопнул за нами дверь в лавку. На улице мы принялись хохотать. Вот это бизнес! Но мы не знали, что это еще не конец.

Путь наш лежал через рынок, и мы увидели какую-то щель, из которой торчали сумки. Так, походя, заглянули. Там сиротливо стояли всего три чемодана. Хозяин, высокий тощий старик, в большой черной кипе и с длинной седой бородой, сказал, что у него — самые лучшие чемоданы в Иерусалиме.

Мы скептически осмотрели один, подходящий по размеру. Чемодан выглядел хлипким, колеса неубедительными, ручка слабой. Пока мы с Данькой его осматривали, старик ревниво за нами смотрел и, видя, к чему мы прикасаемся, сразу говорил:

— Ручка очень крепкая. 180 шекелей. Колеса очень крепкие. 150. Застежка очень хорошая. 100 шекелей.

Я говорю:

— Данька, сто шекелей — не цена для чемодана, но его хватит разве что на одну поездку. Давай поищем что-то получше.

Мы сказали старику, что подумаем и вышли наружу. Сердобольный Данька сказал:

— Мама, давай купим у этого старика чемодан. Он какой-то такой старый и несчастный, наверно, у него никто ничего не покупает. Жалко его. А одну поездку, наверно, чемодан выдержит.

— Ну, как знаешь.

Мы вернулись в лавку с чувством, что делаем доброе дело, представляя, как сейчас просияет старик. Старик, увидев нас, встал со своего стула и повернулся к нам спиной.

— Мы пришли за чемоданом.

Резко обернувшись, старик рявкнул:

— Триста!

— Как триста? Ты же говорил — сто?

— Не хотели сразу брать, так и идите отсюда! Мне такие покупатели не нужны!

— Хорошего тебе Шабата! — сказали мы и вышли.

Реакция у нас была синхронная — гомерический хохот! За полчаса нас фактически выгнали из двух магазинов! И где еще встретишь такие типажи?

Напоследок, хоть это уже и не важно: чемодан мы купили. В чистом современном магазине, у симпатичного продавца, который быстро показал нам несколько моделей, толково объяснил, чем одна отличается от другой, дал дельный совет, сделал приличную скидку, да еще, когда мы уже с чемоданом вышли из магазина, помчался за нами, чтобы отдать забытую мною клубнику.

НАПИТОК ПО ПОГОДЕ

Не убивайте меня, но я люблю жару. Даже с таким перебором, как в Иерусалиме нынче: в тени +36, а что на солнце лучше не знать.

Чаще лезешь в душ, больше пьешь воды, меньше ешь — то есть худеешь, бегаешь по каменному полу босыми ногами. Накинуть полотняный сарафанчик — и ты уже одета. На улице никто не орет дурными голосами — жара всех загнала по домам, уложила по койкам. Тишина, благодать.

А зимой? Мучительное вылезание из нагретой постели в ледяную комнату, десять-двадцать одежек перед выходом на улицу, дома тоже куча носков, свитеров, поддевок, меховых безрукавок. Теряешь представление о собственной фигуре, о женственности (что это такое?), из всех чувств остается одно чувство холода. Руки леденеют на клавиатуре. Ног не чувствуешь вообще. С носа капает. Постоянно что-то жуешь жирное и горячее, водку пьешь для сугрева, иногда с перебором, а потом нехорошо… Те, кто знает, что такое мороз –30, на раз согласится поменять его на аналогичную жару с другим знаком.

Так вот, отличный напиток для аномально жарких дней.

Высокий стакан набить льдом. Налить водочную рюмку сладкого муската, долить почти доверху сухим вином (у меня красное мерло, но и белое будет отлично), добавить лимонного или апельсинового сока, по вкусу. Встряхнуть. Пить небыстро, в ритме тающего льда, негромкой текучей музыки и приятной беседы.

И мир окажется прекрасен и гармоничен.

ПИСАТЕЛЬ МИХАИЛ ШИШКИН В ИЕРУСАЛИМЕ

С ним была встреча в иерусалимской Русской библиотеке. Шишкин получил за последние годы три главных литературных премии России, его книги переведены на двенадцать языков, по ним ставят спектакли в российских театрах. Я шла на встречу, прочитав только один его роман «Венерин волос». Это очень непростая проза, и по материалу, и по сложно плетеному построению, и по языку, не дающему читателю расслабиться. Густота, не продохнешь.

Михаил Шишкин — высокий, широкоплечий, седина сочетается с серыми глазами. Интроверт. Трудно себя чувствует на публике. От напряжения начал встречу с чтения двух отрывков из своего нового романа «Письмовник». Читает монотонно, невыразительно.

Но когда говорит о писательском ремесле, о писательской судьбе, о сегодняшнем состоянии литературы — загорается, это замечательно интересно, перекликается с собственными вопросами и думами на эту тему. Наверно, многое из того, о чем он говорил, вошло в какие-то его интервью — ведь все задают похожие вопросы. Но я напишу о том, что мне было важно услышать, что запомнила.

По Шишкину, есть два типа писателя: один — хозяин своего текста, другой — его слуга. Хозяин звонит в колокольчик, и «роман» тут же прибегает: «Чего изволите?» Писатель пишет, стирает, решает, придумывает, сам за все отвечает.

Шишкин относит себя ко второму типу. Роман призывает писателя, тот прибегает с «чего изволите?», сидит себе и легко, радостно пишет, поскольку все за него знают и решают. И это — счастье!

Но потом проходит день, месяц, год, два… А колокольчик не звонит, хозяин не вызывает. И, может быть, не позовет больше никогда. И это ужас, смерть и тоска. И острое желание утопиться в Женевском озере, невдалеке от которого Шишкин проживает последние лет десять. И все попытки начать писать самому, без зова — страшны, потому что фраза не строится, мысль мертва… Как будто и не писал ничего в жизни.

И эти состояния: высшего счастья — полного ужаса, повторялись уже несколько раз, между романами проходит три-четыре года, годы страха и отчаяния, а вдруг больше не позвонит?

И еще, о русском языке для писателя, живущего вне России. Тот живой русский язык — уже не твой, он меняется стремительно, ежедневно, ты не владеешь им, не чувствуешь его. А тот, что ты вывез — не годится для того, чтобы писать о самом главном. И вообще, вопреки Тургеневу, Шишкин говорит, что русский язык беден по сравнению с другими — меньше времен, оттенков, гибкости.

И когда тебе приходит время писать, ты оказываешься вообще без языка. Чтобы выразить то, что тебе необходимо сказать, ты должен из обломков языка, ошметков того, что имеешь, выстроить что-то совершенно новое, единственно возможное для данного романа.

И еще о книгах. В советское время, когда все было вокруг направлено на то, чтобы растоптать тебя, маленького человека, достоинство тебе возвращали книги. Возвращаешься домой — униженный, раздавленный, берешь книгу — и воспаряешь. И сегодня то же самое. Только тогда была идеология, а теперь, нищета, уголовщина и гламур. И опять же, пока есть потребность в книге, душа спасается и распрямляется.

О смерти. В школе Шишкина постоянно преследовал сильный грубый парень, подходил на переменке и бил по ушам. Михаил начитался книжек, вспомнил, как вели себя герои, и решил спасаться так же: огорошить грубого болвана каверзными вопросами, на которые тот не найдется, что ответить, растеряется — и уйдет раздавленный. Заготовил вопросы, открыл рот, чтобы их выкрикнуть парню в лицо. Но тот и слушать не стал: подскочил и дал по ушам.

Так вот и смерть, сказал Шишкин. Не будет слушать каверзные вопросы, а подойдет и даст по ушам. Но вопросы все равно надо пытаться задавать.

О свободе слова и современных писателях. В 90-е годы, когда стало можно все, многие талантливые литераторы решили: напишу сейчас что-нибудь для быстрой известности и больших денег. А потом, без материальных забот, спокойно сяду и напишу шедевр, только для себя и для Искусства.

Но не получается. Если пишешь для денег и популярности, от тебя что-то отнимается, а потом уже ничего не выйдет.

Вот примерно так. Шишкин очень серьезен, никакого чувства юмора. Для меня это странно и непривычно — юмор, мне всегда казалось, необходимая составляющая и человека и дарования. Но нет вот, не всегда.

Начала читать «Письмовник». Это — настоящая проза.

ЭСКАЛАЦИЯ НАПРЯЖЕНИЯ НА ЮГЕ. НОЯБРЬ 2012

Видела утром подругу, ее сын через час уходит в Газу. Он в боевых частях.

А потом встретился мне солдат с тяжелым рюкзаком. Совсем мальчик, интеллигентное лицо.

— Удачи тебе! — сказала я.

Он вынул наушники из ушей и переспросил. Я повторила. Он улыбнулся, сказал «спасибо», вставил обратно наушники и пошел к остановке автобуса на Беэр-Шеву.

… Мальчики! Постарайтесь вернуться назад!

***

> Снова рубят лес, взлетают щепочки,
> Формы камуфляжные рябы,
> Снова наши мальчики и девочки
> Мечут жизни в покере судьбы.
>
> Снова гибнет кто-то в этом вздоре, и
> Как ни тщусь, ответа не сыщу,
> Все никак не сдать в музей Истории
> Бедную Давидову пращу.

БОЛЬШАЯ ИСТОРИЯ ПЛЕТЕТСЯ ИЗ МАЛЫХ

Эту историю я помню с 1992 года. В те годы было много запоминающегося: взрывали автобусы, кафе, торговые центры. Мы слушали новости каждый час, после очередного теракта обзванивали друзей и знакомых, которые могли оказаться поблизости. Один раз был взорван автобус, на который на секунду опоздал мой сын, отправлявшийся в школу — бежал за автобусом, даже хлопнул по закрывшейся двери, но водитель его не заметил. Периодически приходилось подавлять рвущийся из нутра волчий вой — паршивая смесь собственного бессилия и ненависти...

Но эта история особенная, и я не предполагала, что встречусь когда-нибудь с ее героиней. В центре Иерусалима, рядом с рынком Махане Иегуда, среди белого дня араб с ножом напал на группу детишек младшего школьного возраста.

Он успел пырнуть нескольких ребят, когда к нему бросились все мужчины, бывшие поблизости. Они бы его разорвали на месте, если бы не молодая религиозная женщина, еврейка. Она растолкала мужчин и прикрыла террориста своим телом. И так и держала его, не давая убить, пока не приехала полиция и его не арестовала.

Он оказался хамасовцем из большого клана, где все были членами этой организации, готовили и осуществляли теракты на территории Израиля. Полиция получила много ценной информации, а террорист — тридцать лет тюрьмы.

И вот вчера я оказалась с группой коллег в доме этой женщины, Беллы Фройнд. Статная голубоглазая блондинка. Красавица. Одета и подкрашена со вкусом. На вид ей лет пятьдесят. Ее дом — в центре Меа Шеарим, иерусалимского района ультраортодоксов.

Она рассказала подробности той истории. Пока приехала полиция, прошло двадцать семь минут. Все это время озверевшие мужчины пытались оторвать ее от террориста, пинали ее, стреляли в воздух, порвали одежду, гасили об нее сигареты (следы от ожогов остались до сих пор), кричали, что она — пособница Хамаса и что ее убьют вместе с арабом... После этого от нее отвернулись все соседи по Меа Шеарим (пострадавшие ребята были из этого района), в почтовый ящик ей бросали письма с угрозами, старшие из ее восьми детей подвергались в школе оскорблениям и травле, так что к ним была приставлена охрана.

Мы спросили, почему она это сделала? Тихо и смущенно она ответила:

— Я тогда даже подумать не успела. Но я не могла допустить линча, даже террориста. Мои родители оба пережили Холокост, отец — в Польше, мать — в Венгрии. Мы не можем быть такими, как те убийцы, еврейская душа погибнет от этого. Я сделала это для себя.

НУРИТ

Нет, ее зовут не так, но я пишу о живом человеке, а потому меняю имя. Ей тридцать пять, но по виду — пацан-подросток. Тощая, маленькая, нервно-подвижная травести, артистичная, с великолепным чувством юмора. Доктор психологии и практической криминологии. Работает с преступниками в тюрьмах, с проблемной молодежью, в ее квартире постоянно живут юные наркоманы, которые стараются спастись от наркотиков… Первые лекции она вела, ловко подбрасывая ногами футбольный мяч. На остальных — тоже бегала и скакала, не будучи в состоянии сидеть.

Ее занятия ни на что не похожи. На встречу с нами она приводила своих подопечных: юного убийцу, лишившего жизни четырех человек. У него срок отсидки — двадцать лет. Серийного насильника. Красавицу девушку, которая оказалась урожденным мальчиком, работавшим (работавшей?) проституткой-трансвеститом. Женщину, с юности выбиравшую себе особых мужей — наркоманов и садистов…

Она их приводит на лекции не для развлечения почтеннейшей публики, а потому что считает, что именно этим ее подопечным важно рассказать еще и еще раз людям свою страшную историю, чтобы выскочить, вырваться оттуда, откуда они пытаются уйти вопреки всему… Визит в тюрьму «Неве Тирца» был тоже в рамках этого курса.

Но я хочу сегодня рассказать о Нурит.

Старшая дочь в большой бедной семье. Гиперактивный ребенок, да еще с дислексией в сильной форме — полная невозможность прочитать даже одно слово: буквы скачут одна — выше, другая — ниже. Хулиганка в школе. Когда приходила на уроки, классная руководительница ей говорила:

— Иди домой!

— Но я же ничего не сделала!

— Иди ДО того, как ты сделаешь что-нибудь!

Действительно, битые стекла, спуск по проводам, срыв уроков — были буднями Нурит в школе. На педсовете был поставлен вопрос о переводе безнадежной девчонки, хулиганки и тупицы, в школу для умственно отсталых.

Но у Нурит был и есть источник спасения — это ее невероятно мудрая и любящая мать. Своей трудной и непутевой дочери она сказала:

— Не важно, какой ты родилась. Важно, как использовать то, с чем ты родилась. Ты гиперактивна? Отлично! Это значит, ты можешь быстрее сделать то, на что у других людей уйдет куча времени. Тебя считают в школе ни на что не годной? Докажи им, что ты, если захочешь, можешь стать доктором наук. То, как ты себя ведешь в школе, может привести тебя в одно место — в тюрьму «Неве Тирца». Попробуй оказаться там, но не как заключенная, а как человек, который помогает тем, кто туда попал.

И Нурит, в свои двенадцать лет, взялась за осуществление этого невозможного плана. Первая книга в жизни, которую она взялась прочесть — был научный том в шестьсот страниц об устройстве человеческого мозга.

Но как читать, если слово распадается на скачущие вверх и вниз буквы? В отчаянии глядя на книгу с рассыпающимися строчками, Нурит поддавала коленками футбольный мяч. И вдруг поняла, что когда она поддает мяч, буквы перестают скакать, строчки складываются во фразы. Так она прочитала этот толстый том. А потом еще множество книг, на иврите и английском — в университете. Вот так, поддавая коленками мяч. Какое-то есть этому научное объяснение — о связи мозга с моторикой, но Нурит вышла на это эмпирически.

В той школе, где она училась, ее классная руководительница не поверила, что эта жуткая девчонка, заноза и зараза, прочла том в шестьсот страниц. Она ей сказала:

— Ты все врешь! Читать ты не можешь, потому что ты дебилка! И жизнь свою закончишь в психушке или в тюрьме!

... Сколько-то лет спустя, доктор Нурит вела в университете курс лекций для школьных учителей. Когда учителя заполнили аудиторию, Нурит поняла, что ее трясет, выскочила в коридор и позвонила маме.

— Ты знаешь, кто у меня в студентах? — спросила она.

— Твоя классная руководительница! — мгновенно поняла мама. — Ну, и?

— Ничего, — сказала Нурит, сразу успокоившись, — в конце курса будет письменный экзамен.

В конце курса бывшая классная руководительница Нурит написала отличную работу. Нурит поставила ей высший балл, но приписала в конце:

«Напомню тебе, что ты мне говорила: «Ты лгунья и дебилка! И жизнь свою закончишь в психушке или в тюрьме!»

А потом пришла большая любовь. Чудный парень, летчик, умница и чуткий человек, постепенно переделал колючего ежика в любящую женщину и даже уговорил ее после многих неудачных попыток выйти за него замуж. Конечно, без фаты и прочей ерунды, конечно, в джинсах и с малым сбором ближайших друзей — как хочешь, дорогая!

В день свадьбы он утром, как всегда, отправился на мотоциклетную прогулку и звал ее с собой прокатиться, как обычно. Нурит отказалась — ей надо было сделать несколько звонков. Во время этой утренней поездки по тель-авивской набережной ее жених попал в автомобильную катастрофу и погиб на месте.

Когда Нурит это осознала, а это пришло не сразу, она сумела доехать до дома матери. Забралась под одеяло в свою детскую постель, и на этом жизнь ее остановилась. Она не ела, не пила, не реагировала на обращения. Она отказывалась жить. Дистрофия ее была на смертельной грани.

И тогда ее мать подняла Нурит из постели, умыла, одела, причесала. Друзья снесли ее на руках в машину, и все вместе они куда-то поехали. Куда? Ей было все равно.

Ее привели в детское онкологическое отделение иерусалимской больницы. Там были совсем маленькие дети и подростки. Они не лежали по койкам, а прыгали и валяли дурака, как всякие дети. Они встретили ее веселым концертом в ее честь, скакали вокруг нее и скандировали: «Нурит! Нурит! Живи и радуйся жизни! Нурит! Нурит! Жизнь — это веселая штука!»

Все эти дети хотели жить. Почти все они были обречены — это было пятнадцать лет назад, когда медицина не знала многого из того, что знает сейчас. И Нурит стало стыдно. Она поняла, что не имеет права не жить.

Все это придумала и выстроила мама Нурит, чтобы помочь дочери и спасти ее.

В рамках этого курса по криминологии мы узнали, что для формирования человеческой личности важнее всего — отношения с матерью. Отец может быть или не быть, он может быть хорошим или равнодушным, добрым или жестоким. Но влияние его на ребенка несравнимо с влиянием матери. Не все, конечно, у кого плохие отношения с матерью, становятся преступниками. Но у ста процентов преступников — были с матерями трагические отношения.

… В начале лекции Нурит пишет что-то на доске — план сегодняшнего занятия. Очень нервничает, потому что не видит своих орфографических ошибок. Да и не нужен этот план, она им и не пользуется, но ее давит, что так положено, что так научнее.

Не знаю, как другим, а мне на ее занятиях стыдно за свое благополучие: за то, что чтение было не пыткой, а праздником, за то, что учителя в школе были прекрасными, а одноклассники — дружественными. Мне не пришлось ничего преодолевать из того, что преодолела Нурит. Может, поэтому я и не доктор наук.

…Сейчас у Нурит годовалая дочка. И друг, отец девочки, который зовет ее замуж, но она пока не соглашается.

«НЕВЕ ТИРЦА» — «ЖЕЛАННЫЙ ОАЗИС»

В рамках курса по криминологии, я провела там почти весь вчерашний день. «Неве Тирца» — женская тюрьма. Единственная женская тюрьма в Израиле. Остальные тюрьмы, а их двадцать шесть — мужские. Мужские тюрьмы разделяются по специфике преступлений, и уж точно что террористы сидят отдельно от уголовников.

В «Неве Тирца» оказываются все израильтянки, присужденные судом к тюремному заключению: мошенницы, воровки, убийцы, торговки наркотиками, арабские террористки. Присудили женщину к двухмесячной отсидке за мухляж с налогами или дали два пожизненных за террор, они окажутся в этой тюрьме, в тех же камерах.

Единственное разделение заключенных проходит по линии наркотиков. Чистые от наркотиков заключенные содержатся отдельно, у них больше льгот.

Тюрьма изнутри. Двор перегорожен многочисленными решетками, все они запираются и отпираются охраной. Ты последовательно проходишь из одной клетки в другую: за тобой двери с грохотом запираются, перед тобой отпираются. На бетонных грязных зданиях у входов намалеваны разные цветы — для уюту, наверно. В одном отсеке учебные комнаты. Там желающие могут чему-нибудь поучиться. Скажем, арабские террористки изучают иврит. Преподают заключенные.

Рабочие помещения. В одном — за расшатанными столами, на старых машинках шьют кружевные кофточки. В другом — складывают из картонных заготовок мелкие коробки. Перед каждой заключенной гора коробочек — они зарабатывают карманные деньги на тюремный ларек, где можно приобрести крем или тампоны. Других работ нет.

Возраст женщин разный. Облик тоже. Есть миловидные девушки, есть видом страшные: без возраста, без зубов, иногда попадаются мужикоподобные существа. То же самое можно сказать и об охранницах. Нет, зубы у охранниц на месте, но лица очень разнообразны.

В отдельном бетонном помещении — живой уголок. Рыбки, кролики, нутрии. Считается, что забота о братьях меньших хорошо воздействует на преступниц.

В другом бетонном помещении — ясли. Детей, рожденных в тюрьме, держат там до двух лет, если у них нет других родных, кроме матери. Мать допускается к ребенку на определенное время каждый день. Поскольку почти все они — молодые наркоманки и проститутки, их обучают, что им делать с собственным ребенком. Обычно они не помнят, как его зачали, и не понимают, зачем он им. Все дети — с какой-нибудь патологией. Если их мамаши получают отпуск на выходные, случается, они возвращаются в тюрьму снова беременные.

Прежде заключенных, возвращающихся в тюрьму из отпуска, подробно обыскивали, если возникало подозрение, что она хочет пронести наркотик. Просвечивали рентгеном.

Если в желудке обнаруживали пакетики с наркотой, давали слабительное.

Новый закон запретил обыскивать «внутри тела». Так наркотики попадают в тюрьму, и это главная валюта среди заключенных, даром, что за них лишают отпусков и помещают в карцер.

Камеры, что в чистом отделении, что в нечистом — одинаковые: метров пять, на глаз. Туда втиснуты две пары узких двухъярусных коек, умывальник, толчок. Стенки у коек заклеены фотографиями актеров, картинками из журналов. Крохотное, густо зарешеченное окошко. Дневного света почти нет. Воздуха, мне показалось, тоже. На ночь камеры запираются, и я не знаю, чем там дышат четыре человека.

Есть еще и карцеры, похожие по размерам на двуспальный гроб. Из одного карцера несся звериный вой, и дверь тряслась от ударов изнутри.

Всех заключенных в тюрьмы мужчин в Израиле на сегодня около двадцати четырех тысяч. Заключенных женщин — двести пять. Всего двести пять человек.

На то есть две причины. Первая, что действительно гораздо больше мужчин, чем женщин, совершают преступления. Но есть и еще одна причина, почему за то же преступление (скажем, воровство) суд мужчину посадит, а женщину постарается в тюрьму не отправить.

Если глава семейства сидит в тюрьме, жена бегает к нему на свидания, приносит передачи, настраивает детей, что их папа — хороший. Когда его отпускают из тюрьмы на выходные, его ждет дом и семья, куда он возвращается после освобождения.

Если в тюрьму садится женщина, в ста процентах случаев муж с ней разводится и по суду навсегда запрещает ей видеться с детьми. Ей некуда пойти в отпуск, ее никто не поддерживает, у нее с момента посадки нет ни семьи, ни детей, и фактически жизнь ее заканчивается.

Случается, и нередко, что женщина, отсидев срок и пройдя курс реабилитации у психолога, выходит на свободу. И оказавшись в мире, она теряется там, не знает, что ей делать, как жить, и старается сделать все, чтобы вернуться «домой», в «Желанный Оазис», в тюрьму «Неве Тирца».

ДЕКАБРЬ В ТЕЛЬ-АВИВЕ

Поехала туда по разным делам, ошалела, как всегда. Езды-то — сорок пять минут, а попадаешь в другой климатический пояс, другой мир!

Теплынь — +19, солнышко. Я выезжала из Иерусалима, когда было +7, ветер, набухшие дождем тучи.

Содрала с себя пальто, перчатки, шаль, но все равно было жарко. Мы прогулялись с подругой по самому старому району города Нэве-Цэдек («Обитель справедливости») — первое в этой части страны еврейское поселение. Сейчас этот кусочек города реставрируют, приводят в порядок, и он — маленькие домики, с крохотными садиками — решительно вписывается в окружающие его современные небоскребы.

Мы дошли до грузинского ресторана «Наночка». Вошли. Спросили столик на четверых (двое друзей должны были подъехать).

Приветливые официанты сказали, что мы можем садиться, где хотим, и предложили по бокалу шампанского с ягодками. Это было неожиданно и приятно. Мы обошли ресторан и спросили, можем ли мы сесть на улице, подальше от музыки.

— Конечно, — сказали нам. — Гости садятся где хотят.

— Какие гости?

— Гости на свадьбу.

— Какую свадьбу?..

— Весь ресторан снят под свадебное мероприятие. Вы что, не гости?

— Нет, — признались мы, ставя на стойку пустые бокалы из-под шампанского. — Шампанское вернуть или как?

— Или как! Хорошей вам субботы!

Мы встретились с друзьями и чудесно посидели в ресторане у самого Средиземного моря. Оно было сине-зеленым, с золотыми солнечными искрами и белыми оторочками небольших волн, на которых устраивали свой дивный балет любители серфинга...

«Конец декабря, — думала я, — самое темное и холодное питерское время...»

ТЕЛЬ-АВИВ

От запахов цветов и свежей рыбы
Тяжел над пляжем воздух и ленив,
И, бросившись в отрыв, без перерыва
Гуляет и танцует Тель-Авив.

Текут друг в друге белого оттенки,
И тают контуры, он будто на плаву,
А тени вверх взбираются по стенкам
И дальше ввысь уходят в синеву.

Всё кружится, круженье необъятно,
И не включиться вмиг в него нельзя,
Но прошлого запрятанные пятна
Твой взгляд и шаг порою тормозят.

Тех голосов настойчивого зова
Почти не слышно в шумной толчее,
И языком своим солёным, бирюзовым
Всё лижет море гальки монпансье.

***

Здесь снег не отбелит дома и холмы,
И так не возникнет соблазн обновленья —
Помимо усилий — посредством зимы,
Палитру оттенков к единому мненью
Сведя, что раздельность — сродни преступленью,
Поскольку едины поля и строенья,
Дороги, собаки, деревья и мы.
Здесь снег не отбелит дома и холмы.

НОВОГОДНЕЕ

А есть места на свете, где снега,
и мечутся ворожеи да вьюги,
а в Средиземномории, на юге —
цветенье, вот и вся вам недолга.

Но там ли, тут ли, всякий год,
завидев финиш, набирает ходу,
как стайер перед толпами народа
в рывке последнем грудью ленту рвёт.

И мы сквозь скепсис, седину и грусть
его уходу дружно салютуем,
стараясь не болтать о чуде всуе,
но ожидаем втайне, наизусть.

Что пожелать? Любимых видеть чаще
и иногда взлетать, от счастья пьяным,
чтоб были горести мелки и преходящи,
а радость стала гостьей постоянной.

Чтоб быть! Назло, как винограда плеть,
тянуться вверх, настраивая душу.
А если вдруг захочется запеть,
чтобы нашёлся тот, кто станет слушать.

Лесные сны

> *«Где стол был яств,*
> *там гроб стоит».*

Стола не было — сказано для красивости. Да и гроб — литературная фигура, не более. Не гроб, а совсем даже наоборот, современный торговый центр — с бутиками, ресторанчиками, игровыми автоматами, эскалатором, кондиционерами. Место встреч, вечернего променада, молодежных тусовок. Гордая реклама Макдональдса вознесена выше иных прочих, пламенеет в ночном небе, завлекает голодных путников на дорогих машинах. Удобная парковка, площадки залиты бетоном, ступеньки облицованы мрамором, двери магазинчиков распахнуты, из каждого несется своя музыка.

А была там тишина. Лес рос, как настоящий. То есть он жил так давно, что забыл, как его планированно сажали на лысом холме в Ту-би-шват,* тонкие саженцы ставили в пробитые в мягком песчаннике лунки, присыпали завезенной землей. К январю восемьдесят восьмого года, когда мы, ошарашенные перелетом Москва–Бухарест–Тель-Авив, поселились в центре абсорбции Мевассерета, пригорода Иерусалима, итальянские сосны вздымались надменно, где-то на большой высоте сцеплялись иглами, допуская до земли лишь прореженные пятна солнца. В этой благодатной тени нарос подлесок: трава, кустарник, разные вьюнки. Валежник местами перегораживал крутые тропинки. В траве шмыгала всякая мелочь — ежи, ящерицы, мыши-полевки, в густых кронах шла своя птичья суета.

---

* *Ту-би-шват* — праздник деревьев, приходится примерно на середину января. В древние времена с этого дня начинался новый цикл полевых работ, высаживались масличные деревья, а в современном Израиле в Ту-би-шват дети и взрослые сажают леса.

Мы ходили туда гулять. Несколько шагов вовнутрь, и жара, асфальт, шум машин — исчезали. Мы брали с собой воду, бутерброды и уходили «в путешествие» — спускались вниз, по тропам и без троп, пробирались сквозь цепкий кустарник, перелезали через гряды камней, пока трехлетний Данька не уставал, и тогда мы выбирали какое-нибудь красивое место, усаживались на поваленную сосну и устраивали привал.

Наши прогулки были полны подарков. Несколько раз мимо пролетали косули — они вспархивали на высокую каменную гряду так легко, будто их за ниточки вздергивал невидимый кукольник. На открытых местах встречались удоды, бесконечно смешные и обаятельные. Как-то мы подсмотрели, как удод давал урок младшим. Четверо неподвижно стояли рядком, как солдаты-новобранцы, а пятый перед ними кривым клювом демонстративно долбил землю, пока не вытащил что-то, вероятно, немыслимо вкусное, подкинул это, заглотил, и его рыжий хохолок развернулся в гордый веер.

Один раз мы с восхищением наблюдали крохотного важного динозавра, застывшего на камушке как памятник самому себе. Иногда на дорогу из леса выбирались потерявшие ориентир дикобразы. Большие, неуклюжие и совершенно безвредные, они вызывали ярость местных мальчишек, которые забивали их камнями. Раз нам удалось отогнать камнеметателей, и дикобраз, с поломанными иглами, убежал в чащу, но дважды мы наталкивались на их мертвые тела.

Внизу лощины лес менялся. Деревья становились ниже, сосны перемежались мелкими дубами, трава и кустарник густели. Мы нашли там родничок чистой воды, который пересыхал только в июле-августе, а все остальное время поил фауну, флору и нас. На кустах шиповника паслись колибри, их пугливые черные силуэты неожиданно вспыхивали синим или зеленым металлическим блеском. К августу поспевал дикий виноград, желтый и сладкий, вроде укороченных «дамских пальчиков». Мы лакомились им на месте и уносили с собой полные пакеты. В сентябре красные ягоды на кустах ежевики разбухали и чернели, и мы отважно до них добирались сквозь все злые колючки.

Когда начинались дожди, лес мгновенно менял облик, будто надевал иной наряд. Мягкая трава пробивалась сквозь ломкие сухие стебли, пестрые полевые цветы, с незнакомыми именами, радовали глаз своим недолгим цветением. Одними из первых появлялись горные анемоны — ярко-алые, горящие на фоне тусклых камней. Предание считает, что это капли крови солдат, погибших за свободу страны. Мы старались на них не наступать, обходить их яркие полянки.

В декабре начинался грибной сезон. Из каких-то американских подарочных мешков, которые тогда чуть ли не каждую неделю завозили в центр абсорбции, нам достались замечательные резиновые сапоги — красные и зеленые, а еще желтые клеенчатые плащи с капюшонами. Вот такими светофорами мы, не боясь непогоды, отправлялись за грибной добычей. Данька, глазастый и азартный, лучше всех выглядывал спрятавшиеся под камнями и листьями серо-желтые местные грибы — то ли моховики, то ли маслята. На жарку всегда хватало, а в урожайные годы приходилось по возвращении чистить грибы часами, а потом полночи мариновать и солить.

С этим лесом еще связана драматическая история с крысой. Она поселилась у нас в доме, вела себя по-хозяйски раскованно, была по натуре эстеткой и аристократкой. Прыгала по рамам висящих картин, раз пробежалась по клавиатуре открытого пианино. Когда я позже нашла ее логово, там были запасы исключительно шоколада и кураги. Крыс я боюсь до паралича — когда эта наглая тварь устраивала у меня на глазах свои акробатические этюды, я от ужаса даже не могла в нее ничем швырнуть. Купила я крысоловку, поставила на кухне, оттянула тугую дверцу, положила внутрь кусок сыра.

Крыса попалась в первую же ночь. Дверца ловушки захлопнулась, я выскочила на кухню и увидела, как крысоловка со скрежетом ездит по каменному полу. И тут я поняла, что не знаю, что делать дальше. Открыть дверцу и пристукнуть крысу я не в состоянии, ждать, пока она там сдохнет с голоду, — тоже. Я взяла жестяную тюрьму в руки и вышла на улицу. Тиха израильская ночь, прозрачно небо, звезды блещут, своей дремоты превозмочь не хочет воздух. Через спящий Мевассерет я несла крысоловку, которая грохотала, как африканский оркестр. Я шла, трясясь от страха, что сейчас выскочат разбуженные жители, а еще больше, что обезумевшая крыса выбьет крышку и выпрыгнет на меня. Потом дома закончились, закончились улицы, пустыри, я вошла в ночной лес. Зашла поглубже, поставила крысоловку на землю, ногой нажала на рычаг, оттягивающий дверцу, и отскочила. Крыса шмыгнула в камни. После получасового грохота на меня снизошла благословенная тишина, гордость от совершенного подвига и радость, что все уже позади.

На другой день на работе я похвасталась своей победой. «Ты крысу отпустила?» — спросила меня коллега. — «Отпустила…» — «Ну, так она вернется. И притом знай, крысы — очень умны и никогда не попадутся два раза в одну и ту же ловушку». Крыса вернулась через три дня, и как мы с ней справились, это уже совсем другая история, с лесом не связанная.

Однажды я сознательно нарушила израильское законодательство. Перед Новым Годом спрятала под канареечный плащ пилу и воровским шагом, оглядываясь, пошла в лес. Забралась подальше и отпилила от живого дерева две прекрасные сосновые лапы. Под плащом принесла их домой, поставила в кувшин и несколько часов оборачивала длинные иголки серебряной фольгой. Получилось сказочное зимнее деревце, под которым утром мы все нашли кучу подарков.

…Мы давно уже не живем в Мевассерете. Все сосны и дубы нашего леса повырубили, кусты повыкорчевали, землю счистили, неровности почвы сравняли. Залили все асфальтом и построили большой и красивый торговый центр.

РОНДО

Здесь снег не отбелит дома и холмы,
И так не возникнет соблазн обновленья —
Помимо усилий — посредством зимы,
Палитру оттенков к единому мненью
Сведя, что раздельность — сродни преступленью,
Поскольку едины поля и строенья,
Дороги, собаки, деревья и мы.
Здесь снег не отбелит дома и холмы.

СНЕГ В ИЕРУСАЛИМЕ

Вы не поверите: «Мели, Емеля!»,
Но мерим время мерками иными
И проживаем месяцы в неделю
В заснеженном порой Иерусалиме.

Сперва ноябрь. И ветер на шарапа
Приличным дамам лезет под подол,
И в рот прохожим забивает кляпы,
И шляпами играет в баскетбол.

И острый град в лицо колотит тупо,
Безжалостный, как тьмы татарских орд,
И зонтиков безвременные трупы
Преображают урны в натюрморт.

За ним валит декабрь. Метель и тьма.
Так хочется залечь в берлогу в спячку,
Но нет, плетёшься в супер враскорячку,
Поскольку опустели закрома.

Назавтра всё сиянье января.
Мороз, но солнце украшает стужу,
И мысль всплывает из подкорки: «Сдюжу»,
На тонкий лёд в квартире несмотря.

Наутро март. Вокруг звенит капель,
Синеет небо, шапка не по Феньке,
Гребут кроссовки ледяной кисель,
И валят навзничь скользкие ступеньки.

И вот возврат в жару и суету,
Жизнь яростно срывает оболочки,
Трава, кусты, деревья — всё в цвету,
И старый веник в меленьких цветочках.

Так круто время скручено в спираль,
Что некогда вскричать: «Судью на мыло!»,
И может запросто дожить любая шваль
До невозможных лет Мафусаила.

ПЕРЕД БУРЕЙ

С каждым часом тяжелее тучи,
Набирают темноты и гнева,
И прорвется ярость неминуче,
И заполнит землю, воздух, небо.

Вот уже они раздутым брюхом
По асфальту медленно елозят,
И всё ближе, ближе заваруха,
Полная разрывов, молний, козней.

Гнутся долу фонари со всхлипом
И дрожат от страха, что не сдюжат,
А кому-то туз пиковый выпал,
И навряд ли он придёт на ужин.

Наготове каверзы в засаде
Камуфляжа мелкой мокрой пыли.
За окном Иерусалим украден.
И вернут его наутро? Или?..

Блокнот второй

НАМ — 66

Нашей стране 66 лет. Она немного старше одних из нас, других моложе. Этот возраст пока что соизмерим с человеческой жизнью.

Но для страны — это ничто. Страна-младенец, страна — исторический эксперимент, созданная искусственно после Холокоста, когда выяснилось, что выживших европейских евреев, малую толику от тех, кто веками вкладывал в Европу свой ум и дарования, некуда девать.

Мы и говорим непонятно на чем — на искусственном языке, придуманным Бен Иегудой (Лейзером Ицхаком Перельманом) на базе древних текстов и собственной бурной лингвистической фантазии. И на этом языке уже есть стихи, песни и рассказы.

Ее почти не видно на карте мира, закорючка, запятая... Кого она может интересовать? Но нет, интересует, да еще и как! Гигантские арабские страны, ее окружающие, разрываемые в кровь собственными проблемами, успевают заявить миру, что виной всему является эта закорючка — Израиль.

И европейские политкорректные гуманисты, и руководители ООН, все, кто не может жить без арабской нефти, жарко подтверждают, осуждают: да-да, Израиль виноват во всем!

А мы, эта закорючка, есть. За эти ничтожные для страны годы мы вырастили сады в пустыне. Развили лучшее в мире сельское хозяйство и крупнейшие хайтеки. Проложили по целине дороги, создали инфраструктуру, построили города, вырастили поколения свободных, не зависимых ни от каких чужих правителей евреев.

Создали такую армию, где каждый солдат — не пушечное мясо, а человек, знающий свою задачу — защитить свою страну от врагов.

Это очень-очень маленькая, очень семейная и часто бестолковая и нелепая страна.

Но я рада, что она есть. Это и есть мой сионизм — мне хочется, чтобы и дальше Израиль — БЫЛ!

ТАК ПОЛОЖЕНО!

Израиль, как и почти весь мир, живет по солнечному календарю, но еврейские религиозные праздники привязаны к лунному. Поэтому они катаются туда-сюда в размахе полутора месяцев и в каждом году приходятся на другое число.

Это как-то очень сложно рассчитывается особыми раввинами на весь год вперед. Как понятно, невозможно рассчитать заранее, когда будет ведро, а когда дождь, и вообще раввины исходят не из этого.

Я — человек безнадежно светский и совершенно далека от всякой мистики. Но при этом невозможно не заметить в нашем климате некоторые упорные закономерности.

В Пурим, когда бы он ни происходил — в середине февраля или в конце марта — всегда идет дождь. Который портит маскарадные костюмы и сминает уличное гулянье. Почему? Отвечают: так положено!

Не знаю, может быть, небеса участвуют в этом веселом карнавале, когда мужчины одеваются женщинами и наоборот, когда надо напиться до того, чтобы не отличать выкриков «Слава Мордехаю!» от «Позор Аману!» Они (небеса) так шутят по-своему!

В Йом Кипур, Судный день, страна соблюдает жесткий пост, когда не только не едят, но и не пьют воды. Опять же этот день приходится на середину сентября или конец октября, но какие бы дни ни были накануне или после него, в Судный день — всегда тяжелый хамсин, осложняющий существование тех, кто постится. Почему? Так положено!

Видимо, чтобы проникнуться глубже… За почти тридцать лет, что я в Израиле, исключений из этих странных погодных явлений было три, не больше.

Опять же положено, чтобы дожди заканчивались после Пэсаха (апрель-май) и начинались в Суккот (октябрь — начало ноября). Так оно и происходит.

А почему я об этом заговорила сейчас? Я живу в Гило, самом высоком районе Иерусалима. Сейчас май, по утрам +14 градусов, холодный ветер и тяжелые, серые, перегруженные дождем тучи. Вот, кажется, ткни — и польется! Ан нет — ни капли! Потому что Пэсах прошел, и дождя не будет до Суккот, потому что так положено!

У МЕНЯ ЗАЗВОНИЛ МОБИЛЬНИК

Звонок. Музычка, предваряющая рекламу. Обычно выключаю сразу, а тут замешкалась.

Женский голос на иврите, возвышенный и торжественный.

— Здравствуй! Меня зовут Илана Коэн. Тринадцать лет я пыталась забеременеть, и у меня ничего не выходило, врачи не могли мне помочь. Но потом мне посоветовали пойти к раввину Иосифу Шригеру, и я сразу забеременела! Теперь я счастливая мать двоих детей!

Дальше телефон раввина.

Какое счастье с утра!

В САМОЛЕТЕ

В самолете летело израильское семейство: родители и двое мальчишек, тринадцати и восьми лет. Мама — маленькая и худенькая, мальчишки милые, но потряс меня папа. Он был двухметровый, похоже бывший баскетболист. От времени и любви к пище у него отрос живот, бока, второй подбородок и щеки, видные с затылка. Но потряс он меня не этим, а исступленной любовью к своей семье. Ничего подобного я в жизни не видела! Никогда!

Каждые пять минут он вылезал из своего кресла и чмокал одного из сыновей или жену — до кого успевал дотянуться (самолет был полупустым, и все сидели вольно, занимая отдельный ряд кресел). Между поцелуями он доставал фотоаппарат и фотографировал сыновей и жену. Когда память фотоаппарата иссякла, он стал снимать их на мобильник. Рейс был дешевым, без еды, которую можно было приобрести за отдельные деньги. Папаша раз в полчаса, как пушечное ядро, пробегал по проходу, покупал у стюардесс какую-нибудь еду и совал детям и жене.

Наконец, он успокоился, сел в кресло и затих перед лэптопом. Проходя мимо, я с любопытством заглянула — что же он там так увлеченно смотрит? Это была видеозапись из жизни его семейства: жена и сыновья.

НЕТ, НЕ ЗРЯ ЭТИХ ЕВРЕЕВ НЕ ЛЮБЯТ!

То, что Израиль поставляет в Голландию тюльпаны, а во всю Европу — розы, я знала давно, мой приятель держал одну из таких теплиц.

Пару лет назад я была потрясена информацией, что целый ряд кибуцов, выращивающих картошку, полностью отправляет ее… на Украину и в Белоруссию. Я несколько раз переспрашивала экскурсовода, потому что абсурд не умещался в сознании.

А вчера я узнала, что Израиль стал в мире одним из трех ведущих поставщиков черной осетровой икры! Причем эта израильская икра — зернистая, с бронзовым отливом — одна из лучших на планете.

Мало этого, так машины для искусственного снега, необходимого для Олимпиады в Сочи, Россия закупила в Израиле. Нет, что делается, а?!!

Осталось наладить экспорт самоваров — в Тулу и пива — в Баварию.

ДИСКОМФОРТ

По пути на работу ощутила какой-то дискомфорт. Оглядела себя, просмотрела сумку — вроде все в порядке. Потом тряхнула головой — и поняла.

Впервые за очень-очень много лет я не надела серьги! Сижу вот на работе, мучаюсь. Может, уйти домой? Ну какая же это работа, если уши непристойно голые?

КОНЯ НА СКАКУ ОСТАНОВИТ

Направляюсь на работу, раннее утро. Навстречу идет девушка, читающая на ходу маленькую книжку. Не прерывая сосредоточенного чтения, она переходит дорогу, по которой в обе стороны несутся нервные утренние автомобили. Они ей сигналят, но она их игнорирует.

Когда она поравнялась со мной, я увидела: в руках у нее не книжка, а косметичка! И вот так, на ходу (!) она делала утренний макияж. Героиня!

ЕЖЕЛИ ВЫ ВЕЖЛИВЫ

Трамвай в Иерусалиме появился недавно, около года назад. И оказалось, народ наш еще не очень умеет им пользоваться. Когда трамвай подъезжает, ждущие на остановке бросаются в него, как на приступ Зимнего, а пассажиры, непременно желающие выйти именно на этой остановке, с боем пробиваются к выходу. Некоторым, молодым и спортивным, это удается.

Чтобы исправить это положение, на всех остановках появились огромные плакаты: «Сначала выходим, затем входим». Там же стоят сотрудники трамвайной компании, которые вежливо повторяют эту премудрость ожидающим трамвая и раздают брошюрки, где написано то же самое, с наглядными картинками. Такая же наклейка «Сначала выходим, затем входим» украшает все двери трамваев.

Вот трамвай подъезжает. Толпа ожидающих, с брошюрками в руках, бросается на приступ, не давая выйти никому.

Ничего, дайте срок! Рассказывают, что до нашего приезда в Израиль во всех автобусах пассажиры густо курили, так что сердечники, аллергики и беременные вымирали как класс. Издали закон, переучили народ, теперь никто в транспорте не курит.

Постепенно мы и на трамвае научимся ездить!

НА УЛИЦЕ

На эти дикие вопли оборачивается вся улица. По тротуару идет тетка — маленькая, толстая, длинная юбка перекошена, кофта застегнута не на те пуговицы, на ногах «кроксы». Изо рта торчат два кривых клыка, зубов между ними нет. Орет в мобильный телефон:

— Шо?!! Мать-перемать!!! Не понимаешь?!!! Бля-а-а!!!

Мельком взглянув, отмечаю, что мобильный ее — последнего поколения: плоский, с большим экраном.

Господи, как велик и разнообразен твой зверинец!

РАЗГОВОР

Иду на работу. Раннее утро, еще не жарко. Дорожка между домами окружена кустарниками и деревьями, которые буквально гнутся от количества цветов на ветках. Белые, красные, фиолетовые, желтые, розовые — праздник для глаз.

Дети разных возрастов, поодиночке и стайками, пробегают в свои школы. Впереди вижу мальчишку лет семи-восьми. За спиной ранец. Он никуда не бежит, а что-то увлеченно и радостно рассказывает черно-белой кошке, сидящей на ограде на уровне его головы. Кошка смотрит на него с некоторым осторожным изумлением, но не убегает, слушает.

Проходя мимо, слышу:

— Правда, это хорошо? Вот что ты скажешь?

Что сказала кошка, я не узнала, но у мальчишки было такое счастливое лицо!

Уверена, что в школу он опоздал.

СУПЕР

В израильских супермаркетах принята очень удобная система доставки товаров на дом. Закупаешь кучу всякого тяжелого товара: фрукты, овощи, бутылки с водой, с вином, соки, консервы и пр., оставляешь адрес и идешь себе, помахивая сумочкой, как белая леди.

А всю эту жуткую тяжесть на твой четвертый без лифта притаскивают играючи могучие арабские грузчики, получают свои чаевые, и все довольны.

Но бывают и сбои. Два дня назад я зашла в супермаркет около работы, накупила всякого, заказала доставку. Сижу дома, жду. Как писал Маяковский: «Приду в четыре», — сказала Мария. Восемь, девять, десять».

Звоню в супермаркет.

— Добрый вечер! Я сделала сегодня у вас покупки с доставкой в полдень. А сейчас уже десять вечера. Где мой заказ?

Очень вежливый мужской голос:

— Добрый вечер! Я — директор этого супермаркета, меня зовут Эйтан. Это полное безобразие, сейчас я все выясню и перезвоню.

Перезванивает.

— Они будут через полчаса.

— Еще через полчаса?!! Уже ночь на дворе!

— Извините, у них там что-то случилось с машиной.

Сижу, жду, накаляюсь понемногу. Между прочим, мне вставать в 5:15 утра!

Звонок.

— Мы не можем найти твой дом!

— А где вы?

— Мы на улице Тирош.

— Ага. А я живу не на Тирош, а на Таршиш!!! У вас записано!

— А-а. Таршиш, да. Сейчас будем.

Через двадцать минут являются. У меня темнеет в глазах. Все мои покупки были аккуратно уложены в четыре больших пластмассовых ящика. Для удобства и скорости они все это свалили в один мешок. За время, что они где-то таскались по нашей жаре, замороженная рыба, естественно, растаяла, пакет прорвался, и в вонючей липкой рыбной вони оказалось все: бутылки, скисшие и смятые йогурты, частично раздавленные персики и помидоры и весь пол, на который они брякнули это мешок.

Я немедленно вернула им эту страшную рыбу, йогурты, творог.

— Так. Это я не беру!

— Ой! Мы тебе через двадцать минут привезем замену!

— Смотри, если через двадцать минут вас не будет, я дверь не открою, спать пойду!

Они умчались, а я злобно выбрасывала раздавленное, мыла фрукты, пол и вонючие бутылки. Через полчаса запыхавшиеся грузчики притащили мне замену, и в начале первого я рухнула в кровать.

Утром, невыспавшаяся и злая, поехала на работу и зашла в этот супермаркет. Попросила вызвать директора, с которым разговаривала вечером. Вышел симпатичный парень, лет тридцати, в ухе жемчужная сережка.

Рассказываю ему всю вчерашнюю историю. Эйтан выслушивает внимательно, что-то записывает, обещает разобраться, чтобы такого больше не случалось. Потом говорит:

— Подожди, пожалуйста!

Жду, не понимаю зачем. Через несколько минут он возвращается. В руках букет роз и бутылка хорошего шардоне. Улыбается очаровательно.

— Это тебе. Хороших тебе выходных!

И вся моя злоба тает, а физиономия сама расплывается в улыбке. Супер!

ЧУДЕСНОЕ ЛЕКАРСТВО

Мой семейный врач, умница и прекрасный специалист, рассказала мне дивный случай из практики.

У нее был пациент, бывший российский полковник. Было ему уже за восемьдесят, и его привела к ней помощница, приставленная к нему социальной службой. И старик начал умирать прямо в кабинете, давление падало стремительно, сердце сбивалось с ритма. Доктор сказала сестре вызвать амбуланс (скорую помощь), чтобы везти его в больницу.

— Не надо амбуланса, — прохрипел старик, — мне бы до дому добраться, там у меня лекарство...

— Какое?

— Коньяк.

Врач моя из России, поэтому она не отмахнулась от этого бреда, а сказала помощнице старика:

— Он живет близко? Несите!

И та побежала. А старик уже стал отключаться, глаза закатились, сознание уплыло, пульса не было. Медсестра связалась с амбулансом:

— Скорее! Мы его теряем!

Тут примчалась помощница старика. Раскрыла ему серые губы и влила стопку коньяка. А потом засунула туда же... соленый огурец.

Умирающий открыл глаза. Пожевал. Потом сел. Лицо порозовело. Он выпил еще стопку. Встал. И ушел домой на своих ногах.

Врач позвонила в амбуланс, чтобы отменить вызов.

— Что? Мы опоздали? Умер?

— Наоборот!

Нет, ну какой мужик, а? Настоящий полковник!

Он и сейчас жив-здоров.

В ТРАМВАЕ

В трамвай входит молодой религиозный папаша, увлеченно разговаривающий по мобильнику. Молодой, это слабо сказано — юный. Ему лет восемнадцать, не больше, борода еще только пробивается неровными кустиками. За ним хвостиком идет двухлетний сын. И вдруг перед малышом двери трамвая закрываются!

Я успела только ахнуть и вскочить с места. Папаша прервал разговор и застыл с открытым ртом. А солдат, стоящий рядом, отреагировал молниеносно: прыжок вперед — и он с силой раздвинул почти закрывшиеся автоматические двери. Потом втащил малыша в трамвай. Без него, в лучшем случае, ребенок остался бы один на платформе. В худшем — двери бы раздавили его ручку.

А папаша, даже не взяв на руки перепуганного сына, вернулся к своей беседе.

Надрать бы ему уши, оболтусу! Вот так и забывают младенцев в машине!..

БОЛЬНИЦА «ШААРЕЙ-ЦЕДЕК»

Я пришла к своему семейному врачу, и тут выяснилось, что давление у меня упало туда, где его уже не видят аппараты, пульс не прощупывается, сердце бьется как-то неправильно, да и вид, наверно, был соответствующий. Врач испугалась и вызвала амбуланс (хотя я уверяла, что рюмка коньяка все исправит в лучшем виде!)

Приехала команда молодых красивых юношей в белых халатах с алыми магендавидами, моего пульса они тоже не обнаружили, ловко уложили меня на коляску, пристегнули и вкатили в машину, которая с устрашающим воем понеслась по Иерусалиму. Внутри оказалось интересно: амбуланс был весь набит мягкими мишками, обезьянками и прочей плюшевой живностью. Так что я поинтересовалась, не филиал ли он магазина игрушек?

Ребята рассмеялись и нацепили на меня кислородную маску. После этого стали задавать всякие вопросы: номер паспорта, телефона и пр. Я удивилась алогичности действий — в маске было отвечать невозможно, и я ее сняла. Тут мы приехали в приемный покой больницы Шаарей-Цедек («Ворота Праведности»). Там меня пересадили на стул, пожелали скорейшего выздоровления и убежали.

Я попала в общую систему, и мне предложили на выбор: посидеть или же полежать на каталке в отделении для лежачих. Я с ужасом посмотрела на лежачих — это все были старики с серыми лицами, лет за девяносто, окруженные нервными или скучающими родственниками, и сказала, что я, пожалуй, посижу.

Система, в которую я попала впервые, работает так: людей из приемного покоя вызывают в порядке очереди на разные проверки. Когда все они завершаются, пациента приглашает врач, который решает, что с ним делать дальше.

Шаарей-Цедек — старая больница, которую, похоже, не ремонтировали со времени строительства. Приемный покой крохотный, стены грязные, стулья обшарпанные, неудобные, часть спинок сломана. Воздух насыщен ароматами единственной кабинки туалета, давно не мытой. Сидячие пациенты, которые ждали очереди, были следующего состава: двенадцать арабов, семь религиозных ортодоксов и, значит, я.

Между проверками: кардиограмма, анализ крови, рентген и пр. — проходило столько времени, что я благословляла современную технику: в моем мобильнике было скачано множество книг.

Мимо бегал молодой больничный персонал в голубых халатиках. Одна юная медсестричка весело гнала перед собой серебряный воздушный шарик с розовым бантиком. Шарик не был привязан ниточкой, не улетал восвояси, а, похоже, слушался движения ее ладошки на расстоянии.

Все было тихо и скучно, но вдруг раздался дикий крик.
— Сволочи!!! Я вас всех убью!!!

Это визжал молодой араб. Больничный персонал реагировал на это спокойно — то ли он видал! — и буяна мягко увели куда-то.

Обычная путаница с моими двумя фамилиями тут, в больнице, обрела новую форму: видимо, компьютер произвольно выбирал то одну фамилию, то другую. Поэтому очередная сестричка, приглашающая меня на очередную проверку, выкликала всякий раз что-нибудь иное:

— Разуска! Разомски! Сатр… статр! Стративски!

Мне не привыкать, я на все откликалась. После пяти часов проверок и скучного ожидания я проголодалась, спросила, где тут буфет, добрела до него и купила невкусный бутерброд и стаканчик горячего какао, по цене виллы в Болгарии.

Наконец, меня пригласили к доктору — длинному, носатому и юному. Он еще раз попытался найти у меня пульс, просмотрел результаты анализов и задал много вопросов. Мне все это давно надоело, и я попросила поскорее отпустить меня домой.

Доктор мило улыбнулся и сказал, что он — молодой врач, а отпустить меня может только более опытный, которого мне придется еще немного подождать.

Я подождала «еще немного», то есть полтора часа, и оба врача, Молодой и Опытный, опять же проверили все, включая мои две длинные и трудные фамилии, которые все никак не хотели состыковаться в компьютере, и мне пришлось — в который раз! — объяснять, что эти двое — одна я.

Опытный спросил, не хочу ли я остаться в больнице, но я попросила меня отпустить. Он сухо пожелал мне выздоровления и вышел. Молодой радостно сказал, что я могу теперь идти и передать медицинскую папку с результатами анализов моему лечащему врачу в поликлинике.

Я спросила его, как мне отсюда добраться до такси, и Молодой Доктор радостно сказал, что это очень просто: надо пройти по коридору налево, потом направо, потом опять налево, там будут лифты, подняться со второго на четвертый этаж, и вот там, у входа в Шаарей-Цедек, полно такси. Мы расстались друзьями.

Я побрела по означенному маршруту, и поскольку коридоры в больнице длинные, он дался мне нелегко. Ну наконец-то я у выхода-входа в больницу, и там вдалеке маячат такси. У входных дверей спит охранник, и я выхожу в толпе людей, покидающих больницу, через проверочные воротики. Вдруг раздается звон, охранник вскакивает, как не спал, обегает толпу выходящих, растопыривает руки и орет, что кто-то из нас вынес предмет, принадлежащий больнице.

Он загоняет нас обратно, как стадо гусей, и у каждого внимательно проверяет сумку. Мои силы и терпение уже давно на пределе, и я, сжав зубы, внушаю себе, что через минуту я уже пойду к такси.

Вдруг охранник выхватывает из моей сумки медицинскую папку с приклеенным чипом, на который, как я поняла, и сработала электронная система, и говорит, что я украла имущество больницы, и с этим он меня не может выпустить!

Тут я не выдерживаю и устраиваю «крик на лужайке», что эти документы мне дали в больнице для семейного врача! И что я хочу уехать немедленно! И что он себе позволяет!..

Охранник запихивает «имущество больницы» себе за пазуху и вызывает охрану. Приходит охрана — двухметровый эфиоп в полицейской форме. Он брюзгливо смотрит на меня сверху вниз, забирает папку и сообщает, что я должна вернуться в приемный покой, сдать «имущество больницы» и получить выписку для моего врача.

Остатками сознания я уже понимаю, что он прав (ох уж этот Молодой Доктор, который мне не объяснил, что я должна делать!!!), но ноги не держат, поэтому я что-то бормочу, злобное и бессмысленное. Полицейский отвечает, что несет мою папку в приемный покой, поворачивается и уходит длинными шагами. Я пытаюсь поспеть за ним (у него же все мои документы!), хватаюсь за стены, угрожаю ему (шепотом) какими-то карами, и он, как ни странно, замедляет шаги. Он идет не тем путем, что я добиралась до выхода из больницы, а темными и крутыми служебными лестницами, с которых я сползаю с шипением, как раздавленная змея.

Наконец, мы с ним оказываемся в родном мне приемном покое больницы. Полицейский с облечением сует свороненное мной «имущество больницы» в какое-то окошечко и растворяется в воздухе. «Подождите»,— говорит мне женщина в окошечке. Я жду, уткнувшись лбом в стекло. Видимо, поняв, что я не совсем в форме, она молниеносно выдает мне бумаги и говорит, что я могу идти.

— Попросите кого-нибудь помочь мне дойти до такси.

Она выскакивает из своей стеклянной кабинки, крепко подхватывает меня и осторожно ведет к выходу. Оказывается, около приемного покоя в двух шагах стоят такси (ох, уж этот Молодой Доктор!).

Сев в машину, я говорю этой милой женщине:

— Спасибо тебе за помощь. Я ведь понимаю, что это — не твоя работа.

Она мне улыбается, искренне желает скорейшего выздоровления, и я без малейших осложнений прибываю домой.

ПОВЕЗЛО

У меня два раза в месяц убирает дом славная женщина из Молдавии. Я отдала ей ключ, она приходит, когда я на работе, и я возвращаюсь в сверкающую чистотой квартиру.

Сегодня утро выходного дня. Вылезла из кровати, блаженно оглядела убранную накануне квартиру, заварила крепкий чай, который в свободные дни пью утром долго-долго, с медом, лимоном, книгой и удовольствием.

Но, посмотрев сонными еще глазами на свою чашку (любимую, питерскую, ленинградского фарфорового завода), я удивилась, что мой чай пенится, как содовая.

Открыла чайник, в котором воду кипятила — он весь в пене и пахнет кислым. Зашла на технический балкон. Там, среди бытовой химии, в первом ряду стояла бутылка с жидкостью, растворяющей осадки камня на посуде.

Звоню своей уборщице.

— Лиза, ты мыла чайник, да?

— Мыла. Там у тебя стоит бутылка и на ней такой рисунок — что это от камня. И такой это хороший лимонный сок, я сразу все отчистила! А что?

— Лиза, это не лимонный сок. Это сильнейшая химическая кислота. Когда я ею растворяю камень в чайнике, я потом его долго мою, несколько раз кипячу воду и сливаю, чтобы ничего

не осталось. Если бы я по рассеянности хлебнула утреннего чайку с этим «лимонным соком», он бы мне выжег все нутро...
— Ой! Я ж не знала! Я ж хотела, как лучше! Это ж тебя ангел-хранитель спас!!!
Наверно, он, больше некому. Спасибо тебе, мой милый ангел-хранитель!

МЕД

Приятель рассказал, что в Иерусалиме, недалеко от меня, одна русскоязычная дама продает хороший мед из частного улья, и предложил, что он к ней заедет и купит для меня.
Я ей позвонила предварительно.
— Здравствуйте! Мне сказали, что вы продаете мед.
— (резкий голос) Да?
— Так вот, я хотела бы узнать, какой у вас мед.
— (раздраженно) Что значит, какой?
— Э-э-э... ну, знаете, мед бывает разный — липовый, облепиховый...
— Вы совершенно безграмотны и бескультурны, то, что вы сказали, — чушь! В Израиле нет лип! А то, что вы покупаете в супермаркетах, — это подлог, в ульи ставят разведенный сахар и потом выдают это за подлинный мед!
Я (растерявшись от неожиданного наезда):
— Да, я понимаю. Мне и сказали, что у вас натуральный мед. Мне он как раз сейчас нужен для выхода из пневмонии...
— Берите ручку, записывайте!
— Простите?
— Я сказала, записывайте, что тут непонятного? Я продиктую вам средство от пневмонии!
— Большое спасибо! Но не стоит, меня лечат квалифицированные врачи...
— Имейте в виду, я вам не навязываюсь! Хотите записывайте, хотите — нет, а мне пора делать вечерний променад!
— Извините, что я вас задержала звонком. Так мой знакомый может заехать за медом?
— Да!
Щелчок. Дама отключается.
Мед оказался душистым и вкусным.

АКУЛА-ДИВЕРСАНТКА

«Вчера агентство Reuters обратило внимание на заявление губернатора провинции Южный Синай Мухаммада Абделя Фадиля Шоши государственному агентству новостей Egynews.net о том, что «Моссад» якобы подсылает акул-убийц к египетскому побережью, чтобы нанести удар по египетской туристической отрасли. После нескольких нападений акул на людей в районе Шарм-аш-Шейха многие иностранцы действительно поспешили покинуть курорты Синая или отменили приобретенные ранее туры». (8 декабря 2010 года)

Моссад искал пути, как больше нагадить миру мусульман. Его глава, зловещий Мойша, вертел задумчиво стакан с кефиром. Грозно глаз сощуря, он покрошил туда мацы и съел неспешно эту тюрю, как ели деды и отцы его всегда. (А всем известно, в маце — младенческая кровь, замешанная прямо в тесто.) Так вот, вдруг Мойша вскинул бровь и рявкнул: «Эврика!» И сразу гудящим ульем стал Моссад: один бежит с огромным тазом, другой раскладывает в ряд наживку и крючки стальные, прямые удочки, кривые, и сети десяти родов, и для ершей, и для китов.

И под Беэр-Шевою, в пустыне, в сверх засекреченном садке Моссада (боже! — сердце стынет!) от мамы с папой вдалеке, родные позабыв пенаты, живут малютки-акулята. Вокруг сотрудники Моссада с нечеловеческим лицом их мозги промывают ядом и кормят цимесом с мацой. Дежурят у садка попарно и щупальца свои коварно вонзают в недра детских снов, и сионистский план кошмарный уж к воплощению готов.

Тиха египетская ночь. Прозрачно небо. Звезды блещут. И ветр дремоты превозмочь не хочет. Море тихо плещет. Бесшумно подплывает тень, точь-в-точь огромная сигара, и отпускает в воду тару под риф, в прибрежных волн кипень. Спят часовые, как на грех, и спит спокойно Шарм-аш-Шейх.

Наутро розовая Эос над Красным морем восстает, и, одолев ночную леность, толпой гостиничный народ на берег радостно стремится, чтоб окунуться и забыться. Кичливый лях и верный росс под солнце подставляют брюхо, и сумасшедшая старуха из устриц требует шашлык, а рядом плещутся под мухой француз и друг степей калмык.

Жара полдневная. Все в море. Но вдруг раздался жуткий крик, а вслед другой, отчаяньем вторя. Средь человечьих тел возник жестокий хищник. Без пощады агент кровавого Моссада людей зубами страшно рвет, в глазах акулы смерть и лед, живую плоть, как бритвой, режет, потоки крови, вопли, скрежет, хвоста мельканье, ярость, стон, и смерть, и ад со всех сторон.

И на высоких децибелах Египет миру сообщил, что голодает нынче феллах и ест одни пустые щи. Осуществился план злодейский, туристский убежал народ, но характерный нос еврейский акулу сразу выдает!

Так не позволим вражьей силе на этот мир накинуть сеть! (По слухам, в Кнессете решили вулкан исландский подогреть.)

НЕЗЕМНАЯ МОЯ КРАСОТА

В автобус вслед за мной входит молодая женщина, садится рядом. Неожиданно обращается ко мне:

— Я хотела сказать тебе: какая ты красивая! Я на тебя все время смотрела, пока мы ждали автобуса, какая у тебя прекрасная фигура, как ты красиво двигаешься, как стильно ты одета! Я подумала: какая прекрасная молодая девушка!

Смотрю на ненормальную, ошалев. Одета я была в джинсы и рубашку — где тут стильность? На вечер у меня был назначен парикмахер — обросла я, как швабра. Да и вообще.

Сумела сказать только:

— Какая еще молодая девушка! Моему сыну двадцать семь лет!..

Но чокнутая энтузиастка не успокоилась.

— Да, я сейчас вижу, что ты старше, чем казалась. Но ты в замечательной форме, просто исключительной! Смотреть на тебя — радость! Пусть у тебя все будет хорошо в новом году!

Я желаю ей того же самого и выхожу из автобуса. Сумасшествие — оно бывает очень разным, иногда может приобретать и вот такие, неожиданно приятные для окружающих формы… А может, она лесбиянка? Тут, к сожалению, я ей ничем помочь не смогу…

И вдруг я все поняла. Только что был праздник Рош а-Шана, еврейский Новый год. По традиции, к этому времени высшие сферы разбирают на своих ангельских комиссиях поведение каждого человека за прошедший год и, по итогам, определяют ему судьбу на год грядущий. Но поскольку люди по природе своей ленивы и часто спохватываются в последний момент, то им даются еще десять льготных дней, чтобы они успели отдать долги, исправить ошибки, сделать какие-то добрые дела, извиниться перед тем, перед кем виноваты, сказать кому-нибудь что-нибудь приятное. Через десять дней наступает Йом Кипур, Судный День, и тогда уже выставляется окончательная отметка.

Так что эта моя собеседница просто добирала себе очки!

СУККОТ

В больших городах и в далекой глуши
В Суккот непрерывно шумят шалаши.
На крышах дырявых, как старый ушат,
Широкие ветки тихонько шуршат.

Зачем в шалашах восемь суток подряд
Гирлянды сверкают и свечки горят?
Зачем все евреи спешат в шалаши?
Зачем там весь день мельтешат малыши?

Зачем они пьют там, поют и едят?
О чем непрерывно и громко галдят?
Они вспоминают минувшие дни,
Как в знойной пустыне скитались они.

Как в кущах спасались от жгучих лучей,
Как манну сбирали, кто был побойчей.
О бренности крова, дорогах души
Все снова и снова шумят шалаши.

СОБАЧЬЯ ЖИЗНЬ ВОКРУГ НАС

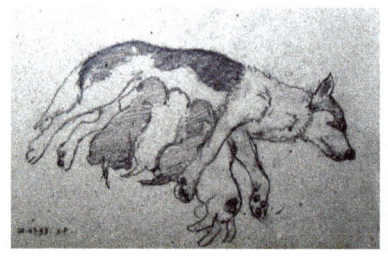

Белянка спит

Изгой

СИОНИСТ ФОШКИН

Израильтяне это все давно знают, но просвещение должно распространяться шире.

Так исторически сложилось, что несколько первых волн евреев, строивших нашу маленькую страну, были в основном из России. Поэтому в 1937 году Израиль широко отметил пушкинский юбилей. Никто тогда, слава богу, не озадачивался проблемой, «наша» это культура или «не наша». Шленский перевел на иврит «Евгения Онегина», и Пушкина изучали в школах. В Тель-Авиве-Яффо есть улица Пушкина.

Время шло, русских евреев размыло новыми потоками соплеменников — из Германии, из арабских стран, из США, из Южной Америки, Франции, Индии и пр. А улица Пушкина осталась.

А на иврите это имя можно прочесть как Фошкин. Так вот, стоя на этой улице, я поинтересовалась у молодого израильтянина, кто это — тот, в честь кого назвали улицу. Он ответил, подумав, что Фошкин — один из первых сионистов.

УЛУЧШЕНИЕ КАЧЕСТВА ЖИЗНИ

Купила наконец-то обложку для мобильника. Красивую! Теперь его в упор не узнаю. Сегодня опоздала на работу, потому что не могла его найти в своей квартире. Позвонила на него, но он не отозвался, поскольку выключила его с вечера.

«Ищет бедная старушка на подушке, под подушкой...» За компом, на стиралке, у плиты, в холодильнике, в ванной.

А он все это время лежал на столе, открыто и спокойно. В новой красивой обложке.

Я — СОВЕТСКИЙ ЧЕЛОВЕК!

В субботу мой компьютер стал перегреваться, скрипеть и задумываться над любой моей просьбой. Я его выключила, чтобы передохнул и остыл. Минут через десять пробую включить — ап!

Большая кнопка, которая включает компьютер, западает внутрь и застревает. Компьютер мертв. Караул! Что я буду делать целый выходной?!! При этом посуда не мыта, и вообще были планы уборки и косметических процедур, но как же без компьютера?

Я взяла один инструмент из маникюрного набора, аккуратно засунула изогнутый кончик в щель между кнопкой и стенкой компьютера и поводила туда-сюда. Щелк! Контакт сомкнулся, и компьютер включился. Ура! Теперь можно спокойно отдыхать по хозяйству, включив музыку.

Техник, который пришел на следующий день, сказал, что ничего подобного в жизни не видел — чтобы из компа торчала рукоятка маникюрного ножичка, и компьютер при этом работал!

Эх, мальчик, не рос ты в СССР!

В ЛИФТЕ

Конец рабочего дня. На каждом этаже лифт останавливается, чтобы впустить новую порцию людей. Две девушки-секретарши. Солдат. Пожилой мужчина начальственного вида. Религиозные дамы средних лет. Уборщица с мешком мусора. Три араба-рабочих. Когда лифт доезжает до низу, я начинаю дико, неприлично ржать. Все, естественно, на меня уставляются. Я говорю:

— Посмотрите на себя!

Тут они осмотрелись и стали тоже хохотать.

Каждый из них заходил в лифт, уставившись в свой Айпод или Айфон, и так и ехал, не глядя ни на кого и сосредоточенно тыча пальцами в экран, пока я их не оторвала.

Я спрятала свой Айфон в сумочку и вышла первой, пожелав всем хорошего вечера.

ХОЗЯЕВА И УБОРЩИКИ

Так получилось, что я давно начала пользоваться услугами приглашенных уборщиц, поскольку собственная спина слишком усердно скандалила после мытья полов.

В Израиле желающих нанять уборщицу, или, как тут говорят, «помощницу по дому», больше, чем самих помощниц. В начале 90-х, когда ежедневно в страну прилетало из бывшего СССР по несколько самолетов с репатриантами, ситуация была иной: практически все мы прошли опыт черных работ, за которые тогда платили копейки, конкуренция была огромной. Время шло, мы осваивали язык, оканчивали всякие курсы, находили работу по профессии…

Это не всех коренных израильтян радовало. Как-то, когда мы еще жили в центре абсорбции, мне встретилась дама, у которой в этом районе была вилла. Она иногда приглашала к себе в дом на праздники семьи репатриантов, поэтому мы были немного знакомы. Она мне заулыбалась.

— Как хорошо, что я тебя встретила! Я никак не могу найти Марину. Мне нужно срочно убрать дом, а она так хорошо это делает!

— Увы! Марина уехала из центра абсорбции. Она — биолог, доктор наук, и ее взяли на работу в университет.

Дама изменилась в лице, улыбка исчезла. Не попрощавшись, она развернулась и ушла, спиной выражая возмущение.

Другой похожий случай произошел в институте Яд Вашем. Там убирал комнаты и мыл туалеты немолодой репатриант с Украины. К нему все сотрудники относились прекрасно, улыбались ему, заботливо спрашивали, хорошо ли ему в Израиле и рад ли он тому, что приехал. Задавали стандартный вопрос:

— Ну что? Вкусная здесь еда, да?

Он отвечал, что все хорошо, и продолжал добросовестно работать.

Однажды он убирал кабинет, и при нем зашел профессиональный спор о какой-то из еврейских общин, уничтоженных на Украине в период Холокоста. Уборщик извинился за то, что вмешивается в разговор, и дал точную справку по этому вопросу. Оказалось, он историк, который всю жизнь ездил по Украине, собирал материал на эту тему и является составителем уникального архива.

Его тут же взяли в штат научных работников Яд Вашем. После этого многие из старых сотрудников перестали с ним здороваться.

Когда я перешла из разряда «помощниц по дому» в работодательницы, мне пришлось перевидать много разных уборщиц.

Первой появилась Надя, статная молодая женщина из Белоруссии. Смущаясь, я спросила, есть ли у нее какой-то израильский статус (за наем на работу нелегала положен огромный штраф, что-то около десяти тысяч шекелей). Она заверила меня, что у нее есть статус временного жителя, и прекрасно убрала мою квартирку.

Через две недели я позвонила ей на мобильный.

— Надя, здравствуйте! Можете ко мне прийти еще раз?

— Не могу. Я в тюрьме, завтра меня высылают.

То есть она была нелегалкой, ее отловили и отправляют домой.

Потом ко мне пришли две могучие красавицы, Оксана и Зоя, обе зеленоглазые, с богатейшими волосами ниже талии, у одной русыми, у другой каштановыми. Они сказали, что привыкли работать вместе и что у них израильская рабочая виза.

Потом они весело бросились на уборку. Во время работы красиво распевали на два голоса украинские песни, мебель двигали играючи. Волосы, забранные для работы в конские хвосты, со свистом смахивали с полок мелкие предметы. Через два часа моя квартира засверкала невозможной чистотой, а девушки от работы чуть порозовели и стали еще краше. Я с ними договорилась на следующий раз. В назначенный день они не пришли.

Я позвонила Оксане на мобильный.

— Мы с Зоей в тюрьме, нас высылают.

Так. Мне повезло, что их поймали не в моем доме — денег на штраф у меня не было. Через некоторое время я обнаружила, что у меня из шкатулки пропало малахитовое ожерелье. Видимо, девушки не удержались.

Следующая помощница была мне рекомендована знакомыми, это была дама надменного вида, гражданка Израиля, с пышным именем Элеонора. Сначала она приехала осмотреть место работы. Обошла квартирку. Поморщилась.

— Бедненько тут у вас.

Назвала высокую цену за уборку. Я согласилась.

— Да, и еще вы оплатите мне бензин, я еду к вам на своей машине издалека!

Согласилась и на это. Отдала ей ключ.

Я вернулась домой после работы в тот день, когда Элеонора должна была у меня убирать в первый раз. Обошла дом. Полы и раковины оставались грязными, пыль не стерта, я поняла, что она не приезжала. Потом заметила одно изменение: со стола исчезли оставленные деньги. Набрала ее номер.

— Здравствуйте, Элеонора! Я пришла домой и не заметила, чтобы вы убрали что-нибудь еще, кроме денег.

— Как это?!! Я работала у вас четыре часа, не отдыхая ни секунды! Я четыре часа мыла вашу плиту!!! Такая ужасно грязная плита, что мне на остальное просто не хватило времени!

Я с интересом подошла к плите. Она была слегка протерта.

— Верните мне, пожалуйста, ключ. Меня такая работа устроить не может.

— Какое хамство! А мне о вас говорили, что вы — интеллигентный человек! Больше не обращайтесь ко мне никогда!

— Обещаю.

Потом у меня появилась Вера. Когда я ее встретила на остановке автобуса, чтобы проводить на первый раз к своему дому, я просто обалдела — так она была красива.

Примерно моего возраста, точеная фигура, на высокой шее гордая головка с непомерно тяжелым узлом темных, чуть вьющихся волос с благородной проседью, великолепные глаза, ресницы, излом тонких бровей, чуть запавшие смуглые щеки, точно вылепленные губы. Трудно было оторвать от нее взгляд. Тип Одри Хепберн, но на еврейский манер, библейская красавица.

Пока мы шли к дому, она держалась надменно, на мои вопросы отвечала сквозь зубы. Показав ей квартиру, я не удержалась:

— Вера, извините меня, но вы так красивы, что я просто потрясена!

Тут вдруг она разрыдалась. Я напоила ее чаем и выслушала грустную и какую-то нелепую историю жизни, где не состоялась ни личная жизнь, ни дружеский круг. Абсолютно одинокий человек. Приехала из Баку в Израиль, иврита не выучила, живет на пособие, подрабатывает уборками, каждый день по много часов. Все заработанные тяжким трудом деньги (довольно приличные) тратит на покупку дорогих украшений.

Действительно, переодевшись для работы в спортивный костюм, она сняла с рук кольца и браслет с крупными изумрудами. Длинные серьги этого же гарнитура, изумительно шедшие к ее лицу и загорелой шее, остались у нее в ушах и вспыхивали радужными всполохами. Всё вместе со шваброй и тряпками смотрелось фантастически.

Работала она добросовестно и внимательно, как у себя. Но возникла проблема иного рода. Проникшись ко мне симпатией, она все время работы хотела со мной разговаривать, непрерывно. Мои попытки отвлечься на компьютер или книгу не удались.

Тем было несколько. Рассказы, как ей хорошо жилось при советской власти в Баку, где она работала на каком-то крупном заводе химиком. И о преступнике Горбачеве, который загубил прекрасную страну, и надо его расстрелять.

Вторая тема: какая я бездарная, неумелая хозяйка (не могла с этим не согласиться!), и как мне надо все переделать в доме так, как она мне указывает. Третья тема: она хочет покончить жизнь самоубийством, но все не найдет наиболее подходящего способа.

Через четыре часа ее работы дом был убран идеально, а я была измочалена этими монологами так, как будто самолично вычистила шестиэтажный особняк.

Впрочем, это решилось легко: я отдала Вере ключ, и весь год, что она у меня работала, не могла нарадоваться на чистый дом, когда возвращалась, сознательно задержавшись на службе допоздна. Ну а то, что она по-своему перекладывала все вещи, это было не страшно — постепенно я их отыскивала в разных ящиках, аккуратно сложенные и упакованные в разные коробки и пакеты.

В ИЕРУСАЛИМСКОМ ТРАМВАЕ

Конец рабочего дня, трамвай набит. Стройная девушка-контролер, в белой фирменной блузке, проверяет проездные карточки. Останавливается около четверки мускулистых арабских парней.

— Карточку, пожалуйста.

Парень сидит развалившись, отвечает нагло и насмешливо:

— Не заплатил я. Ну, что ты мне сделаешь, а?

Выхожу с чувством, что проглотила ежа.

ЧИСТО ИЗРАИЛЬСКОЕ

Собираюсь снять деньги из банкомата. Передо мной две молодые арабки: в брючках, просторных кофтах, головы замотаны платками так, что видна только середина лица — от глаз до нижней губы. Вокруг них крутятся трое мелких ребятишек, которые периодически дергают матерей, а те им что-то говорят по-арабски.

Арабки суют разные карточки в банкомат, что-то у них там не получается. Потом одна арабка говорит другой по-русски:

— Ну, ладно, Настя. Ничего, попробуем в другом банкомате.

И СНОВА О МОЕЙ КРАСОТЕ

В нашем отделе уборщицей работает молодая женщина из Эфиопии, с запоминающимся именем Таруса. Ей не больше двадцати лет, хорошенькая, старательная, приветливая. Иврита у нее слов на пятьдесят. Каждое утро заходит ко мне в кабинет, зубы сверкают в улыбке:

— Есть солнце!

— Здравствуй, Таруса! Да, сегодня хорошая погода.

— Солнце — хорошо!

— Очень хорошо.

Заглядывая несколько раз в течение дня, она всегда спрашивает:

— Мусор — есть?

Можно просто очистить корзину от бумаг, но ей хочется пообщаться. А вчера она меня совершенно огорошила. Зашла и говорит:

— Ты — красивый!

Нет, приятно, конечно, но странно. В мои двадцать лет мне и сорокалетние казались глубокими стариками, близкими по

возрасту к бабушке, а мне уже давно не сорок… И потом, подозреваю, что ей все белые — на одно лицо. Ответила:
— Ты тоже красивая!
И тут она напряглась, ища слово, и говорит:
— Одежда — красивый!
А-а, ну тогда все в порядке!

ЕЩЕ РАЗ О РЕПКЕ

Пошла я вчера в супермаркет, стою в овощном отделе, выбираю свеклу. Вдруг что-то легкое стукается о мое плечо и падает вниз.

Хватаюсь за ухо — ой! Это слетела сережка, серебряная с бирюзой, между прочим, мне их сын подарил.

Тут мне уже не до свеклы. Сажусь на корточки, начинаю искать — на полу нет. А внизу стоят один на другом два огромных пластиковых ящика с репой, килограмм на десять каждый, не меньше. Стала я перекладывать репку из верхнего ящика в соседний, с луком. Зрелище со стороны еще то. Солидная дама, европейски одетая, в очках, сидит в магазине на корточках и перекладывает репку из ящика в ящик!

Добралась до дна — нет. А дно ящика решетчатое. Составила пустой ящик на пол, стала в него перекладывать репку из нижнего ящика. Переложила все десять килограмм, добралась до дна. И вот — в отверстии на дне ящика сверкнуло — под всеми слоями репы лежала моя сережка!

Это ж надо, какая пробивная способность — пролетела насквозь два ящика с репой! Прямо ртуть! Горжусь: справилась с репкой сама, без дедки, внучки, Жучки, кошки и мышки!

УМЕЙТЕ СКАЗАТЬ!

Была на свадьбе, выходила замуж дочка друзей. Израильские свадьбы — это испытание для норных людей: народу — человек пятьсот (и это еще скромная свадьба!), почти никто никого не знает, поговорить с соседями по столу невозможно, поскольку музыка на нечеловеческих децибелах забивает уши и затыкает рты...

В толпе у бара я увидела незнакомую даму, она была на голову выше меня и в три раза шире. Но я зацепилась взглядом за ее серьги — дивной красоты, старинные, думаю, начала XIX века. В середине — крупный голубой топаз, радостно поигрывающий гранями, в обрамлении чешских гранатов.

Я же чокнутая на украшения! Подошла к даме и говорю:

— Не смогла удержаться, чтобы не сказать вам: какие у вас изумительные серьги!

Дама выпрямилась, стала еще выше и отрезала надменно, не глядя на меня:

— Это мне МУЖ подарил!

Я попятилась, растворилась в толпе и стала хохотать. Это ж надо — в одну фразу столько вложить интонацией!

1. У меня есть МУЖ — то есть у меня почетный статус семейной дамы, не прошмандовка какая.

2. Мой МУЖ — великолепно зарабатывает, мало кто может себе позволить дарить жене такие украшения.

3. Мой МУЖ меня обожает, на руках носит, холит и балует.

4. Мой МУЖ так преклоняется передо мной, что не позволил бы себе подарить что-нибудь дешевое, недостойное меня.

Учитесь, дамы!

НОЧНЫЕ СТРАСТИ

Я аллергик на укусы насекомых. Какой-нибудь жалкий москит, не видный глазу, укусит ночью в подбородок, и утром я уже встаю с заплывшим глазом, как ткачиха с поварихой. А уж если пчела или оса… Опыт был единственным и много-много лет назад, но впечатляющим: мелкая пчелка цапнула за мизинец. Рука распухла до подмышки, температура подскочила до сорока. В общем, неинтересно было.

Боюсь всяких ос, и это не фобия, а понимание реальной опасности. Это все преамбула.

А теперь амбула.

Поздним вечером, видимо, ошалев от третьего дня хамсина, в окно влетела оса. Причем в то время, когда все осы давным-давно спят. Неправильная такая оса-полуночница. Рванула к соблазнительному свету монитора, стукнулась об экран и отскочила… мне в рот. Снайперски.

Меня спасла какая-то доля секунды. Я выплюнула осу на стол и прибила мышью. Тут меня затрясло ледяным ужасом. Я выпила две рюмки коньяку и оттаяла.

Незавидно было бы помереть от укуса в рот какой-то безумной осы. Смешно и глупо.

ГОДОВЩИНА ТЕРАКТА В «ДОЛЬФИ» — 10 ЛЕТ. 31 МАЯ 2011

Десять лет назад, вечером, на тель-авивской набережной, у входа на дискотеку «Дольфи» толпилась молодежь. В основном старшеклассники. В основном ребята из семей репатриантов из СССР — это было их излюбленное место тусовки.

Араб-террорист втерся в эту толпу и взорвал себя. 21 человек погиб, 120 были ранены. В Палестинской Автономии было всеобщее ликование. Глава ПА Ясер Арафат, с которым Израиль пытался установить мирные отношения, одобрил славный акт борьбы с сионистским захватчиком. Террорист был объявлен праведником и героем, и в честь его подвига население плясало на улицах, палило в воздух, детям и взрослым раздавали бесплатные сласти…

Так случилось, что я была редактором книги памяти об этом теракте. Журналист поговорил с ранеными ребятами и с их друзьями, и с родителями погибших детей, и с теми, кто стоял рядом с ними перед «Дольфи».

О каждом сложилось подробно, как он провел этот день с утра — что делал, с кем встречался, с кем разговаривал. Что сказал за час, за десять минут, за минуту до взрыва — до того, как его не стало.

Потом рассказы тех, кто пережил теракт, — как это произошло. Как раненые, оглушенные взрывом, ползли куда-то в темноте, натыкаясь на куски тел… У меня было ощущение, что я снова читаю свидетельства Холокоста.

Ребятам, выжившим в этом теракте, сейчас 25–28 лет. Некоторые из них остались калеками на всю жизнь. Но травма психологическая, пожизненная, осталась у каждого.

Вот те, кто тогда погиб.

Мария Тагильцева, 14 лет
Евгения Дорфман, 15 лет
Раиса Немировская, 15 лет
Юлия Скляник, 15 лет
Аня Казачкова, 15 лет
Катрин Кастиньяда, 15 лет
Ирина Непомнящая, 16 лет
Марьяна Медведенко, 16 лет
Лиана Саакян, 16 лет
Марина Берковская, 17 лет
Симона Рудина, 17 лет
Алексей Лупало, 17 лет
Юлия Налимова, 16 лет
Елена Налимова, 18 лет
Ирина Осадчая, 18 лет
Илья Гутман, 19 лет
Сергей Панченко, 20 лет
Роман Джанашвили, 21 год
Диаз Нурманов, 21 год
Ян Блюм, 25 лет
Ури Шахар, 32 года

Сегодня к маленькому памятнику на набережной придут люди. И в 23:45 — в минуту, когда произошел теракт, —

в Тель-Авиве завоют сирены сотен автомобилей. На памятнике написано: «Мы не перестанем танцевать».

ТРУДНЫЙ ДЕНЬ. 8 ОКТЯБРЯ 2011

Освобожден Гилад Шалит. И чувства, и мозг мой разрывают противоположные мысли и ощущения.

Я счастлива за этого худенького носатого мальчика, за его родителей. Он стал родным для всех нас. Дай бог, чтобы пять лет, которые он провел где-то, черт знает где, в подвалах ХАМАСа, не отразились на его физическом и психическом состоянии!

Мне гнусны пляшущие и орущие орки, радующиеся СВОЕЙ победе: их убийцы освобождены и получили вместо веревки незаслуженную свободу.

Меня разрывает сочувствие к сотням семей тех, чьи близкие: дети, родители, братья, сестры — были убиты или покалечены в терактах, когда они сидели в кафе или ехали на работу, на учебу на автобусе, или шли танцевать, или покупали что-то в торговом центре… Что они сейчас чувствуют, когда их страна освобождает убийц их близких…

И еще то, что все понимают: обмен одного солдата на сотни убийц чреват захватом новых заложников. Наша «слабость», наша невозможность отдать своего — это зеленый свет для всякой сволочи.

Захватывай солдат или мирных граждан, и ты поставишь этих евреев на колени, потому что они будут идти на все, чтобы выручить своих.

Я горжусь своей страной, тем, что мы такие идиоты. Я уверена, что совершена ошибка.

Как трудно жить.

ФЕЙСБУК БЫВАЕТ ОПАСЕН

Сажусь в такси, говорю адрес. Водитель резко трогается с места, и я шалею. Левой рукой он крутит руль, а в правой держит Айфон и пишет комментарий в Фейсбуке!!!

— Нееет! — взвыла я. — Я выйду, и тогда делай, что хочешь! А сейчас смотри, прошу тебя, на дорогу! Я хочу доехать живой!

— Ладно,— он недовольно отложил телефон с недописанной фразой и успел вынырнуть из-под выскочившего сбоку грузовика…

С ПЕРВОГО ВЗГЛЯДА

Иду на работу. Шагающий навстречу высокий мужчина в спортивном костюме уже издали не сводит с меня глаз. Я автоматически распрямляю спину, делаю шаг упругим, а выражение лица слегка загадочным.

Он решительно пересекает тротуар наискосок и идет прямо ко мне.

И говорит:

— Не дашь ли мне несколько шекелей?

БЮРОКРАТИЯ ПО-ИЗРАИЛЬСКИ

В подъезде сидел комендант. У всех входящих он строго требовал пропуск, но если ему пропуска не давали, то он пускал и так.

Ильф и Петров, «Золотой теленок».

Перед походом к дантисту пошла снимать деньги из банкомата «Апоалим», рядом с работой. Ап! Он глотает мой Исракарт и пишет на мониторе: «Ваша карточка отменена. Обращайтесь в отделение вашего банка». Что такое? Деньги на счету есть, срок карточки истекает через два года…

Захожу в «Апоалим», объясняю ситуацию.

— Вам может помочь только Шимон.

Иду к Шимону.

— Ваш банкомат проглотил мою карточку. Как мне ее получить?

— Я могу вернуть вам карточку только после получения письменного подтверждения из отделения вашего банка.

Говорю в полной растерянности:

— Ой! Такое со мной в первый раз… и минуса на счету нет.

— Сочувствую, но помочь не могу, без письма из вашего банка отдавать кредитки не положено.

— Что же мне делать? Я иду к зубному, мне нужны наличные…
— А в каком вы банке?
— В «Яхав».
— А звать вас как?
— Татьяна. Я могу показать паспорт, рабочую карточку…
— Да не надо ничего! Вот ваша кредитка.
— Спасибо большое!
— Не за что!

* * *

Повеселив зубного врача заявлением, что я пришла к нему без денег, на другой день поехала в свое отделение банка «Яхав». А оно закрыто. Причем навсегда.

Останавливаю кого-то из сотрудников моего Учреждения.
— Вы не знаете, куда переехало наше отделение банка?
— Кажется, в центральное здание.

Еду к центральному зданию. Выставляю очередь.
— Вам надо не к нам, а в ваше отделение банка.
— А где оно?!!
— За Зданием Народов, там, где новые корпуса выстроены, знаете?

Отправляюсь туда. Новенькое здание, у входа охранник. Он меня останавливает, но очень приветливо.
— Без номера входить нельзя.
— А как его получить?

И он, явно гордясь суперсовременным оснащением банка, показывает:
— Вот тут на компьютере набираешь номер своего паспорта и получаешь номерок очереди.

Набираю. Номерка мне компьютер не выдает.
— А, — говорит охранник, — бумага кончилась. Иди так!
Иду так.

Милая банковская сотрудница мне объясняет.
— Понимаешь, когда мы сюда переехали, то отменили все прежние кредитки и чековые книжки. Сейчас я дам тебе новые.
— Спасибо, но почему же вы об этом не известили меня?

— Ой, извини, у нас столько клиентов, что мы просто не успели всех известить!

Так что все хорошо закончилось.

ФОБИЯ

Мой семейный доктор рассказала о новом массовом явлении.

Сегодня к врачам потоком идут молодые, здоровые и крепкие юноши и девушки. Если у них что-то где-то заболело или показалось, что заболело, или появилось какое-то пятнышко на коже — они впадают в состояние ужаса и паники. Они ставят себе самые страшные диагнозы. Они боятся двигаться, есть, пить. Они не могут учиться и работать. Они прощаются с жизнью.

Врачи дают им успокаивающие, транквилизаторы, беседуют с ними. Это помогает, но временно.

Я вспомнила свою юность. Было полно всяких любовных переживаний, были страдания по поводу своей некрасивости.

Но страх травм или болезней? Этого мы не знали. Наоборот, было абсолютное чувство своей неуязвимости. До идиотизма. Лезли в горы без серьезных карт, бродили в одиночку по глухим лесам, вязли в болотах. Ввязывались во всякие авантюры. Вдвоем с подругой мы на попутках ездили в Прибалтику, в грузовиках с шоферюгами. И всегда обходилось. Сейчас я себе ясно представляю, какими мы были оборотками и что могло произойти. Но тогда внутри звенела уверенность: со мной ничего плохого случиться не может!

А всяких скучных тетушек и бабушек, которые в день рожденья произносили воняющую нафталином бессмысленную фразу: «Главное — здоровье!» — мы терпеть не могли.

То, что происходит с молодыми сейчас — это знак времени, эпохи Интернета. Плата за неограниченный поток информации, который не всякому оказался по силам. Видимо, есть какой-то смысл в том, что предыдущие времена, в разных культурах, носителями знаний были определенные группы людей — жрецы, шаманы, монахи, каббалисты. Для остальных эта премудрость была закрыта.

До знания человек должен дозреть, быть к нему готовым. Иначе он может сломаться.

ЛЕТО 2014

СИРЕНА В ИЕРУСАЛИМЕ
Вчера в десять вечера.
Последний раз я ее слышала 24 февраля 1991 года. Не запомнить было бы сложно: гости приехали из разных городов на мой день рожденья, несмотря на войну в Персидском заливе, и остались ночевать — уезжать было рискованно. Мы прохохотали и частично продремали эту ночь, и сирена выла дважды — прощальные подарочки покойного Саддама Хусейна.

Вчера на Иерусалим наши соседи-палестинцы отправили четыре ракеты. Одна повредила дом. Пострадавших нет.

Утро. Мягкий рассвет. Сейчас в душ и на работу.

ВЧЕРАШНЕЕ
Я приняла снотворное и легла с книжкой, ожидая, когда сон заявится. Он только начал заявляться, и тут завыла сирена.

Я знаю инструкцию обороны тыла: за пятнадцать секунд добежать до ближайшего бомбоубежища.

Но до того мне надо было бы как-то одеться, по минимуму: бюстгальтер, трусики, юбка, футболка. Босоножки. Очки на нос — лишняя секунда. Схватить бутылку с водой, деньги и документы — еще три.

И потом бежать вниз на пять этажей до подвального бомбоубежища.

Я, кстати, туда заглядывала. Его расчистили от хлама, поставили скамейки — человек на десять. Крохотное вентиляционное окошко. Если все жильцы соберутся, то это двадцать пять взрослых и семнадцать детей, от грудных до старшеклассников.

Даже если все уместятся на полу, впритирку, воздуха там хватит ненадолго.

За отпущенные пятнадцать секунд я это все сообразила. И приняла волевое решение — перевернулась на другой бок.

Потом, после нескольких взрывов, пошла к компьютеру, чтобы выяснить ситуацию.

ПОЧТОВЫЕ ГОЛУБИ МИРА

Гениальное изобретение — железный купол — определяет направление ракеты и сбивает ту, которая летит на жилые массивы. А те, что на пустыри, пропускает — нехай себе падают. Это делается из экономии: каждый вылет встречной ракеты из купола обходится в 45 тысяч долларов, как писали.

Так вот, хорошо, если бы этот купол научился не расстреливать палестинские ракеты, а поворачивать их в полете на 180 градусов! Чтобы они, как почтовые голуби, возвращались точно домой, откуда их выпустили… Это было бы экономно и эффективно. Как бы быстро мы достигли мира!

НОВОСТИ С УТРА

Израиль листовками и телефонными звонками — всегда! — предупреждает гражданское население Газы о предстоящих обстрелах определенных участков и просит их перейти в другое место и спрятаться (назовите хоть одну воюющую страну, сейчас или в прошлом, которая бы так вела себя по отношению к противнику!).

Мы бомбим жилые районы, потому что именно там, в больницах и школах, палестинцы устраивают склады ракет и оружейные мастерские.

NB! Хамас запрещает гражданскому населению следовать призывам израильтян и покидать свои дома. Почему? Больше жертв среди своего населения — больше причин для воплей об израильском агрессоре и призывов к «праведной мести».

В автобусе прослушала отрывок новостей. Женский голос, вопли на арабском.

Переводчик:

— Она жалуется на то, что помещение, куда они спрятались, тесное, не хватает для всех мест и воды.

Наш израильский комментатор (левый, как большинство, работающих в СМИ):

— У гражданского населения Палестины, в отличие от израильтян, нет никаких бомбоубежищ, поэтому их положение очень тяжело.

Моя злобная реплика:

— Потому что строительный бетон, который Израиль им постоянно поставляет, они используют не на строительство домов и бомбоубежищ, а на сооружение туннелей, по которым грузовиками перегоняют к себе оружие и ракеты!

О РАЗНИЦЕ В ВЕДЕНИИ ВОЙНЫ

Израиль старается минимизировать, часто с ущербом для себя, потери среди гражданского населения ПА.

А это рассказал сын близких друзей, отпущенный на сутки домой — отоспаться. Он служит в особых частях, которые всегда первыми бросают в самые горячие точки.

Так вот, его группа вошла в Газу еще до начала массированной военной операции. Они зашли в жилой дом, под которым (разведка донесла точно) был огромный склад оружия. Дом просторный, очень богатый, шикарная мебель, декор из цветной мозаики, ковры. Все, что можно, покрыто позолотой. Такой типа восточный дворец.

В доме молодая женщина под чадрой и трое ребятишек: двух, пяти и восьми лет. На каждом — пояс шахида, который им надела родная мамочка. Наши ребята, рискуя жизнью, снимали с детей эти чертовы пояса, начиненные взрывчаткой. Мамаша молча стояла рядом.

Вот с кем нам приходится воевать. И договариваться о мире.

РАЗБУДИЛИ В 23 ЧАСА

Уже час все вокруг грохочет. Палестинцы, которые живут под боком, в деревне Бейт-Джала, густо палят в воздух, как на свадьбе, радуясь своей очередной победе над Израилем — то есть тому, что Хамас отверг перемирие.

Ракетами обстреляны наши южные города и центр страны.

Они метко попали ракетой по своим же проводам (это после того, как мы им вчера все починили) и опять частично сидят без света.

Среди израильтян первый убитый, Дрор Ханин, 37 лет. Он привез солдатам на КПП всякой вкусной еды и погиб от минометного обстрела. Светлая память.

СКРИПАЧ НА КРЫШЕ

Опять рыдает скрипка струнами,
И нервно мечутся смычки,
Опять на фронт уходят юные,
На спину вбросив рюкзаки.
А мы стареющими тушами
Ждем, плечи сгорбив, новостей,
И тем все чаянья порушены,
Что шлем на фронт своих детей.

Им по камням и через рытвины
Бежать меж дыма и огня...
Создатель! Если души считаны,
Возьми меня, возьми меня.

СВИНЬЯ ПОД ДУБОМ

Ну вот, после того как ООН обнаружила в двух школах Газы склады ракет, мы дождались ее резолюции.

«Совет ООН не осудил использование ХАМАСом гражданского населения в качестве живого щита, но в их гибели обвинил Израиль. Этим своим заявлением Совет ООН дал понять ХАМАСу и другим террористическим организациям, что использование граждан в качестве живого щита является эффективной стратегией» — написано в Фейсбуке на странице премьер-министра Израиля.

Никто не удивлен?

США, Франция, Испания, Бразилия, всех и не упомнишь, уже осудили Израиль за агрессию и «неадекватную реакцию».

Я понимаю, что меня не услышат, но скажу.

В мире много горячих точек, где льется кровь, где дикость и жестокость сегодня правят бал: Донбасс, Нигерия, Сирия, Египет и др. и пр.

Мировое сообщество реагирует на все это, осуждает, но как-то вяло. А вот стоит Израилю начать адекватный ответ на теракты и обстрелы его городов, тут все гуманисты просто позавтракать забывают, лишь бы успеть вострубить свой гневный протест.

Но противостояние Израиля и ПА это не просто наша местная забота и головная боль. Мы защищаем свою страну, но вместе с тем мы защищаем ценности цивилизованного мира от чумы исламского фундаментализма.

Израиль — так уж сложилось исторически — стойкий оловянный солдатик на границе между западной культурой и диким фанатизмом, вооруженным самым современным смертоносным оружием.

Ваша мирная, спокойная жизнь, где уважают человеческую личность и право на свое мнение, где женщина — полноправный член общества, где любят и берегут своих детей, где защищают природу и животных от уничтожения, где уважают науку и радуются искусству — все это до визга, до крови ненавистно палестинцам и исламским фанатикам гигантского мусульманского пространства.

Наши враги, которых вы поддерживаете словом и делом, согласны только на одно решение конфликта: чтобы Израиля не было.

И вы полагаете, если Израиля не станет, вот тогда-то вы вздохнете спокойно? Выньте бананы из ушей: исламисты открыто вопят, что следующий враг Аллаха после Израиля — западная цивилизация.

Осуждая Израиль, давя на него вашими СМИ, резолюциями, угрозами экономических санкций и одновременно поддерживая его врагов, вы приближаете катастрофу собственного мира и благополучия.

Не из гуманных соображений, а из здорового эгоизма вам было бы выгоднее поддерживать Израиль и помогать ему в его борьбе против всеобщего и страшного врага.

Ваш союз с теми, кто стремится уничтожить все, что вам дорого, — противоестественен, как союз человека с бандитами, пришедшими к нему в дом, чтобы прикончить его самого и всю его семью!

ПОКЛОННИК

Вечер. Возвращаюсь из парикмахерской. Недалеко от дома ко мне подходит молодой человек лет тридцати.

— У тебя не найдется зажигалки?
— Я не курю.
— Совсем не куришь? Молодец! Так гораздо здоровее. И вообще никогда не курила?
— Нет, курила, но бросила.
— О! Так у тебя очень сильная воля!
— Нет, просто я курила мало, для компании. Поэтому и бросила легко.

Вроде тема исчерпана, но он продолжает идти рядом.

— Ты живешь здесь, в Гило?
— Да.
— Я тоже! Тебе здесь нравится?
— Очень.
— И мне. Может, мы с тобой соседи?

Не знаю, что отвечать на этот вопрос, потому молчу. Но он не унимается.

— Меня зовут Наум.

Киваю.

— У тебя оправа очков очень стильная, мне нравится.

Снова киваю.

— Да ты и сама красивая.
— Спасибо.

Парень — ровесник моего сына. Чего он хочет? Темно, конечно, но не настолько же! Незаметно убыстряю шаг. Он не отстает.

— А погода какая хорошая!
— Да, отличная.
— Тебе нравится твоя квартира?
— Нравится.
— Смотри, если захочешь ее продать, я могу тебе помочь. Я — риэлтор, это моя работа.

Мне становится смешно.

— Нет, спасибо, я не собираюсь менять квартиру.

Он останавливается и говорит мне в спину.

— А еще я отлично убираю квартиры. Тебе уборщик не нужен?

ПОГОВОРИЛИ

Бегу на автобус. Меня останавливает религиозная тетка невнятного возраста.

— Ты не могла бы мне помочь?
— Да?
— Где улица Канфей а-Нешарим?
— Это она и есть, ты на ней стоишь.

Тетка раздраженно:

— Что ты мне голову морочишь? Я сама знаю, что это Канфей а-Нешарим!!!

Бегу дальше, ничего не понимаю.

ПЕРВАЯ КНИГА, КОТОРАЯ БЫЛА РАЗБИТА

Читая на ночь свою электронную книжку, я всегда боюсь, что засну, а она упадет и разобьется. И вдруг сообразила: с Моисеем так и произошло!

Он пообщался с Создателем, принял с благодарностью скрижали Завета и начал спускаться с горы Синай к евреям. Устал по дороге, сел передохнуть, задремал. А книжка соскользнула с колен и разбилась. А может, мышка пробежала, хвостиком махнула…

А потом эту историю переврали кто во что горазд. Что, мы не знаем, как история пишется?

БДЯЩИЙ

Утром несусь на автобус с предварительным забегом в соседний двор, где стоит огромный мусорный контейнер, закидываю туда мешок.

Из воздуха рядом немедленно концентрируется невысокий пожилой мужичок с черной кипой на голове и молитвенником подмышкой, завернутым в бархатную ткань.

— Как тебе не стыдно!
— ???
— Ты вот выбросила мусор в левую часть контейнера. Что, тебе трудно было обойти его и выбросить мешок в правую часть? Там гораздо больше места! А ты бросила в левую часть, где уже много мешков. И теперь твой мусор будет

вонять. А я буду его нюхать. Тебе-то все равно, ты живешь не в этом доме (все знает!), а я живу тут. И буду нюхать твой мусор! А если бы ты обошла контейнер и выбросила мешок в правую часть, где много места, твой мусор бы не вонял. Но ты поленилась сделать несколько шагов и выбросить мусор в правую часть, где мало мешков. Ты выбросила его в левую, где мешков уже много, и твой мусор теперь будет вонять, а я, живущий в доме рядом, буду нюхать эту вонь...

Тут я поняла, что опаздываю на автобус, повернулась и помчалась, так и не ответив ни слова.

Да и что бы я могла ответить?

ГРУЗИНСКИЙ НАЦИОНАЛЬНЫЙ БАЛЕТ СУХИШВИЛИ

Не знаю, почему я так страстно люблю Грузию. Ведь даже не была там, всю жизнь мечтала поехать в Тбилиси, но не сложилось. Только в походе по Кавказу часть пути пролегла по Грузии, но ведь это не считается. Может, образ Грузии сложился из замечательных грузинских фильмов, где даже старухи ослепительно прекрасны и благородны, как королевы. Из благородного рыцаря Тариэла, «витязя в тигровой шкуре» и трагически непонятого Багратиона. Из Моцарта Элисо Вирсаладзе и романсов Нани Брегвадзе. Из особой песенной культуры застолья, которую мы знаем из тех же фильмов. Из грузинской кухни, наконец, вкуснейшей, часть которой я освоила «аутентично», как говорят те, кто в Грузии бывал.

Ну как я могла не пойти на грузинский балет? В зале Шеровер Иерусалимского театра не было ни одного свободного места. На сцене у задника сели музыканты — все балетное действо происходит под живую музыку.

А потом началось волшебство! Танцы-рассказы, танцы-истории сменяли друг друга стремительно. Менялись яркие национальные костюмы, менялся характер движений, сольный танец переходил в групповой, неизменными оставались только кожаные сапоги-гольфы на ногах танцоров, дающие ноге полную свободу движения. Пластика воинов, пластика коней, страсть и исступление боя, переложенные на язык танца.

Зал отбивал ритм ладонями и взвывал при особенно блистательном кульбите. А когда на сцене закружился танец-схватка, кинжалы звенели о кинжалы так, что сыпались искры, а потом танцоры эти кинжалы швыряли, и они втыкались в пол сцены, и все это не выходя из ритма музыки и движения!

А я вспоминала, как описаны кавказские танцы абхазского ансамбля в «Сандро из Чегема».

«Тащ-тущ! Тащ-тущ! И тут вырывается Пата Патарая! Безумный бег коня, сорвавшегося с привязи, и вдруг замер!.. Вытягивается, выструнивается на носках, показывая готовность взмыть, как стрела, врезаться во вражеские ряды, но в последний миг меняет решение и в бешеном вращении утоляет ненасытную жажду воина куда-то прорваться и во что-то врезаться.

В круг вбрасывается Сандро Чегемский! И вот уже все танцоры взвились черными вихрями черкесок, показывая древнюю готовность мужчины стать воином, а воину — врезаться, взмыть, прорваться... Но в последний миг выясняется, что приказа врезаться, взмыть, прорваться все еще нет.

«Ах, так?! — словно говорят танцоры и, грозно топнув ногой, кружатся. — Ах, так? Ах, все еще? — И снова: — Ах, так? Ах, так? Ах, так?»

Кружась, они тончают, расслаиваются и в конце концов делаются полупрозрачными, как пропеллеры. Оказывается, вращаясь вокруг себя, можно утолить ненасытную жажду боя.

— О-райда-сиуа-райда! Тащ-тущ! Тащ-тущ!

Танцоры, умело и вовремя заменяя друг друга, влетают в круг, и уже кажется, что карусель танца движется сама по себе, по древнему замыслу, суть которого отчасти заключается в желании ошеломить невидимого врага (в далекие времена, когда князья приглашали друг друга на пиршества, враг был видимым), так вот ошеломить его неистощимостью своей свирепой энергии».

Грузинский национальный балет был первым в истории ансамблем народного танца, которому предоставили возможность выступать на сцене знаменитого миланского оперного театра La Scala в 1967 году. После заключительного танца занавес поднимался 14 раз, что стало новым мировым рекордом. После того концерта итальянские газеты писали:

«Это не танец, это — полет. Буря на сцене! Их танец бросает вызов законам гравитации. Союз мужской бравады и женской грациозности».

Обычно в конце представления, на поклонах, часть зрителей бежит к выходу — скорее добраться в позднее время до машины или до автобуса. Тут же никто не выходил из зала, ни один человек! Танцоры кланялись. Зрители хлопали. И мы выхлопали себе бисы — несколько солистов показали еще раз свои немыслимые вихревые номера.

Мои ладони и сегодня красные и опухшие.

НА ПОЧТЕ

Вытащила себя в выходной из дому пораньше, почти к открытию почты, чтобы получить посылку побыстрее. Мой номер очереди оказался 153. Посмотрела на табло, там горит номер 38. Спрашиваю:

— Табло сломано?

— Нет, оно в полном порядке.

Израильтяне все больше покупают товары по Интернету, почта не справляется с растущим потоком посылок, сотрудники ее работают на износ.

Пошла в кафе, посидела за уличным столиком с чашкой мятного чая. Написала пару писем, ответила на комментарии в Фейсбуке. Нежаркое солнце, кошки прогуливаются. Старичок в черной кипе сидит за соседним столиком, изучает Тору. Я никуда не тороплюсь, электронную книжку читаю.

Через два часа зашла на почту, там уже светится 130-й номер. Народу пропасть. Девушки, почтовые работницы, таскают посылки и взмокли, как водоносы.

Рядом со мной садится ослепительной красоты дама лет восьмидесяти. Породистое загорелое лицо, яркие голубые глаза, высокая шея, седые волосы уложены в элегантную прическу, в ушах овальные бирюзовые серьги. Она обращается ко мне по-русски.

— Простите, у вас какой номер?

— 153. А у вас?

— 287, — вздыхает соседка. — А мне только марку для письма купить.

— Вы из Петербурга.
— Да, а как вы узнали? — удивляется она.
— По произношению.
— Если б я знала, что тут столько народу, не пошла бы.
— Я вам куплю марку, моя очередь скоро.
— Ну что вы! Я не хочу вас затруднять!
— Это минутное дело. Жалко из-за одной марки два часа тут сидеть.
— Понимаете, у меня подруга в Германии, она гораздо старше меня. Дети выросли, муж умер, а Скайп она так и не освоила. Вот я ей и пишу.

У приемных окошек трется только что пришедшая посетительница. На ней черные в красных цветах штанишки, зеленая с синим куртка, седые волосы распущены по плечам и с одного боку кокетливо прихвачены розовой заколкой с бантиком. На губах красная помада, на носу очки в оправе со стразами, в руке стаканчик с кофе. Она старается незаметно приладиться к тому, кто сейчас получает посылку, а очумевшая от долгого сидения очередь следит за ней, как рысь за зайцем.

Очередь:
— Госпожа! У тебя какой номер?
Тетка старательно не слышит.
Очередь:
— Госпожа с кофе! Да ты, которая у третьего окошка!
Тетка огрызается:
— Я тут просто так стою!
Очередь:
— А ты не стой просто так, ты сядь. Тебе еще два часа ждать, ты ведь только пришла.
Тетка:
— Я только спросить! Чтобы спросить, не надо стоять в очереди!
Очередь (прозорливо):
— Спросить? А в руках у тебя извещение на посылку! У нас у всех тут такие.
Тетка (пытается изменить настроение очереди в свою пользу):
— Ведь это же безобразие! Что в стране делается! Ради одной посылки ждать два часа! А правительству наплевать!

Очередь не поддается:

— А ты все-таки сядь.

Тетка садится, страшно недовольная. Я перевожу соседке эту перепалку, она звонко смеется. Потом говорит:

— Мы уже старыми приехали, когда дочка написала, что ждет ребенка. Сначала ходили в ульпан, пытались учить иврит, а потом и необходимость в этом отпала — везде говорят по-русски. А вот, два дня назад, евангелисты устроили концерт для ветеранов из России — со всей страны привезли стариков. Выступал мэр Иерусалима Нир Баркат, потом говорил евангелистский проповедник. А в конце речи он встал на колени и попросил прощения у всех нас. За то, что христианский мир не вмешался и не остановил Холокост. А потом был прекрасный концерт…

В это время к окошечкам подбирается молодой парень, с извещением на посылку в руках. Тетка, которую усадили на стул, обнаруживает его первая и визжит:

— Эй ты! Куда лезешь без очереди?!! Не пускайте его, пусть берет номер и ждет, как все!!!

Тут подходит моя очередь, получаю посылку, отправляю письмо в Германию и выхожу. Моя соседка возвращает мне деньги за марку, благодарит и говорит:

— Ой, а где же та милая девушка, что сидела с другой стороны? Хочу отдать ей свой номер, потому что у нее 380-й.

SNOW SHOW СЛАВЫ ПОЛУНИНА

Вчера я полностью впала в детство. Визжала от восторга и ужаса вместе со всеми зрителями, когда снежно-бумажная пурга замела зал. Реально засыпала всех с ног до головы, залепила очки, сугробами осела на коленях и креслах. И я никак не могла уйти в конце, пока по залу летали с рук на руки разноцветные шары — большие, огромные и гигантские.

Представление состоит из разных номеров, маленьких законченных новелл. Очень красивых, часто грустных. И притом ужасно смешных — ведь это клоуны. Грустные старые клоуны. Они нелепы и одиноки. Им хочется тепла, нежности, понимания, но и сами они не понимают другого — такого же бесприютного в заснеженном мире и одинокого.

И все это выстроено на пантомиме и пластике — медленной точной пластике забавных красноносых клоунов.

Клоуны постоянно втягивают зрителей в представление. Смешно дирижируют криками: клоун поднимает руки — зал вопит, сжимает кулаки — зал замолкает. Клоуны засыпают зрителей лопатами снега, просят помощи, чтобы забраться обратно на сцену; желтый клоун бегает по спинкам кресел, ища защиты от друга, который прострелил его тремя стрелами насквозь.

А сколько выдумки!

Один номер меня особенно поразил. Желтый клоун замечает паутину на боковом занавесе. Он хочет ее смести шваброй на длинной ручке. Швабра запутывается в паутине. Клоун дергает швабру и влипает в паутину рукой. Пытается высвободиться, и паутина сетчатым занавесом разворачивается во всю сцену. На помощь прибегают другие клоуны, и все они влипают в паутину и бьются там, как мухи. А потом… двое клоунов берут паутину за края и взбегают по боковым проходам зала, накрывая ею зрителей. Зрители отталкивают ее ладонями, защищая головы, и она действительно липкая и жутковатая. Но это ведь только шутка, паутина благополучно рвется, и все выходят в антракт.

В общем, не важно в каком вы возрасте, на этом представлении вам будет не больше десяти!

ЦЕЛЬНАЯ НАТУРА

Стою на остановке. Подъезжает автобус, и в него начинают загружаться люди. Подбегает мужик, моего примерно возраста, и раздраженно обращается ко мне по-русски:

— Какой номер автобуса?

— 54.

— Где написано, что 54?!! Сбоку нет, спереди нет!

— Спереди есть номер.

— Да нет там ничего! Развели, понимаешь, электронику, ничего не работает! Безобразие! На людей им плевать! Вранье везде! Сволочи! Гады равнодушные! Дерьмократы! Хозяина на вас нет!

Не могу удержаться от вопроса.

—Простите, наверно, вы одобряете присоединение Крыма к России?
—КОНЕЧНО! Это русская территория, а не хохляцкая!..
—Спасибо.
Мы вместе поднимаемся в автобус, и мужик говорит:
—А это точно 54-й автобус? А то заедешь еще не туда!

ДИАЛОГ

Звонок на мобильный. Мужской голос.
—Малка, шалом!
—Я не Малка, это ошибка.
—Как это не Малка! Я же Малке звоню!
—Ты ошибся номером.
—Я ошибся?!! Я знаю, что это номер Малки!
—До свиданья.
—Малка, стой! Не вешай трубку!
Не уговорил.

ВОРОНА-ПЕШЕХОД

Опаздываю, как всегда, на работу. На островке безопасности между трассами стоит ворона. Повертела башкой вправо-влево, каркнула и пошла вперевалочку по переходу. Я ахнула, потому что шла она на красный свет. Может быть, дальтоник. Машина заскрежетала тормозами и вильнула в сторону, чтобы не наехать на эту ворону.

Ворона взлетела, села на тротуар и гневно обкаркала машину вслед.

УТРЕННЕЕ, РАБОЧЕЕ

Только пришла, еще даже пальто не сняла. Мне переводят звонок. Женский голос, по-русски:
—ЗДРАВСТВУЙТЕ! С ПРАЗДНИЧКОМ ВАС!
—Здравствуйте, вас также.
—ВЫ — НАШЕ СОЛНЦЕ, ЗВЕЗДЫ И ЛУНА!
Ошалело молчу. Так ко мне еще не обращались...
—Дайте мне личный телефон Щаранского!

— Вам надо обратиться в Сохнут, вы звоните совсем в другое учреждение.
— Я туда звонила! Они не дают его личного номера! Дайте вы!
— Простите, я его не знаю.
— **ТАК ЗАЧЕМ ТЫ ТАМ СИДИШЬ?!!**
Короткие гудки.

УРОК

По пути на работу прохожу мимо двух мальчишек, лет восьми, которые стоят, держа свои велосипеды за рули. Один из них важно поучает другого:

— Надо сначала покрутить педали, чтобы было удобно ставить ногу. Вот так, видишь? Потом оттолкнуться и ехать. Понятно?

Второй серьезно кивает, вскакивает на велосипед и несется вперед. «Учитель» кричит ему вслед:

— Не так! Ты не так делаешь!

Прокручивает, как сказано, педаль, садится, пытается догнать нерадивого ученика, но не может, тот едет гораздо быстрее. Кричит вслед:

— Стой! Да стой же!

«Ученик» останавливается и послушно ждет. Когда я прохожу мимо них, слышу, как «учитель» говорит:

— Ну, теперь ты понял, как надо?

ПРОФЕССИЯ

Наша израильская родственница много лет жила в Кирьят-Шмоне, городке на севере Израиля, в крохотной квартире. Рядом с ее домом был район дорогих вилл, и с хозяином одной из них она раскланивалась при встрече.

Родственница была профессором литературы и пару раз в неделю ездила в Иерусалим, читать лекции в университете.

Однажды, приехав в столицу в свой лекционный день, она неожиданно увидела своего соседа, владельца виллы. Он сидел на земле в рваной одежде... и был без ноги. Рядом стояла коробка для милостыни и около нее картонка с надписью: «Бога ради, подайте на пропитание!»

Они встретились глазами, и профессор, деликатнейший человек, прошла мимо, сделав вид, что его не заметила.

УТРО ПОСЛЕ БУРИ

Наше Гило — самый высокий район Иерусалима, и тут всегда на два-три градуса холоднее, чем в центре. Летом это прелесть что такое, а зимой… ну, снежные бури у нас случаются нечасто.

Трассы расчистили, автобусы пошли, значит, надо ехать на работу. Только вот как дойти до этого автобуса? Вечером все таяло, утром –2, все замерзло. До автобуса 150 метров ледяной горки, сначала вверх, потом вниз.

Но мы, бывшие советские люди, нигде не пропадем. На скользкие полусапожки я нацепила многочисленные резинки от букетов, типа аптекарских, и — оп-ля! — иду себе по-царски, не скольжу!

А народ израильский вокруг падает на ледяных колдобинах группами и поодиночке. Бедняги! Не жили они в СССР.

ДИАЛОГ

Сажусь в такси. Едем.

— Ну и как там, снаружи? — спрашивает пожилой водитель.

— А ты давно там не был? — интересуюсь я.

— Да часа два.

— Там дождь.

— Я так и думал.

БИЗНЕС ПО-РУССКИ

Вечером звонок.

— Таня, привет! Это Света. Как, ты меня совсем забыла?

С трудом припоминаю. Да, была такая. Жила недалеко от прежней моей квартиры, встречались на остановке автобуса. Пару раз заходили друг к другу.

— Здравствуй, Света! С Новым годом!

— Вот, через нескольких людей добыла твой телефон. Как твои дела?

— У меня все прекрасно.

— Да? А ты знаешь, я тут сдавала квартиру одному уроду. Ну, квартира же моя — конфетка ты же помнишь, все чистенькое. Свои вещи — шкафчики, плиту, стиралку я заперла в одной комнате, а ему сдавала две, так ты представляешь? Мне пришлось такой ремонт после него делать! И мастер еще попался — мерзавец, обманул меня, столько денег содрал, а ремонт сделал плохо...

Мычу что-то, что может быть понято как сочувственное.

— Да, а как твоя спина?

— Нормально.

— Вот, а я тут — ты не знаешь, что было. Я перебегала дорогу, в одной руке сумка, в другой руке сумка, на красный перебегала, а тут машина выскочила, я повернулась резко, упала и головой стукнулась. Так было сотрясение, и потом такие головные боли, что просто ужас, сидела на обезболивающих, да и теперь еще бывают головокружения…

— Угм-гм, да.

— А сын твой как? Мне сказали, что он работает в Европе?

— Да.

— Ой, а моя Наташка замуж вышла…

(Наташку я никогда не видела)

— …Второй раз уже. Первый мудак был полный, а этот тоже не очень, но все-таки зарабатывает. Он в Хайтеке, сидит там с утра до ночи, а Наташка весь дом на себе везет…

— М-м.

— А ты не вяжешь?

— Нет.

— А я, ты знаешь, так увлеклась вязаньем! Просто страсть у меня. Такие чудные вещи вяжу, прямо хоть на выставку…

— Света, извини. У меня ватрушка подгорает. Хорошего года!

— Да, Танечка, звони обязательно!

…Потом мне сказали, что Света продает свои вязаные изделия и ищет клиентуру.

ПЕРЕД ФЛОРЕНЦИЕЙ

Я — ненормально точный человек. Это не заслуга, не черта характера, это биологические часы, встроенные в организм. Не умею опаздывать, даже когда это стоит сделать. На свидания со своим первым мужем я всегда приходила минута в минуту и потом ждала его около часа, когда он вываливался из такси, расстроенный, с очередным объяснением, почему не сумел вовремя выйти из дома.

В принципе, мне не нужен будильник, хоть его все равно ставлю, я просыпаюсь в 5:15 даже в выходные дни.

Маршрутка «Нэшер», везущая в аэропорт, была заказана на 6:30. Вечером я поставила будильник на обычные 5:15, с тем чтобы спокойно встать, сделать зарядку, принять душ, выпить чаю на дорогу. Проверить еще раз сумку и чемодан. Спуститься, не торопясь, и ждать «Нэшер» на улице.

Когда я утром открыла глаза, то удивилась тому, что светло. Взглянула на будильник: было 6:28! Кнопка звонка была выключена — когда я успела это сделать?

Взвыв, я скатилась с постели, бросилась в ванную, плеснула в лицо воды и начала впрыгивать в вещи, проклиная зимнее время, когда надо натягивать на себя множество шмоток.

Ровно в 6:30 раздался звонок.

— Доброе утро! Это «Нэшер». Я стою у твоего дома.

Запихивая ногу в колготки (черт! черт! черт!) и прыгая на второй ноге, отвечаю, по возможности расслабленным голосом:

— Да-да, я уже выхожу. Три минуты, и я буду.

Или я не дочь солдата? Носки, джинсы, свитер, сапожки, куртка. Перчатки, шапку — в сумку. Серьги, кольца — в карман.

Звонок.

— Это «Нэшер». Я тебя не вижу.

— Сейчас. Я тут за углом!

Огромными прыжками проношусь по квартире, закрывая окна. Рюкзак на спину, сумку в зубы, чемодан выкатываю на площадку. Запереть дверь (еще пять секунд) и скатиться вниз с четвертого этажа.

Водитель «Нэшера» оказался на удивление спокойным человеком. Я перед ним извинилась и рассказала, что не сработал будильник. Он рассмеялся.

— Ничего страшного, отдышись. Всякое бывает. И нам нужно заехать только в одно место.

— Как это — в одно?

Обычно маршрутка долго крутится по Иерусалиму, собирая пассажиров.

— А так. У меня только ты и группа из гостиницы на выезде из города.

Подъехали к гостинице, минут десять ждали группу. И вот они вышли: девять чернокожих африканцев в ярчайших нарядах, зеленых с золотом, и синих тюрбанах. В таком составе мы и доехали мирно до Лода.

Аэропорт был фантастически пуст — не сезон. Огромные безлюдные пространства, работают всего две сиротливые стойки по приему багажа. Тут уже наблюдается некоторое оживление, звонко беседующее на итальянском. Служащий, выдавший мне два посадочных талона — на Рим и на Флоренцию, был молодой и симпатичный, и я порадовалась, что успела подкраситься и надеть серьги.

Паспортный контроль. Открыты три окошка, и к ним короткие очереди. За мной стоит семейство с нервным пузатым папашей во главе. Папаша все время подпихивает мой рюкзак своим арбузом. Оборачиваюсь:

— Ты думаешь, если пихать, очередь будет двигаться быстрее?

Он делает полшага назад, недовольный.

В это время из-за кабинок паспортного контроля выходит странная старушка. Во-первых, она движется в обратном направлении, а во-вторых, по какой-то кривой линии. Наткнувшись на меня, как на препятствие, она останавливается и слабым голоском говорит по-русски:

— Я не знаю, куда идти, я не вижу...

Подхватываю ее под руку.

— Вы прошли паспортный контроль?

— Что?

— Вам поставили штамп в паспорте?

— Нет...

— Где ваш паспорт? Сейчас поставим.

Нервный папаша сзади:

— А чего это она без очереди? Пусть в очередь становится! Время, время!

Оборачиваюсь к нему, но не успеваю ничего сказать. За меня говорит очередь:

— Постыдись. Она не видит и плохо слышит. И не знает иврита.

Подвожу старушку к окну. Обращаюсь к служащей:

— Она говорит только по-русски, я переведу.

— Не нужно, я говорю по-русски.

Оставляю старушку у окна, сказав, чтобы она меня подождала.

Мы вместе идем дальше, я беру ее талон и веду ее на посадку.

— Ой, спасибо, милая. Я ж почти не вижу, я после операции глаукомы. Мне лежать сказали, а я тут ничего не понимаю в аэропорту...

—А куда вы летите?

—В Кишинев, милая. Муж у меня там помер. В Кишинев я лечу.

—Давно вы в Израиле?

—Пять лет уже. Приехала дочке помочь с внуком. А муж не хотел лететь, он боялся Израиля. А я тут пять лет живу.

—Туристкой?

—Была туристкой, да. А потом у меня глаукома. И в больнице сказали, что операция десять тысяч долларов стоит. А дочка сказала, чтобы я гражданство взяла. И мне сделали бесплатно. Сказали, потом буду видеть, а пока лежать надо. А муж мой тут и помер. Вот похороню его и обратно.

Попрощавшись со старушкой у посадки на Кишинев, помчалась обратно по горизонтальным эскалаторам, чтобы успеть в Duty Free, который объявил в Интернете грандиозные скидки на спиртное. Убедилась, что весь шум был поднят вокруг одного вида виски, который мне даром не нужен, а все остальное по-прежнему безобразно дорого. Ну и ладно. Можно было не торопиться, и я с удовольствием посидела в кафе у фонтана, с кофе и йогуртом, поскольку в билетной кассе меня предупредили, что рейс без еды.

Обманули. Итальянские стюардессы оделили пассажиров обедом, не только обильным, но и вкусным. Среди них был один стюард — высокий смуглый красавец, с серебряной шевелюрой и короткой бородкой. Чистый граф Альмавива!

Граф двигался величественно, но бестолково, одного пассажира облил чаем, но надменного облика не потерял.

Я выпила стаканчик шардоне и поняла, что, кажется, я все-таки лечу.

ЮЛИЮ КИМУ — 80!

По такому случаю, я вспомнила о двух моих забавных встречах с Юлием Кимом.

Первая встреча состоялась где-то году в 79-м. Тогда я его знала исключительно по песням, записанным на магнитофонные ленты, и была, как и многие другие, совершенно убеждена, что Ким — еврей! А кем он еще мог быть?

В доме моих родителей был гигантский, совершенно неподъемный магнитофон «Комета» и целая фонотека огромных магнитофонных бобин, где были собраны песни Галича, Высоцкого и Кима.

И вот иду я как-то по Ленинграду, случайно встречаю приятелей, и они мне говорят, что приехал из Москвы Ким и сейчас будет петь в Доме культуры «Восток». Открыто, в полном зале! Это было невероятно, и я помчалась. Прибегаю — афиш, конечно, никаких, но толпится молодежь хипповатого вида, и они подтверждают, что да, уже здесь и будет петь. Нельзя же на такое чудо друзей не позвать!

Телефоны-автоматы на улице Правды были все со срезанными трубками, так что я, пометавшись, просочилась в административную часть ДК, добралась до какой-то пустой комнаты с телефоном и бросилась всех обзванивать. То есть комната была не совсем пустой, там в уголочке застенчиво сидел какой-то маленький кореец, явно не чиновничьего вида, и я, не обращая на него никакого внимания, стала накручивать номера друзей и орать в трубку: «Ребята! Срочно бегите в «Восток»! Тут Ким будет петь! Да! Сам!» Тут кто-то вошел с гитарой и сказал корейцу: «Юлик! Пора начинать».

Так я узнала, что Ким не еврей.

Ким меня очаровал не только песнями, большую часть которых я знала наизусть, но и мгновенными отточенными репризами и еще каким-то теплым, домашним обращением с залом — так говорят с близкими друзьями на кухне. И непоказным бесстрашием — годы были такие, что о всяком запретном говорили вполголоса с проверенными друзьями, а он пел свои взрывные песни и так же весело и открыто отвечал на любые вопросы.

А несколько лет назад я узнала, что Ким стал израильским гражданином. И, конечно, старалась и стараюсь бывать на его концертах. Как-то он спел новую песенку, с такой забавной концовкой:

С гулькин нос страна моя родная,
Мало в ней лесов, полей и рек,
Я другой такой страны не знаю,
Где так счастлив русский человек.

А потом получилось так, что мы с Кимом оказались в одном застолье, в Иерусалиме. Я была уверена, что за столом он должен быть не менее хорош, чем на сцене. И потом, буквально за месяц до этого вечера, Ким просил передать мне несколько добрых слов о моем сборнике стихов. Так что приглашение в дом к В. Г., другу Кима, я приняла с огромным удовольствием. Кроме нас с мужем и Кима, там собрались сплошь старые лагерники, сосидельники моего деда.

Стол и сам по себе был хорош. Хозяин, временный холостяк в очередном коротком междуженье, кулинар и гурман, закатил пир, центром которого стал гигантский казан с борщом, сваренным на мозговых косточках с таким количеством ингредиентов, что и вообразить невозможно.

Лагерники сначала пили водку, а потом для концентрации воспоминаний перешли на чистый спирт. Один из них сочинил афоризм: «У колымских собственная гордость, на мордовских смотрим свысока».

Но я все подбираюсь к Киму. Ким в этот день прилетел из вояжа по Америке, был бледен, но пил на равных и шутил, не слабея. Все было восхитительно, кроме одного.

Единственно когда Ким напрягался, если взгляд его падал на меня. Тут он как-то скучнел и вежливел лицом и вроде как старался смотреть мимо. Я совершенно не видела причин для такой реакции…

Когда мы уже собрались уходить и стали со всеми по очереди прощаться, Ким вдруг просветлел и спросил меня:

— Так вы, значит, не драматург?

— Нет…

— Вот то-то я и смотрю, что-то явно не то… Мне сегодня утром позвонила дамочка, сказала, что она — поэт и драматург и что хотела бы поговорить со мной о своих произведениях. Я ее попросил прислать мне что-нибудь, чтобы я посмотрел. На что она мне сказала: «Зачем я буду вам что-то присылать? Я — профессионал! Мне нужно, чтобы вы меня рекомендовали такому-то в Москве и чтобы вы подписали соавторство в моей новой пьесе». А тут В.Г. говорит, что будет женщина-литератор. Я и решил, что вы — это она. И ждал в ужасе весь вечер, когда вы начнете от меня что-то требовать…

Тут мы оба порадовались тому, что это недоразумение, а я, поскольку речь заходила за столом о Галиче, сказала, что у него есть одна очень смешная строчка, которая говорит о том, что Галич — классический горожанин, без малейшего понятия о флоре. В лирической песне у него написано: «Целовалась с миленьким в осоке…», что совершенно невозможно, если знать, что осока режет почище бритвы.

Ким серьезно задумался и сказал: «Нет, если осока молодая и мокрая от росы, то можно».

ДУБЛИ

Стою на остановке автобуса. Дама в спортивном костюме, совершающая утреннюю прогулку, тормозит рядом и активно мне улыбается:

— Шалом!
— Шалом!
— Ты в банке работала, я тебя помню.
— Извини, я никогда не работала в банке.
— Работала! В «Дисконте», в отделении на Бен Иегуда.
— Да нет же, это ошибка!

Дама молчит, приязненное выражение тает на ее лице. Она сурово оглядывает меня с ног до головы и произносит:

— Не понимаю, почему ты это скрываешь. Я ведь помню тебя!

Решительно поворачивается и уходит спортивным шагом.

… Всю мою жизнь я сталкиваюсь с тем, что люди, которые видят меня впервые, вскрикивают:

— Ой! Вы же вылитая моя одноклассница! (соседка по коммуналке, учительница биологии, медсестра в Новосибирске, коллега, жена приятеля, сокурсница, официантка в Гаграх, попутчица в поезде, троюродная тетя, первая любовь, комсорг нашего завода и пр. и пр.) Просто поразительно! Как две капли воды! Я был уверен, что это — она!

В юности меня это очень обижало. Ну как же! Ведь я же — личность, индивидуальность, ни на кого не похожа, а только на себя, единственную, уникальную! А тут от моей личности вроде что-то отняли. Чья-то дурацкая золовка ходит где-то в Тбилиси с моей внешностью! Потом привыкла, но удивляться не перестала.

Два года назад мы большой компанией шли по заснеженному Дюссельдорфу. Это был первый немецкий город в моей жизни, и заехали мы туда буквально на несколько часов. Закутаны были по-зимнему: свитера, куртки, шапки, шарфы.

Вдруг ко мне бросается какая-то женщина, радостно улыбается и что-то говорит по-немецки. На этом языке я знаю только «Гитлер капут», но этих слов в ее бурной речи я не разобрала, а потому просто стояла в растерянности. Потом женщина изменила выражение лица, сказала еще что-то и отошла. Мои друзья, хохоча, объяснили мне сценку. Она приняла меня за какую-то свою знакомую, начала о чем-то расспрашивать, потом, по моей тупой физиономии поняв, что ошиблась, извинилась и ушла.

Я взрослела, менялась, носила разные прически (коса, длинный хвост, короткая стрижка), толстела и худела, надевала очки или линзы, бывала веселой и мрачной, выглядела хорошо или плохо, уехала в Израиль — но это не помогало. Знаю, что все равно, на улице или в доме друзей, в музее или на остановке автобуса, кто-нибудь бросится ко мне и на любом языке завопит:

— Здравствуй! Как, ты меня не узнаешь?.. Ой! Это невероятно! Ну одно лицо с моей знакомой из Нью-Йорка! (Жмеринки, Гонконга, Брюсселя, Рио-де-Жанейро).

ВОКРУГ ПОЭТИЧЕСКОГО ВЕЧЕРА В КАРМИЭЛЕ С ЛЕОНИДОМ СОРОКОЙ

Автобус добирался до Кармиэля почти три часа, и все было бы прекрасно, если бы водитель не слушал в полную звуковую мощь восточную музыку. Я надеялась в дороге еще раз продумать выступление, но это было совершенно невозможно. Через два часа этого звукового насилия, я пожаловалась соседу, читавшему электронную книжку по-русски:

— Ни уснуть, ни подумать, ни почитать нормально невозможно.

— Согласен, — откликнулся сосед.

В этот момент водитель выключил музыку. В салоне автобуса разлилась блаженная тишина.

— Вот что слово живое творит! — радостно воскликнула я.

— Верно. Это же утверждает мудрый дзэн.

Мы поговорили о дзэне. О природе человека.

Мой попутчик сказал:

— Нынешний Папа заявил где-то, что он не возражает против теории, что человек произошел от обезьяны. Но что вряд ли от обезьяны произошла душа человеческая.

Я не могла с этим не согласиться. В какой-то момент разговора мой собеседник признался, что он физик-сейсмолог. Я оживилась — все-таки мы живем в Израиле в непосредственной близости от геологического разлома, иногда нас потряхивает — и спросила, грозит ли Израилю что-нибудь катастрофическое.

— Вряд ли, по всем показателям.

Я обрадовалась.

— А впрочем, все это от Бога, — убежденно добавил физик-сейсмолог, с ехидцей.

Тут мы приехали. Кармиэль встретил нас не дождем, нет, водопадом! Мой прыжок, в два шага, из автобуса под крышу остановки занял две секунду, но этого хватило, чтобы я промокла от старательно уложенной прически до концертных туфель (костюм для выступления был в сумке).

Сейсмолог спросил:

— Вас подвезти?

— Нет, спасибо, за мной приедут. И потом, я не знаю адреса, я тут впервые…

Леонид Сорока выскочил из машины с огромным зонтом, но этого не хватило — пока мы полминуты шли к машине, оба были мокры насквозь.

— Все против нас, — сказал Сорока, на которого легла вся тяжесть организации вечера, — сначала снегопад, теперь этот специально для нас хлынувший ливень.

— Ничего! Александр Блок раз читал стихи весь вечер перед одним единственным слушателем, — бодро сказала я, постукивая зубами.

— Главное, небеса к нам неравнодушны! — откликнулся Сорока.

Поездка по Кармиэлю была фантастической: ливень не иссякал, улицы превратились в реки, справа и слева машина взрезала водяные крылья, которые красиво изгибались в ее высоту.

В доме Сорок мы немедленно оказались в гуще их троих израильских внуков, немыслимой красоты, и я успела только поздороваться, как Леонид, мокрый, как мышь, поехал их всех отвозить домой.

А я осталась во власти его жены Розы, которая оперативно налила мне горячего супу, выдала носки и рюмку бренди. Выпив с ней на пару за успех нашего вечера, я, наконец, согрелась.

Тут время пошло вскачь — вечер приближался, мандраж усиливался. Примчался мокрый Сорока и бросился переодеваться и пить кофе. В это время я приводила себя в порядок и сушила феном вдрызг промокшие туфли.

Мы еще успели за пять минут уточнить порядок выступления и все «рояли в кустах», как ливень закончился, и настало время ехать на наш концерт. Роза была дирижером всей безалаберной ситуации (без нее ничего бы не состоялось), водителем и кассиром: она взяла на себя обязанность продавать билеты на концерт.

Что я могу сказать об этом вечере? Что пришло много людей, несмотря на непогоду. О том, какое это все произвело впечатление, пусть выскажутся те, кто сидел в зале. А я могу от себя отметить, что зрители были замечательными: хохот взрывался, радуя адекватностью реакции. А я наслаждалась блестящими стихами Леонида Сороки, многие из которых слышала впервые. И еще без музыканта Александра Даньшина, который равно свободно владеет гитарой и фортепьяно, мне бы не удалось показать несколько своих песен. Когда мы уже немного утомили наших зрителей стихами, Александр оживил всех нас обаятельным музыкальным попурри.

Потом мы пьянствовали в доме Сорок, в компании их прекрасных друзей, отмечали наш удавшийся вечер.

Утром Леонид вез меня на ранний автобус в Иерусалим, и я впервые увидела Кармиэль. Он свободно разлегся между высоченными зелеными холмами, за вершины которых цеплялись облака, и мне очень захотелось тут задержаться.

Пассажиры в автобусе были трех видов: хипповатая молодежь, которая ехала в Иерусалим развлекаться на выходные, религиозные евреи, едущие туда же молиться, и солдаты, которых отпустили домой на субботу.

Рядом со мной сидела девочка-солдатка, худенькая, с рыжей косичкой на затылке. Сначала она пыталась читать, потом уснула. На ее погоне был значок цветка, а под ним раскрытая книжка. Я постеснялась спросить, что же это за такой род войск. Дорога обратно заняла почему-то на сорок пять минут меньше, чем в Кармиэль, и на выходе, пассажиры, не знакомые друг с другом, желали своим спутникам хорошей субботы.

* * *

Этот год был сплошною зимой
Вымораживал душу и старил
Сдвиг всего на земном этом шаре
Поседевшей трясу головой

В горле комом стоит жалкий вой
От бессилья а ужас всё длится
Кто-то гибнет накрытый войной
Кто-то спич выдает в свете блицев

Ряд за рядом личины не лица
Зубы когти кошмарные морды
Зло прорвало края и границы
Рёв из глоток: убить! Гойда! Гойда!

Все кто мыслят инако — изгои
В монитор я как моль слепо тычусь
Там реальный оживший «Капричос»
Ты ведь видел и знал это Гойя

ПОСЛЕ ДОЖДЯ

Наперёд судьбы не зная,
И не думая — увы! —
Вдруг улитка выползает
На дорожку из травы.

Куда же ты, бедовая,
Голова садовая?

На дорожке туфли, кеды,
Тётки, дети, молодёжь,
Скейты и велосипеды —
Хрупнешь, дура, ни за грош!

На улиток, как стервятник,
Я охочусь с высоты,
Их бросаю в палисадник
Под защитные кусты.

Только нет конца у свитка,
Это всё сизифов труд,
И опять мои улитки
На дорожку гордо прут.

Так и я — ума палата —
Сохраняя гордый вид,
Лезу без конца куда-то,
Где лишь чудо охранит.

Автобусные заметки

Автобус, которым ты ездишь в определенное время, — это микромир. Есть постоянные его герои, с некоторыми уже здороваешься, есть случайные персонажи.

У разных людей — разные автобусные синдромы. Одни немедленно открывают молитвенник и начинают быстро-быстро шевелить губами и раскачиваться. Другие втыкают в ухо наушник и включают любимые записи в мобильнике. По блаженному или веселому лицу и ритмичным подергиваниям можно угадать мелодию. У третьих — разговорный синдром. Усевшись, они тут же должны кому-нибудь позвонить. Иногда таких набирается с десяток, и тогда автобус наполняется гулом эмоций на многих языках.

А есть и такие, кто в автобусе немедленно начинает есть. Блаженно урчит и чавкает, рассыпает крошки, капает йогуртом...

Встречаются и сыщики. Они нервно бросаются к свободному месту, плюхаются и сразу же начинают что-то искать. Роются в карманах, открывают сумку, пакеты, выкладывают вокруг себя содержимое, размахивают локтями, пихая соседа, роняют что-то под ноги пассажиров, скандалят, что кто-то наступил на их вещь. Лица у них напряженные, и так они роются вплоть до своей остановки. Тогда они сваливают все обратно, закрывают сумку, и так и не найдя искомое, спокойно выходят из автобуса.

***

Я заметила одну закономерность. В воскресенье — первый рабочий день недели — утренний автобус набит. В понедельник народу уже поменьше, дальше еще меньше. В четверг, накануне выходных, автобус практически пуст. Куда все деваются: школьники, служащие, студенты?

* * *

В 6:30 в автобус заходит высокая полная блондинка, лет пятидесяти. Она шумно здоровается с каждым водителем, называя его по имени, приветствует лично многих пассажиров. Она сияет такой невозможно радостной улыбкой, от нее исходит столько солнечной энергии, что сонные и мятые пассажиры оживают и подтягиваются.

* * *

На двух разных остановках в мой утренний автобус входят два пассажира. Они одного возраста, одного роста, оба в вязаных кипах, в очках, худые, аккуратно выбритые. Оба читают молитвенники. Я всегда жду их, потому что не верю своим глазам: это — близнецы. Абсолютные близнецы! Иногда они оказываются на соседних сиденьях, и можно убедиться в их идентичности. При этом они явно не знакомы друг с другом!

* * *

Высокий и очень худой сорокалетний мужчина всегда поражает неординарностью своего вкуса в одежде. Армейские шорты и белая фрачная рубашка навыпуск. Клетчатые серые брюки и зелено-розовая рубашка с люрексом.

* * *

Иногда появляется надменного вида сухая подтянутая дама. Она — произведение искусства. Пальто, крупные серьги, туфли, оправа очков, чулки, сумка и часы — все в том идеальном сочетании стиля и цвета, какое встречается только в модных журналах. И всякий раз все это иное. Она выходит около школы «Искусства и науки», видимо преподает там. Один раз она села напротив меня, швырнула мне на ноги свою сумку, пнула меня в коленку и прошипела на хорошем иврите, с русским акцентом: «В ресторане свои ноги будешь раскидывать!»

Голову даю на отсечение, москвичка!

* * *

Восьмилетний черноглазый мальчишечка в утреннем сонном автобусе играет сам с собой. Он ни за что не держится, и игра заключается в том, чтобы на крутых поворотах удержаться на ногах. Если это ему удается, он радостно хохочет. Если нет, и он валится, то хохочет еще больше.

Вспоминаю, глядя на него, себя и своих друзей. Чудовищно набитые в час пик ленинградские автобусы и троллейбусы, ежедневная пытка для взрослых, были для нас игрой. Всунуть между висящими в дверях людьми портфель, подтянуться, держась за ручку, втиснуться, уцепившись за чей-то хлястик — веселье и подвиг! Чем больше сжимали нас в давке, тем мы громче хохотали. Помню, в третьем классе, Сашка Фельдман довел нас до икоты тем, что клал голову на меховую шапку сидящего пассажира и делал вид, что спит. А что тот мог сделать?

Детство умеет само себя радовать.

* * *

Раз меня поразила одна дама, одетая по-европейски: хорошие сапоги, суконная юбка ниже колена, кожаная куртка с поясом, кепка в тон. В руках — большой деловой портфель с замками. Устроившись на сиденье, она открыла портфель и стала доставать оттуда горстями воздушную кукурузу (полный портфель кукурузы!) и есть.

* * *

Удивительны иерусалимские водители. Они виртуозно ведут автобус по крутым горным улицам, иногда настолько узким, что там не разойтись двум ослам с телегами. Они же билетеры — у нас пассажиры входят спереди и покупают билет у водителя. Они отвечают за все, что может произойти в автобусе: травмы, конфликты, драки. Их профессия — повышенного риска — сколько автобусов у нас было взорвано! А разговорчивые пассажиры, пристающие к водителю! А сумасшедшие, которых хватает. А подростки, старающиеся проскользнуть, не заплатив. А неврастеники, начинающие орать на водителя, если автобус застревает в пробке, а они опаздывают. Сколько нужно сил, чтобы сохранять при всем при этом спокойствие!

Мне говорили, что водителей автобусов набирают из бывших десантников — у них как раз нужная подготовка: выдержка и быстрота реакции. Помню случай: мы с папой и двухлетним сыном садились в автобус. Я с Данькой на руках прошла первой и села, а папа протянул водителю карточку для пробивания. В этот момент автобус тронулся, сразу вошел в поворот, и папа стал падать. Я ничего не успела сделать. В долю секунды поняв, что перед ним человек с одной рукой, который не может схватиться за стояк, водитель, выкручивая из поворота, выбросил руку, схватил папу за куртку и удержал.

* * *

Иногда в мой утренний автобус садится молодая женщина. Высокая, избыточно полная. Одета по религиозной моде: длинные юбки, свободные жакеты, но все сочетается со вкусом. Поражает то, что она всегда в вечернем макияже! Тон, пудра, обводка губ, помада, румяна, подрисовка глаз, сложные тени, брови подведены, ресницы накрашены и загнуты кверху… В 6:20 утра! Кем надо быть и когда надо встать, чтобы совершить эту процедуру!

* * *

В автобус влезает старушенция. И начинает орать по-русски водителю-марокканцу:

— На рынок-то идет? Я тя спрашиваю, идет автобус на рынок или нет? Ну, чо ты вылупился, я ж с тобой по-русски говорю?!! Вы посмотрите на него — я его спрашиваю, и он ни бум-бум!

У советских собственная гордость.

* * *

Некоторые места в автобусах предназначены для инвалидов. Рядом с ними табличка «Уступи тому, для кого это место». Обычно это делается мгновенно и безоговорочно.

В автобус входит слепой с собакой.

Толстая тетка развалилась на переднем сидении и уступать место не собирается. Слепой стоит рядом, а она старательно смотрит в окно. Водитель оборачивается и говорит ей:

—Уступи ему место!

—А чего это я должна уступать? Вон места дальше есть — пусть там садится!

—Потому что, это ЕГО место! Немедленно освободи его!

—А я сказала, что не пойду! У меня тоже ноги болят!

Следует перепалка.

Наконец тетка, возмущенно бурча, сползает с сиденья.

И тут водитель говорит:

—Пошла вон из автобуса!

—Что?!! Ты мне? Да ты не имеешь права! Я буду жаловаться!!!

—Жалуйся. Делай, что хочешь. Но такую бессердечную стерву я не повезу!

Под общим давлением пассажиров тетка, ругаясь и грозя, выходит, и мы едем дальше.

* * *

Еду в Герцлию. Рядом со мной усаживается религиозный молодой человек, сходу достает яблоко и грызет его. Доев, он вынимает большую лепешку, наполненную салатом с соусом, и сладострастно впивается в нее зубами. Мычит от удовольствия, брызгает соусом, чавкает. Потом следует пакет с чипсами. Чипсы горстями отправляются в рот. Моей юбке достаются жирные крошки. Оборачиваюсь: автобус полон, свободных мест нет. Стоять на международных трассах нельзя и опасно. Ехать мне полтора часа. Что делать?..

В этот момент мой сосед сминает пустой пакет из-под чипсов и раскрывает свою большую сумку. Я в ужасе вижу, что вся она заполнена упаковками с едой! Он запасся на долгую дорогу.

В отчаянии я достаю пилочку для ногтей и начинаю сосредоточенно заниматься маникюром. Сосед немедленно захлопывает сумку, раскрывает молитвенник и начинает раскачиваться. Ну, это пожалуйста.

* * *

В моем автобусе ездит высокий спортивный мужчина, лет шестидесяти. На нем всегда надеты футболки — на заказ делал, что ли? — где спереди и сзади напечатан огромный портрет Сталина. Всякий раз изумляюсь наново и произношу про себя одну фразу: «Вот старый дурак!»

* * *

Поскольку перед сном забыла поставить антикомариную таблетку, забрел одинокий москит, бесшумный, крохотный, и с голодухи обкусал сначала верхнее веко правого глаза, а потом заел нижним.

Здесь уже не до сна. Здесь поворачиваться надо. Ибо чешется бешено, вспухает мгновенно... Обмазала обкусанное мазью и уже не засыпала, чтобы мазь не попала в глаз.

Вот в таком чудном виде — жеваная, зеленая, один глаз закрыт — отправилась на работу... Ушла пораньше, в автобусе мгновенно заснула.

Меня растолкали. С трудом раскрыв полтора глаза, я уставилась на соседа: старый эфиоп в красной кепочке, радостно улыбаясь, пихал мне в руку поднятый им с пола билетик.

— Твой! Упал! — доброжелательно сказал эфиоп.
— Не мой! — буркнула я и отрубилась.
Но сосед растолкал меня снова.
— Автобус — в Гило?
Я кивнула и снова закрыла глаза.
От радости, что сел в правильный автобус, эфиоп громко запел на амхарском.
Так мы и доехали до дому.

* * *

Стою на остановке. Рядом мелкая старушка, с двумя огромными сумками на колесах, набитыми продуктами с рынка. Она обыскивает взглядами толпу и обращается ко мне плаксивым голосом:

— Деточка, миленькая, помоги старой бабушке, подними в автобус мои сумки, а я за тебя бога молить буду...

— Извините меня, пожалуйста, но, к сожалению, мне врачами запрещено поднимать тяжести... Попросите, пожалуйста, кого-нибудь из мужчин.

Старушка мгновенно меняет интонацию и громко вопит, тыча в меня пальцем:

— Вы посмотрите на нее! Я ее прошу мне помочь, а она не хочет!!! Я ей в матери гожусь!!! Она матери помочь не хочет!!!

Подъезжает автобус. Двое молодых людей втаскивают старухины сумки и ее саму. Она садится, а сумки стоят отдельно — они слишком велики, чтобы поместиться рядом с ней. На поворотах автобуса сумки падают, из них выкатываются два арбуза, несколько бутылок с колой и водой, кочаны капусты, пакеты с картошкой, яблоки, лимоны, лук, сливы, персики... Все это разлетается по автобусу, и пассажиры, под жалобные вопли хозяйки, весело собирают все и снова укладывают в сумки.

Собираюсь выходить. Рядом со мной оказывается все та же старушка. Ноющим голосом она мне говорит:

— Деточка, миленькая, помоги старой бабушке, вынеси мои сумочки, а я за тебя бога молить буду...

* * *

Вчера ждала своего автобуса около часа и озлилась. Когда он, наконец, подъехал, вскочила в него и, отмечая проездной, раздраженно буркнула водителю:

— Я ждала почти час, это полное безобразие!

И вдруг слышу в ответ дрожащий тоненький голосок:

— Простите, пожалуйста! Я знаю, что я ужасно опаздываю по графику... Но я только первый день сегодня на трассе...

Поднимаю глаза. На водительском месте сидит красавица-блондинка, с тонким породистым лицом, того же типа, что Марина Влади. Светлые, широко поставленные глаза полны слез. Ей лет сорок пять. Совершенно невероятный облик для начинающего водителя автобуса!

Сажусь и все время смотрю на нее в зеркале. Она страшно напряжена, нервничает, кусает губы. На переднем сиденье справа сидит немолодой крупный мужик и иногда тихонько подсказывает ей, куда сворачивать. Видимо, экзаменатор.

Чувствую себя подлой тварью: человек трудный экзамен сдает, а я на него набросилась с претензиями. Автобус она ведет медленно, но мягко и осторожно.

Перед своей остановкой не выдерживаю, подхожу к ней и говорю:

— Не волнуйтесь, все в порядке, вы прекрасно ведете автобус! Улыбнитесь!

Она растерянно улыбается и становится еще красивее. Оборачиваюсь к экзаменатору.

— Правда, она отлично справляется? Да?

Он кивает с улыбкой. Я желаю им обоим хорошего года и выхожу. Надеюсь, она сдаст экзамен!

* * *

Этой паре было сильно за восемьдесят. Они сидели недалеко от меня и беседовали излишне громко, как говорят люди, преодолевающие глухоту. В основном говорила жена, хорошо поставленным разработанным голосом, а муж иногда вставлял короткие реплики. У старика на коленях сидел апельсиновый пуделек, которого они везли к ветеринару.

Я пыталась читать, но чужие фразы на больших децибелах перебивали тихий текст.

— Нет, как это ты не пойдешь в ресторан? Чтобы я пошла без тебя? Даже и не думай! Этого не будет никогда! И как будто мы часто по ресторанам ходим? Последний раз были шесть лет назад — на свадьбе у Верочки!

— Это утомительно и скучно. И трата денег... — отбивался старик.

— Ничего! Мы можем себе это позволить! Я тоже не хотела идти, у меня совершенно нечего надеть, кроме старого синего платья. А тут мне принесли эту дивную шелковую кофту! Это знак! Божественный знак! Вот ты не веришь в божественные знаки, а я их всегда чувствую! Нельзя нарушать божественные указания! Пойдем в ресторан, это решено!

Старик обреченно молчал и почесывал пуделя за ушами, гася свое раздражение в мягкой шерсти.

Его жена победительно замолкла и достала косметичку. Отработанными за семьдесят лет движениями подвела глаза, подчернила брови, намазала алой помадой губы.

Юная хорошенькая девчонка ошалело смотрела на нее, открыв рот.

Потом они вышли: худой горбящийся старик в летней старомодной шляпе, сидящей на больших растопыренных ушах, с пуделем на руках, и маленькая круглая старушка в веселеньком платье не по возрасту.

Я вдруг подумала: какими они были красивыми когда-то!..

* * *

На крутом развороте автобуса мне на колени плюхается пятиклассник с набитым ранцем. Смахивает мои очки на пол. Извиняется.

Я ему благодарно улыбаюсь. Во-первых, очки пластиковые и не разбились, и никто на них не успел наступить. Во-вторых, мальчишка довольно мелкий. Я оглядела огромных увесистых пассажиров, стоящих рядом, и порадовалась, что мне повезло!

* * *

Молодой худощавый мужик, рыжий, в религиозном прикиде, влезает в автобус и громко обращается к пассажирам на иврите, с французским акцентом:

— Извините! В этом автобусе ехала моя жена, и она обронила паспорт с кредитной карточкой. Никто не находил?

Что тут начинается!

Все сорок или пятьдесят пассажиров, как один, отрываются от своих айфонов и начинают активно искать под креслами и за креслами, и под ногами, и в щелях между сиденьями и стенкой. Некоторые просто ползают по автобусу. Водитель тоже подключается к поискам. Автобус стоит. Дождь на улице идет. Смеркается. Нас объезжают другие удивленные автобусы, идущие по маршруту.

— Я ее помню! Я еду с кольца. Она вот тут сидела, да? В черном пальто?

— Вот еще там загляни!

— Водитель, тебе не передавали?

— Да не передавали мне!

— А она точно в этом автобусе ехала?

— Я же говорю, я ее помню! Я тут с кольца. Она была в черном пальто и зеленом платке!

— Может, она в другом месте обронила?

— Надо срочно отменить кредитку!

В середине салона стоит весь в черном, как дирижер, рыжий муж, размахивает рукой и бурно беседует с женой по мобильнику, по-французски, уточняя подробности. Периодически он сообщает:

— Она говорит, что сидела справа, у окна.

Активная пассажирка мне:

— А ты встань, она тут как раз сидела, справа, где ты! Я ее помню, она в черном пальто! Встань, может, паспорт как раз тут!

— Я уже посмотрела, его тут нет.

Активная пассажирка:

— Ноги подними!

Поднимаю.

Активная пассажирка:

— Нет, нету! А может, она дальше сидела? Я ее помню, в черном пальто и зеленом платке!

Наконец, водитель вспоминает о графике, предлагает всем сесть на места и ехать дальше. Рыжий муж всех благодарит и выходит. Едем. Активная пассажирка садится рядом со мной и говорит:

— Она, наверно, не в этом автобусе ехала. Сами все теряют, а людям домой не попасть!

* * *

Женщина, сидящая за мной, разговаривает по мобильнику по-русски, громко, как говорят люди в чужом языковом пространстве. Ложное чувство защищенности: если их не понимают, то и не слышат.

— Смирись. Не ты первая, не ты последняя... Да, я понимаю, конечно... Мрак. Но надо терпеть, терпеть надо. Ты же женщина!.. На теле? Это хорошо, под платьем не видно, хорошо, что не по лицу... Неделю?!! Ах, он подлец... А ты терпи, терпи. Встреть радостно, улыбнись...

Вот ты и виновата сама, зачем вопросы задавала? А надо было приготовить — что он у тебя любит?.. Вот, бараньи ребрышки бы и приготовила... Ну, милая, «денег не дает»! Ты ж работаешь! Возьми еще один накайон (уборку), купи баранину, приготовь, картошки нажарь. И бутылку поставь. Мужика удерживают вкусной едой и терпением... Вот, попрекнула. Останешься одна опять, без мужика, помнишь, как ревела?.. Да они все такие! Мужик должен быть! Какой-никакой. А то кто тебя уважать будет, одна, с ребенком?

Выхожу с чувством, что видела какой-то фильм о диких нравах, вроде как в пьесах Островского.

* * *

Вчера к нам пришла зима. Наверно, она по рассеяности не заглянула в календарь. Утро. Температура +2. Ураганный ветер, с сильным дождем и мелким колючим градом. Обещанного снега, правда, не дали, но и без него на автобусных остановках жмутся люди, с синими губами и красными носами, и радостно бросаются в автобус, где можно откинуть капюшоны и погреться.

В автобус входит религиозный мужчина. Он в черной шляпе, на которую для сохранности натянут полиэтиленовый пакет — шляпы дорогие, их беречь нужно. Встав в проходе, он наклоняет голову... и дождевая вода, уютно расположившаяся в выемке шляпы и на полях, выплескивается на сидящую пассажирку. Полкастрюли ледяной воды!

Она с визгом вскакивает, стряхивает, сливает с себя воду — она мокрая, как собака, вылезшая из пруда. Что она вопит и какие слова произносит, не важно. Понятно какие. Когда она останавливается, чтобы набрать воздуху, мужчина произносит одно тихое слово:

— Извини.

И спокойно садится на ее место.

* * *

В автобусе рядом со мной сидит ухоженная элегантная дама, лет семидесяти пяти, и с увлечением читает русскую газету. Я скосила глаза на заголовок статьи: «Каких женщин предпочитают мужчины».

* * *

Как можно в автобусе выронить из закрытой сумки футляр с очками — неизвестно, но мне это удалось.

Звоню в отдел «Потерь и находок» автобусной компании «Эггед».

— Здравствуйте! Мне кажется, я выронила очки в автобусе. Может быть, кто-нибудь их нашел и передал водителю?

— Когда это было?

— В среду.

— В каком автобусе?

— 72.

— В какое время?

— Часа в четыре.

— Какие очки?

— Очки для чтения, тонкая металлическая оправа, в кремовом футляре.

Радуюсь. Сейчас скажут: «Да, такие есть». Но слышу:

— Знаешь что? Ты приезжай. У нас этих очков — полным-полно!

А чего было расспрашивать так подробно? Приезжаю. В комнате сидят два скучающих мужика и едят лепешки со швармой.

— Приятного аппетита! Я по поводу очков.

Один неторопливо подымается и ставит передо мной ог-ро-о-мный картонный ящик, набитый очками. Перебираю. Моих нет. Грустно говорю:

— Спасибо! К сожалению, моих тут нет.
— Да? Ну зайди через недельку!
— Зачем? Пять дней прошло, уже не найдутся...
— Как зачем? Просто зайдешь, скажешь нам «Шалом!» и «Приятного аппетита!» Нам будет приятно!

***

Большинство иерусалимских водителей автобуса высокопрофессиональны. То, как они умудряются проводить автобус по узким горным улочкам, завернутым штопором, да и еще заставленным по обеим сторонам легковушками, — это ювелирная работа.

Но сегодня утром мне попался особый водитель. Немолодой, благообразный, в вязаной кипе. На маршруте давно, я его вижу не первый год. Ехал он так медленно, как будто должен был получить приз, если придет к финишу последним. Перед каждым зеленым светофором не увеличивал скорость, а наоборот, сбрасывал, чтобы дождаться желтого света и долго стоять на красном.

Вдруг он подрулил к остановке, на которой этот автобус не останавливается, встал и раскрыл двери. Пассажиры, опаздывающие на работу, дружно завопили.

— Чего ты встал? Это не твоя остановка!
— Как это, не моя?
— Не твоя! Поезжай дальше!

Водитель немного поспорил, но потом тронулся.

Днем этот автобус делает петлю, заезжая в зоопарк, но в утренние часы, до открытия, он к зоопарку не сворачивает. Наш водитель стал поворачивать к зоопарку.

Пассажиры: Ты куда? Ты что, еще не проснулся? Утром нет заезда в зоопарк! Поезжай прямо!

Водитель: Как нет? Есть!

Пассажиры: Зоопарк после девяти, а сейчас семь! Поезжай уже, мы опаздываем!

Водитель: Ничего не знаю! Я еду, как сказано в маршруте!

И упрямо сворачивает к закрытому зоопарку. На работу я уже опоздала, думаю, но впереди, кроме многочисленных светофоров, на которых он упорно зависает, никаких больше сюрпризов не будет.

Ха-ха!

Автобус подъезжает к одной остановке, водитель из него выходит… и исчезает из поля зрения. Пассажиры привстают на местах, вытягивают шеи, спрашивают друг друга, что случилось. Некоторые звонят на работу, объясняют, что задерживаются. Проходит пять минут, семь минут.

— Наверно, решил на трамвае доехать, так оно быстрее, — говорю я.

На десятой минуте водитель спокойно заходит в автобус. Пассажиры взрываются общим воплем.

Водитель: А что вы все кричите? Что такого произошло?

Пассажиры: Что произошло?!! Ты что, сумасшедший? Садись уже, поехали наконец!

Водитель (*не садясь*): И незачем так орать.

Пассажиры: Да поехали же!

Водитель садится и не спеша трогается с места. На каждую реплику пассажира в свой адрес он оборачивается, останавливает автобус и отвечает. Потом едет дальше.

Парень, сидящий на переднем сиденье, громко обращается к нам:

— Друзья! Не разговаривайте с ним! Видите, он не может одновременно говорить и ехать!

И вдруг все хохочут. Настроение меняется, народ обменивается веселыми репликами. Дорога у меня заняла полтора часа вместо получаса.

А я подумала, в России опаздывающие пассажиры в подобной ситуации этого водителя просто бы убили. А тут — удачная фраза, и напряжение исчезло!

***

Ехала домой с работы усталая, в набитом автобусе. День выдался какой-то сильно выматывающий, мечтаю добраться до дома и залезть в душ. Входит молодая женщина, с инвалидной палочкой и сложенным ходунком, встает рядом со мной. Я, кряхтя, подымаюсь и уступаю ей место.

Она усаживается, ставит рядом все эти причиндалы, достает мобильник и бодро говорит по-русски:

— Да, я купила маме палку и ходунок. Скоро буду.

Ну не просить же ее встать!

***

Приходилось ли вам терять мобильные телефоны? Где не только все номера (ни одного не помню наизусть!), но адреса, рабочий дневник, фотографии, музыка, фильмы, книги, список дней рожденья друзей и пр., и пр., и пр.

Раннее утро, набитый автобус. На улице вернувшаяся зима: дождь с ветром и градом. Дремлю, слушая музыку, мобильный в руке. Когда подъезжаю к своей остановке, сонная, сую мобильник в карман и вываливаюсь в толпе наружу, в проливной дождь. Музыка в ушах обрывается. Сую в карман руку... И понимаю, что положила телефон мимо кармана...

Связи с миром порвались, возвратилась в каменный век. Обозвала себя идиоткой. Добрела до работы. Послала израильским друзьям по электронной почте просьбу прислать мне свои номера телефонов. Набрала номер своего мобильника. Никто не ответил, и я вспомнила, что с утра забыла включить звук. Обозвала себя идиоткой снова. Написала письмо в автобусную компанию «Эггед» с описанием истории и просьбой со мной связаться, если вдруг телефон найдется.

Безнадёга. Сижу, вспоминаю, сколько важных телефонов и иных данных мне будет почти невозможно получить. Мрачно прикидываю: надо сообщить на работе (мобильник от нее), возможно, придется платить какой-то штраф — телефон-то Галакси-3, не жук начхал. Потом идти покупать новый аппарат. Хочется завыть, в унисон с погодой.

Обреченно набираю еще раз свой номер, чтобы послушать прощальные гудки. Мужской голос, на иврите:

— Доброе утро!

— А-а-а! Доброе утро! — еще не веря, дрожащим голосом. — Ты — водитель автобуса?

—Да.

—А я — хозяйка этого телефона... Тебе его передали?.. Я могу его получить?..

—Да. Я подъеду к твоей остановке через десять минут. Выходи.

Несусь. Подъезжает автобус. Водитель, улыбаясь, протягивает мне мой дорогой, дорогой мобильник!

Бормочу какую-то благодарственную чушь, прижимаю к себе найденного и, сияя, возвращаюсь на работу. Тут как раз и солнце выглянуло.

***

Напротив меня сидят двое мужчин, один читает молитвенник, другой явно из бывшего СССР. Он по-русски окликает вошедшего пассажира, крепкого усатого мужичка, лет сорока с хвостиком:

—Мое вам почтение!

Тот радостно отзывается, после чего следует его монолог, который я слушаю с все возрастающим интересом.

—Какой все-таки выразительный, богатый русский язык! Не то что этот иврит: пык-мык! Сочувствую, что у вас такой сосед (кивает на мужчину, читающего молитвенник) — терпеть их не могу, расплодились, как тараканы. И вот посмотрите на этих пассажиров — все сидят по одному, никто ни к кому не подсаживается, каждый только о себе и думает!

Или вот бывает: двойной автобус, а все садятся впереди, назад никто не пройдет! Идиоты! А вы заметили, что как этих эфиопцев в Израиль навезли, так транспорт стал ходить отвратительно? То ждешь по часу, то сразу три автобуса подкатывают! Вот передача была, что в Хайфе проблемы с автобусами, можно подумать, что у нас в Иерусалиме лучше!

А некоторые с собаками в автобус залезают — это вообще наглость: жарко, а тут еще псы эти вонючие! А как они гуляют с собаками? Те гадят везде, ходить невозможно! И еще коляски с младенцами — ненавижу, когда эти мамаши забивают автобус колясками — не пройти, да еще младенцы орут. Здесь детей вообще не воспитывают — ори не ори, никто слова не скажет! Вот и вырастают хамы!

А днем пробки, автобус в них застревает — как это меня злит, сказать вам не могу! Только старичье злит меня больше…

Тут я выхожу.

Это ж надо, какое четкое мироощущение, сколько всего вложено в один короткий текст!

А потом подумалось: меня раздражают и невоспитанные подростки, и неубранные собачьи какашки на улицах, и сбои в движении транспорта, и пробки. А когда в районе, где я жила, поселилось множество выходцев из Эфиопии, я оттуда сбежала в другое место… Может, мы не так уж с этим человеколюбцем и отличаемся?

* * *

Автобус подруливает к остановке. И к нему, понятно, спешат люди, опаздывающие на работу.

И вот, одна дама несется к автобусу, а в руках у нее — сумочка и мусорный мешок.

На бегу, она размахивается и забрасывает в мусорный контейнер… сумочку. И остается, растерянная, и ругаясь беспомощно по-русски, с мусорным мешком в руках. Автобус спокойно уезжает, а она все стоит, потому как достать что-то из наших гигантских контейнеров может разве что кошка.

У меня, глядящей в заднее стекло автобуса, двойное чувство.

Во-первых, я не могу удержаться от смеха — сценка для фильма Чарли Чаплина.

Во-вторых, я понимаю с ужасом, что это же — я, это обо мне! Каким чудом я удерживала до сих пор руку, отправляющую в мусорку что-то ценное, сама не знаю…

* * *

На автобусной остановке ко мне подходит парнишка лет пятнадцати. Симпатичный, чистенький. Обращается на хорошем русском языке:

— Простите, пожалуйста! Не могли бы вы мне помочь?
— Да?

— Дайте мне, пожалуйста, немного денег — на автобус.

На гладкой нахальной физиономии — плохо изображаемая застенчивость.

Отвечаю резко:

— Нет, не дам.

Подходит автобус, парень легко в него вскакивает передо мной, достает кошелек и покупает билет. Успеваю заметить, что в кошельке полно денежных банкнот.

Я уже сталкивалась с этой новой породой попрошаек — не убогий старичок в спецовке из лохмотьев, а спортивные молодые люди.

Но почему меня особенно злит, что парень из России?

* * *

Вчера был классический хамсин: не только +30, но воздух набит пылевой взвесью так, что плохо видна противоположная сторона улицы, а светофоры меняют цвет — пыль желтая.

Утром я пыталась работать, а к середине дня начала болеть голова, и я решила уйти пораньше, рассчитывая добраться до дому и лечь. Автобусы, которые обычно ходят раз в пятнадцать минут, упорно не шли. Пыль. Духота. Растущая на остановке толпа. Через час я решила плюнуть на все и взять такси.

Тут же подошли в связке три моих родных автобуса. Залезла я в один, набитый чуть меньше других, и сразу поняла, что ошиблась: кондиционер не работал, так что ощутила себя натурально курицей в духовке. Но кудахтать было поздно, и я села на единственное свободное место — рядом с религиозным молодым мужчиной, в черном костюме и шляпе.

Вообще-то, в Израиле это не принято: религиозные садятся по принципу мальчики-девочки — отдельно. Но тут у меня не было выхода, стоять в автобусе на наших крутых горных разворотах опасно.

Поэтому я решила: это ему религия не разрешает сидеть рядом с посторонней женщиной, а мне — нет. Если я ему мешаю, пусть он сам встанет. Но он не встал. К сожалению. Потому что +30, нет кондиционера, а на нем черный плотный пиджак… Со всеми вытекающими ароматами…

От духоты и жары в автобусе орало сразу несколько несчастных младенцев. Одуревший водитель, свекольного цвета, был не очень вменяем: какие-то остановки пропускал, то забывал открыть двери, под всеобщие вопли, то их закрыть. Один раз въехал на поребрик. В общем, неприятности поездки скрасились некоторым опасением, доедем ли мы без аварий.

Чтобы мало не показалось, кто-то из сидящих сзади юношей врубил на полную мощность восточную музыку, которую я не переношу абсолютно.

Ничего-ничего, повторяла я себе, я уже еду, скоро буду дома, там душ и лечь…

Ни фига. Автобус зарычал на подъеме на гору Гило — наш район, и сдох, остановки за четыре до нужной мне. Я выползла и, отплевываясь от пыли, повторяла себе: вот я уже почти дома, ходить вообще полезно, прогуляюсь…

Тут я ляпаюсь. Классика жанра клоунады. Разбиваю коленку и рву новенькие летние брюки, в которых собиралась еще долго ходить…

Дома я немедленно глотнула французского бренди, постояла под душем, намазала коленку йодом и рухнула в кровать. Так закончился этот прекрасный мартовский день.

**

Еду в автобусе. Две девушки, сидящие напротив, одновременно достают мобильники и начинают говорить: одна — по-арабски, вторая — по-французски.

Тут же моя соседка достает свой телефон и открывает беседу по-английски.

Чувствую дискомфорт. Хочешь — не хочешь, но беру свой мобильник и звоню приятелю — по-русски. Теперь все в порядке.

**

Рядом дом со мной на сиденье в автобусе плюхается дама необъятных габаритов и боком буквально вдавливает меня в стенку. Невольно ойкаю.

Дама *(благодушно)*: На диету садись — не будешь такой толстой!
Я *(задавленно)*: Спасибо, что сказала! Непременно!

* * *

В автобусе рядом со мной садится религиозная женщина неопределенного возраста. Черное пальто мешком, розовая вязаная шапка на парике, на ногах носки и «кроксы». Долго роется в необъятной сумке, пихая меня в бок острым локтем.
— Ты не могла бы не толкать меня?
— В своей машине езди, вы русские — все гои, понаехали в Израиль, проходу от вас нет, страну загадили, жить стало хуже, уезжай обратно в свою Россию, — отвечает она отработанной очередью.
Потом утыкается в молитвенник и некоторое время качается, шепча. Бросает молитвенник в сумку. Начинает страстно грызть ногти, сначала на одной руке, потом на другой.
— Не забудь на ногах погрызть, — не удерживаюсь я, выходя.

* * *

Ехала на работу. Вдруг в автобусе крик:
— Чья это сумка?!!
Пассажиры проснулись и оторвались от айфонов, закрутили головами. Хозяин серой матерчатой сумки, лежащей на сиденье, не отозвался.
Водитель подъехал к ближайшей остановке (на мою удачу, недалеко от моей работы), попросил всех выйти и вызвал спецгруппу.
Я быстро прошла вперед, пока место не оцепили.
Скорее всего, какой-то раззява забыл свою сумку, но береженого бог бережет.

* * *

Сижу, уткнувшись в мобильник. Сзади голос:
— Эй!.. Алё!.. Эй, госпожа, я с тобой говорю!.

Меня стучат по плечу, оборачиваюсь. Седая тётка, раздражённо:
— Ты почему не отвечаешь?!
— Не знала, что это ко мне, извини.
— Разменяй мне 100 шекелей!
— Не могу, у меня нет таких купюр.
— Как это нет?!! Я тебе говорю — разменяй!
Отворачиваюсь. Тётка на весь автобус:
— Посмотрите! Я ей говорю разменяй, а она не хочет!

***

Автобус, который обычно несётся в Тель-Авив без остановок, вдруг притормаживает у обочины.
Слышу бурный диалог и поднимаю голову. Юноша лет двадцати, одетый в ортодоксальный костюм, спорит с водителем.
— Я не буду платить!
— Тогда выходи!
— У меня удостоверение! — показывает что-то водителю.
— Это покажи своей бабушке! Плати карточкой или деньгами.
— У меня нет карточки!
— Тогда наличными.
— Не буду я платить.
Пассажиры, которым хочется ехать дальше:
— Да мы купим ему билет, поехали!
Водитель:
— У него есть деньги, но он постоянно катается бесплатно, я его знаю!
Юноша:
— Платить не буду!
Стоим. Взбешённый водитель вызывает полицию. Ждём.
Юноша сидит, надувшись, на первом сиденье и ждёт, когда всем это надоест, на него махнут рукой и поедут, как, видимо, бывало не раз.
Через 15 минут подъезжает полицейская машина. Заяц быстро достаёт деньги, оплачивает проезд, и вот мы едем дальше.

***

Мужик плюхается на сидение, вытягивает ноги и начинает громко и радостно петь известную песенку «Живи народ Израиля!»

Маска болтается на шее. Народ смотрит на него с молчаливым осуждением, а сидящая напротив дама обеими ладонями испуганно прижимает свою маску к лицу.

А в доковидную эпоху несколько человек обязательно бы подпели…

***

Как человек дремучий и далекий от точных наук, я — в восторге от всех новых штучек, типа флешек, цифровых камер и проч. Для меня это — чудо, и к тому же очень удобное и полезное.

Но вот оглянулась я вокруг сегодня. В утреннем автобусе — тишина. Все сидят или стоят с наушниками, у каждого в руках АйФон, АйПод или что-то такое. Одни упоенно играют в какие-то компьютерные игры. Другие покачиваются в такт записанных мелодий. Третьи тычут пальцами в кнопки, общаясь смс-ками с друзьями. Кто-то просматривает отснятый вчера сюжет или фотографии или рассматривает объемные карты городов. Кто-то разговаривает по тому же мобильнику, но никому не мешает — у всех уши заполнены своими звуками.

Никто ни на кого не смотрит, ни с кем не спорит, не вступает в контакт. У многих, погруженных в мир маленького экранчика в руках, сомнамбулический вид, часто они проезжают свою остановку. Эмоций не выражают, сходят, блаженно улыбаясь, с проводками, висящими из ушей, на ненужной им остановке.

Где яркие автобусные сценки, которые я любила наблюдать? Ничего не осталось, каждый блаженствует в своем личном колодце, остальные за плотной стеной.

Думая об этом, я чуть не проехала свою остановку, выскочила, слушая «После дождичка небеса просторны», в исполнении Елены Камбуровой.

***

Выход из автобуса полностью загораживает молодой мужик с детской коляской. Он медленно пятится к открытой двери, одновременно продолжая беседу со своим приятелем, который едет дальше. Ему нужно выходить и хочется договорить об интересном. От этих противоположных желаний он движется к выходу, но крохотными шажками, с паузами.

Вот так и я всю жизнь: бегу одновременно в разные стороны, потому что сразу хочется нескольких вещей, часто несостыкующихся. В результате одно тормозит другое.

***

Мужик сидит за мной и разговаривает по телефону:

— *переливчатым голосом)*: Дорогая, вы получили мою биографию?.. Да, я посылал на мейл дважды. ... Я тот, кто вам нужен!.. Я очень динамичный и ответственный!... Лучше меня вам не найти!... *(резко меняет тональность, рявкает)*: Что?!.. ДУРА!

***

зима глуха и недобра
в ней столько подлости
и не защита конура
от безысходности

не лечит боль словесный сор
душе не можется
и оставляют в днях зазор
кривые ножницы

ступени посреди зимы
все сплошь в подседине
в такой же степени и мы
в такой же степени

ЗЕЛЕНЫЙ ГРАНАТ

Родился в середине лета,
Был тих, несмел,
И к празднику, промедлив где-то,
Он не поспел.

Собратья в пурпурном дресс-коде
Пойдут на пир,
А он второго сорта, вроде,
Ведь не порфир.

Задумался в глубокой тени,
Но вот о чём?
Или решил идти, как Ленин,
Своим путём?

Или боялся, может статься,
Покинуть куст?
Мир полон всяких инноваций,
А вдруг он пуст?

Или от стихотворных строчек
В ночной росе
Он странно стал сосредоточен,
Не так, как все?

Мой взгляд, специально не сигналя,
Он зацепил,
Взглянула — и шагаю дале,
Но мне он мил.

(к празднику Рош а-Шана)

Блокнот третий

ИЕРУСАЛИМ

Я живу в Иерусалиме более тридцати пяти лет, с самого приезда в Израиль. Это обычная жизнь обычного человека, с ее суетой, хлопотами, радостями, огорчениями.

Но когда я выезжаю заграницу, где бы я ни оказалась: в европейских странах, в США, в странах бывшего СССР, в Южной Африке, наконец, любой собеседник, на свой вопрос о городе проживания слыша ответ «Иерусалим», — впадает в ступор.

На лице сложная гамма чувств: «не может быть!», «потрясающе!», «неужели я разговариваю с человеком, который живет в Иерусалиме?», «рассказать кому — не поверят!» Собеседник может быть человеком религиозным — не важно, какой конфессии, или светским. Но реакции одинаковы.

И тут я сама ощущаю, что — да, это необыкновенно, как жить в Эльдорадо, как жить в Атлантиде, как жить в Афинах при Перикле.

Ты живешь в городе с живой историей, где можно потрогать Время, коснуться рук древнего каменотеса, пройти по плитам, где ходили цари, воины, торговцы и летописцы, чьи имена наполняют старинные книги.

Ты живешь в городе, где на крохотном пятачке сосуществуют впритирку величайшие святыни трех главных религий мира. Тут сплелось столько мыслей, открытий духа, столько стихов, песен, мечтаний.

Тут наслоились друг на друга периоды высочайшего расцвета, величия и трагедия полнейшего разрушения и уничтожения всего живого, и всего построенного, и даже камни были раздроблены в мелкую пыль. Тут за тысячелетия пролито столько крови, что скалы могли бы из золотых стать алыми.

Это суетливый ближневосточный город, с его мелкими склоками, шумный, не очень чистый. Но стоит на минуту остановиться в будничных заботах, и ты вдруг слышишь гул Времени, переполненный словами, многоголосицей мыслителей и пророков. И кружится голова, и ты понимаешь, что «иерусалимский синдром» — особый вид безумия, когда гость Иерусалима сходит с ума и начинает пророчествовать на улицах, может коснуться и тебя.

И тогда ты скорее-скорее ныряешь в свои малые дела, потому что с этим ощущением надчеловеческой огромности трудно быть, как невозможно бесконечно выдерживать Мессу Баха, жить в Сикстинской капелле.

Но тень этого знания остается в потаенных закутках души — этой удивительной сопряженности твоей маленькой жизни и безмерности Иерусалима.

ПУРИМ

В набитый иерусалимский трамвай ввалилась банда парней, человек десять. Все в карнавальных костюмах, как и многие пассажиры. Парни встали в кружок и начали, притоптывая и прихлопывая, петь пуримные песни. Пассажиры радостно хлопали вместе с ними и подпевали.

Сквозь толпу к парням пробилась маленькая сердитая старушка, которая громко и возмущенно им сказала:

— Вы почему только тут поете?!! В нашей части вагона люди тоже хотят послушать!

И парни послушно прошли в другую часть, и там спели все с самого начала.

СТРАШНЫЙ ЗВЕРЬ

Возвращаюсь домой вечером, темно. Из моей парадной выглядывает человек. Спрашивает:

— Ты здесь живешь?

— Да.

— А ты не знаешь, чей это рыжий кот, который тут бегает?

— Мне кажется, ничей, тут много уличных кошек.
— Но это же ужасно!
— Что ужасно?
— Этот рыжий кот на меня напал! И я уже час тут стою и боюсь выйти!

Смотрю на него — крепкий мужик, лет тридцати пяти-сорока. Час боится выйти, потому что боится кота.

— А что, он тебя поцарапал?
— Нет! Но он на меня бросился! Я вот тут подобрал металлическую палку, чтобы защищаться, но все равно боюсь выходить!
— Хорошо. Давай выйдем вместе, хочешь?
— Хочу!
— Иди за мной и ничего не бойся.

Он идет за мной шаг в шаг, как индеец на тропе войны. Отвожу его от страшного места.

— Ну, все в порядке?
— Да, спасибо тебе.

Возвращаюсь к дому. А этого ужасного рыжего кота я знаю. Бандит, конечно, — ухо порвано, один глаз почти выцарапан в боевых драках за кошек. Я ему в жару воды наливаю в миску, и он всегда благодарно мурчит.

СТАРУШКИ

В просвет между дождями, на подсушенную слабым зимним солнцем скамейку, из своих ледяных квартирок сползаются старушки в мохеровых шапочках. Они усаживаются рядком в установившемся порядке, не менее строгом, чем расстановка во времена оны ондатровых пирожков на Кремлевской стене во время парада.

— Берта Моисеевна, вы не видели Александру Яковлевну?
— Нет, Эсфирь Исааковна, боюсь, не заболела ли она.

Стуча палочкой, подходит Александра Яковлевна и втирается на своё место между Раисой Давыдовной и Миррой Львовной.

Старушки обмениваются монологами, вежливо вступая только после того, как соседка останавливается, чтобы перевести дух.

Раиса Давыдовна свой слуховой аппарат всегда оставляет дома — так соседки ей не мешают говорить без пауз.

Старушки беседуют о музыке и политике, обсуждают вчерашний эпизод длиннющего сериала о запутанных любовных отношениях. Иногда ввинчивают ивритские слова.

— Тахана маркизет...*

— Моя никайонщица...**

Старушки хвастаются детьми, разлетевшимися по Земному шару. Гордо показывают фотографии внуков, растущих где-то в Канаде, Австралии, Германии, Японии, США. С внуками не поговоришь — нет ни одного общего языка, но они прекрасны и гениальны.

Пообщавшись, старушки расходятся по домам. Там у них всегда включен Скайп, они не умеют его выключить. И потом, вдруг он или она позвонит и спросит:

— Как дела, мама?

ЗАМОРОЗКИ В ИЕРУСАЛИМЕ

Ночью было ноль градусов.

Утром высунула из-под одеяла кончик носа. Нос сразу покраснел, потек и стал выдыхать две струи пара, подобно дракону.

Набиралась мужества выскочить из кровати — прыжок, как в ледяную воду, с повизгиванием. Из крана лилась талая вода, с омерзением умылась и быстро почистила зубы — рот свело от холода.

Потом рванула к шкафу (ну почему я не приготавливаю одежду на завтра с вечера?!!), полезла по стремянке к верхним полкам, где до сих пор лежат убранные на лето свитера. Дернула за рукав, все посыпалось на пол.

Корявыми заледенелыми граблями, проговаривая разные слова, влезала в одежки, пуговицы застегиваться не хотели, капризничая перед неловкими пальцами.

На чашку чая времени уже не осталось.

Зато на работе так хорошо! Тепло!!! Да здравствует труд!

---

* искаженное «центральный автовокзал» *(иврит)*.

** «никайон» — уборка *(иврит)*.

ПАРИЖ — МОЯ ПЕРВАЯ ЛЮБОВЬ
(После терактов в Париже)

В Париж я попала в 1990 году, и это был мой первый выезд из Израиля за границу. Друзья позвали, я махнула рукой на то, что денег нет на необходимое, что закончилась одна работа и еще не нашлась другая, что я оставляю сына на неделю с папой, приехавшим из Питера в гости и пытавшимся отговорить меня от этой авантюры...

Времени на подготовку не было: я успела только получить французскую визу и пролистать на бегу учебник французского языка для пятого класса, случайно завалявшийся в нашем багаже.

Самое поразительное, что Париж оказался не незнакомым миром, а совершенно неожиданно — городом моего литературного детства и юности. Гуляя, нет наслаждаясь каждым поворотом, нет, заглатывая город или, наоборот, растворяясь в нем, мы все время выстреливали цитатами, всплывающими из дальней памяти.

Читаешь на табличке: улица Вожирар. И произносишь: «В конце улицы Вожирар показалась величественная фигура Портоса». За Люксембургским дворцом мушкетеры сражались на дуэли. На Елисейских полях жил граф Монте-Кристо (а я-то была уверена, что раз «поля», то это пригород!). Нотр Дам де Пари — это Гюго. А в Люксембургском саду читаешь «20 сонетов к Марии Стюарт». Хотя сам памятник прославленной королевы показался вполне уродским.

И еще Париж оказался мне в размер. То есть высота домов, ширина улиц, чередование и сочетание парков, мостов, реки, площадей — были именно такими, как я внутренне ощущала идеальные пропорции своего города. Там неутомимо ходится, легко дышится, ничто не подавляет. Поразило уважение, которое на улице один человек оказывает другому, тем, что не вторгается в его личное пространство, а если вынужден пройти слишком близко к тебе, то произносит «Пардон!»..

Удивило, что на улицах Парижа главный не автомобилист, а пешеход. Который нахально переходит любой проспект на красный свет, а машины останавливаются и его пропускают. Помню, мы долго стояли перед трассой, ожидая для себя зеленого света и удивлялись, почему машины не едут. Тут из одной высунулся водитель и весело крикнул: «Рюс! Алле!»

Мы остановились в каком-то дешевом отельчике в Латинском квартале: там душ был этажом выше, туалет этажом ниже, а в комнате стояли только широченная неудобная кровать и биде. Но на это было наплевать — ведь мы в Париже!

Парижское метро — это отдельная поэма. Там душно, но работает оно четко. Мы поначалу смотрели с изумлением, как молодые французы, не платя, перемахивают через низкие раздвижные воротики входа, и, главное, их никакие гневные служительницы не останавливают. Обнаглев, мы стали следовать их примеру, уповая на то, что контролер по нашу душу не придет. Так оно и получилось. В поездах метро все время что-то происходило. Щуплая черноволосая девчонка, одетая под юную Пиаф, ходила по вагонам и пела ее репертуар под гармошку. Вполне убедительно пела. А уличный кукольник прямо в вагоне натянул свою ширму и показал какую-то забавную короткую пьеску с зайцем и лисой. Дети-пассажиры звонко хохотали.

Один раз мы спустились в метро, но не поняли, как называется эта станция. Стояли перед схемой линий, и тут я остановила проходящего мимо француза, выложив почти весь свой запас языка: «Пардон, мсье! У сон ну?» Он на меня вылупился, ткнул в название станции на схеме, а потом, уходя, все оборачивался, корчась от хохота.

Питались мы в основном багетами, дешевыми паштетами и сырами из супера. И пили копеечное вино, которое было одной цены с соками и водой. И только в последний день зашли в рыбный ресторан на Монпарнасе и, внутренне дрожа от страха — а вдруг не то скажешь?.. а вдруг не сможешь проглотить этот деликатес, и тебя позорно вытошнит на белоснежную скатерть?.. — заказали устриц, неизвестную рыбу и какое-то умопомрачительное белое вино. Метрдотель был с нами предупредителен и вежлив, помогал с выбором и всем своим обликом демонстрировал, что именно нас он ждал здесь всю свою жизнь. И ничуть не удивился, когда я попросила завернуть с собой красивые раковины из-под устриц. Что и было сделано аккуратно, почтительно, без единой ухмылки. Сыну ракушки очень понравились.

Про Лувр, д'Орсе рассказывать незачем — это счастье у каждого свое. Нет, одно расскажу. Я знала, что именно хочу посмотреть в Лувре, времени у нас было мало, и я решила, что на Джоконду взгляну, отмечусь и побегу дальше. Мне с детства не нравилась эта толстая неприятная тетка на марках и бесконечных репродукциях. Тогда картину еще не отгородили от публики, к ней можно было подойти близко, благо рядом никого не было. Я притормозила свой восторженный бег по залам… И дальше произошло то, что случалось со мной еще только дважды в жизни, позже. Картина втянула в себя, оторваться от нее было невозможно. Красива ли эта дама или нет, не важно, но лицо жило, меняло выражение, дышало… Ребята обнаружили меня перед картиной через какое-то время. Я оторвалась с трудом и потом еще шла по залам, ничего не видя вокруг.

А по Монмартру и Монпарнасу (одно звучание этих слов требует гррррассиррования) бродят такие тени! Модильяни и Сутин, Ван Гог и Гоген, Хемингуэй и Жан Кокто, Поль Элюар, Марсель Пруст, Сергей Дягилев и весь российский Серебряный век, бежавший от революции… Знаменитые рестораны «Куполь», «Максим», «Ротонда», где творилась художественная жизнь XX века. Мы постояли у Мулен Руж, вспомнили Тулуз-Лотрека. Денег на билеты у нас не было.

Но счастье просто бродить по этому городу, иногда садиться за столик уличного кафе и заказывать чашечку кофе или бокал вина. Смотреть на жизнь вокруг, на фонтаны, на проходящих людей, на влюбленные пары, которые в Париже так красиво целуются. И влюбляться в этот город все больше, и обещать себе и ему, что я обязательно, обязательно сюда вернусь.

ХУДОЖНИКИ-ПОЭТЫ

Зашла в иерусалимский Дом искусств на встречу художников, которые еще и пишут стихи. Это явление не такое редкое, но всегда интересное: как человек пытается себя реализовать в искусстве изобразительном и словесном, пересекаются ли эти две грани его творчества, дополняют друг друга, существуют ли отдельно, входят в конфликт? Да и вообще было любопытно, как работают сегодня в поэзии израильтяне.

Маленький зал был полон, лица хорошие, с печатью теонойи, божественного разумения. Стихи, которые я успела услышать (должна была убежать в середине), имели, несомненно, общее направление. Авторы делали все, чтобы лишить стих всех признаков стиха — ни рифмы, ни ритма, ни аллитераций.

В иврите добиться этого трудно, поскольку из-за единообразия системы ударений многие слова рифмуются или созвучны. Возможно, именно чтобы преодолеть эту присущую языку певучесть и легкость, стихи доводят до противоположной формы.

В принципе, то, что я услышала, были лаконичные бытовые зарисовки из нескольких фраз, которые, по идее, должны восприниматься как метафоры и философский взгляд на мир. Нечто, пересекающееся в этом с поэзией японской. Которая, правда, четко ритмизована.

Мне было бы куда интереснее, если бы выступающие показывали свои работы художников, а потом читали стихи — тогда заявка этой встречи была бы более оправдана. А так выходит человек, говорит о себе: я — живописец, я — театральный художник, я — скульптор. И совершенно непонятно, как его стихи соотносятся с другим его творчеством.

Единственно, у кого можно было получить впечатление от обеих ипостасей, это у организатора встречи, художницы и поэта Нади Адины Роуз. Ее композиции украшали белые стены зала, и стихи ее в точности гармонировали с ее работами.

Я не жалею, что там побывала.

МЫ — ВПЕРЕДИ ПЛАНЕТЫ ВСЕЙ!

В Израиле отмечается Международный женский день. Почему-то не 8 марта, как остальное человечество, а в любой день, когда это удобно финансово для того учреждения, где работаешь.

В этот день всех наших дам вывозят в какую-нибудь шикарную гостиницу, там их ждет богатый завтрак, потом какая-нибудь лекция о борьбе за права женщины в Израиле (я ее всегда пропускаю), затем концерт, отличный обед и раздача слонов (симпатичные и совершенно ненужные вещицы). Служащие мужеского пола работают, дамы отдыхают.

Так это было из года в год. Но в этом году произошли тектонические изменения. Открываю я почту и читаю: «Все сотрудники нашего учреждения приглашаются на День равенства полов, и дальше, в скобках, для непонятливых, вроде меня: Международный женский день».

Видимо, мужская часть сотрудников потребовала справедливости. И вот, на радость политкорректности и феминизму, на следующей неделе мы всем коллективом поедем равнять полы.

Светлый процесс, прямо по Выбегалле: «Мы… стираем противоречия… между умственным и физиским… между городом и деревней… между мужчиной и женщиной, наконец… В едином строю и сплоченными рядами. Спрячем же, товарищи, наши родимые пятна, у кого они еще пока есть, и протянем руку своей мечте!»

ПО ГАБАРЯМ? ПО ГАБАРЯМ!

Всеобщая забастовка в Израиле, объявленная нашим дорогим Гистадрутом, отменена. Ура.

Всеобщая забастовка — это сильно. Закрываются все учреждения, банки, больницы, поликлиники, школы, детские сады, разные службы, почти не работает общественный транспорт. Паралич. Мощное средство давления на правительство.

Как мы учили в школе, первые профсоюзы создавались, чтобы защищать интересы рабочих перед кровопийцами-хозяевами. Рабочий отчислял в фонд профсоюза что-то со своей зарплаты с тем, чтобы во время забастовки, вынуждающей живоглота сократить часы работы, оплачивать дни болезни и пр., не подохнуть с голоду. Во время забастовки профсоюз выдавал бастующим пособия на жизнь.

В Израиле разные профсоюзы объединились в Гистадрут, и он постепенно вырос в могучую богатейшую организацию, типа государства в государстве. И давно уже играет в свои игры, внешне окрашенные выцветшими словами о защите интересов трудящихся. Если Гистадрут объявляет забастовку, штрейкбрехером не может стать никто.

Даже если я не знаю, «за что» бастуем, или знаю, но не согласна с выдвинутыми требованиями, выйти на работу я не смогу — она просто будет закрыта. Притом забастовка идет за счет работающих — им никто эти дни не оплачивает.

В этот раз что-то не поделили министерство финансов и Гистадрут, и вот они, как это почему-то принято в Израиле, не сумев утрясти свои противоречия в течение недель, забили стрелку на последнюю ночь перед началом всеобщей забастовки. Почему именно ночью? Сталинский какой-то принцип работы.

А трудящиеся в шесть утра открыли новости, чтобы понять, идти им на работу или можно спать дальше. Да! Забастовка отменена. В три часа ночи пауки договорились. Можно выпить кофе и отправляться на службу.

НОВОСТНОЕ

Читаешь новости, и «черный прожектор в полдень мне заливает глазные впадины». Бойцы ИГИЛА опять кого-то распяли, сожгли на костре… Что-то запредельное.

Но не один ИГИЛ зверствует. Что-то подобное творят вооруженные уроды в Донецке, да и везде свои «фашики», нацисты, правоверные, готовые крушить, убивать. А по сути — все они одно и то же: юные отморозки, которых никогда ничему хорошему не учили, дорвались до оружия, до власти и упиваются ею. А какая идеология это подпитывает, абсолютно не важно — это только набор примитивных лозунгов, доступных их слабым мозгам и дающих чувство своей правоты — и стаи. Поскольку каждый из них в одиночку меньше, чем ноль.

А вся их деятельность сводится к одному и тому же: что-то рушить, кого-то пытать, насиловать, казнить. Напиваться или обкуриваться. Если получается, грабить ценности. Вот и все. Ну и где-то, само собой, есть большие дяди, которые этот праздник оплачивают и ловят свою выгоду.

Собственно, ничего нового не происходит, так было всегда, всю нашу человеческую историю. Опьяневшие от безнаказанности вооруженные победители вели себя всегда одинаково. Немцы в России, русские в Германии, японцы в Китае, белые и красные отряды во время Гражданской войны творили одинаковые зверства. Еврейские погромы — во все века и во всех странах, геноцид армян в Турции — и дальше, вглубь веков, куда ни кинь взгляд.

Да и тираны, дорвавшиеся до власти, ничем по своим вкусам не отличаются от самой последней шестерки своих банд. Саддам Хусейн и его сынок копили награбленные ценности, ели-пили, а для души развлекались насилиями и пытками. И Каддафи, и Сталин с Берией, и Туркмен-баши — все они одно и то же. Вся сладость власти для них — не создание, а разрушение. Иметь возможность убить, уничтожить.

Вот, скажем, Луций Корнелий Сулла, прозванный Счастливым, так начал свое счастливое правление:

«Из Рима преследование распространилось по всей Италии; от убийства влиятельных противников и богатых людей, перешли к убийству людей не важных, совершенно ничтожных, от убийства противников к убийству людей, державшихся в стороне от борьбы, даже к убийству приверженцев Суллы. Безнаказанность, награда за убийства, завладение имуществом внесенного в список проскрипций, уничтожение долгов вместе с кредитором, приятность мщения, приобретение милости Суллы влекли людей к убийствам. Сулле приносили головы убитых в дом его или на форум; головы выставлялись на форуме у ораторской трибуны.

Так, убийца проскрибированного, принесший Сулле голову в качестве доказательства, получал два таланта (40 кг) серебра, а если убийцей был раб, то он получал свободу. Доносчики также получали подарки. Тех, кто укрывал внесенных в списки, ждала смерть. Гражданства лишались сыновья и внуки осужденных, а имущество проскрибированных подлежало конфискации в пользу государства. Страсти свирепствовали необузданно по всей Италии несколько месяцев».

Похоже, что мы, как у Кэррола, всю Историю бежим с предельной скоростью только для того, чтобы остаться на том же месте. А чтобы прибежать в другое место, нам надо бежать в два раза быстрее.

СВЕЖИЙ ВЗГЛЯД

Знакомая актриса, дама немолодая и интеллигентная, работала в Израиле с проблемными девочками-подростками из семей наших бывших соотечественников. Рассказывает им о «Пигмалионе». Говорит:

— На балу профессор Хиггинс хотел выдать Элизу за герцогиню.

Девочки слушают с огромным интересом. Одна понимающе кивает:

— Она была лесбиянка, да?

ОЛЕ-ЛУКОЙЕ

Он над хорошими детьми раскрывает пестрый зонтик, и они всю ночь смотрят разноцветные сны. А над плохими — черный зонтик, и они с вечера до утра спят без всяких снов, как бревна.

Видимо, Оле считает меня хорошей девочкой, мне всякую ночь, что удается уснуть, показывают широкоформатное увлекательное кино.

Эй, Оле, ты ошибся! Я — совсем не хорошая девочка!

Так хочется проспать всю ночь, как бревно, без всяких сновидений, не просыпаясь…

ПЕРЕД ОЧЕРЕДНЫМИ ВНЕОЧЕРЕДНЫМИ ВЫБОРАМИ В ИЗРАИЛЕ

Вот не люблю я о политике, но допекло. Выборы в Кнессет у нас происходят раз в два — два с половиной года. Ни разу за все годы моей израильской жизни ни одно правительство не проработало полную каденцию — четыре года! Почему? Раздел пирога после выборов всегда кого-то не устраивает, начинаются раздоры, кто-то демонстративно покидает коалицию, правительство падает, и вся петрушка начинается сначала.

Предвыборная кампания стоит 2,5 миллиарда. Из кармана налогоплательщика. Предвыборная кампания — это неистовые потоки грязи друг на дружку и такие же неистовые обещания избирателям все наладить, все исправить, повысить, улучшить и, конечно, решить проклятый квартирный вопрос.

После выборов идет дележка министерств и постов, и дальше все снова-здорово. Тот, кто был бездарным министром сельского хозяйства, становится министром финансов или абсорбции, или образования. Какая разница? Лишь бы портфель отхватить. О предвыборных обещаниях никто не помнит, да мы уже и не ждем этого от них. Это их игры, которые мы оплачиваем и за которые отдаем голоса. Выбирая не между хорошим и плохим, а между совсем неприемлемым и наименее невозможным.

Я уже не говорю о том, что любой, самый ценный и нужный проект требует времени для его реализации. И два года, пока правительство еще сидит, проект только начинает раскручиваться. А потом смена караула — и полный караул! Проект забыт, выдвигаются новые проекты, которые так же сойдут на нет вместе с очередным правительством.

Мне кажется, эту порочную систему надо резко менять.

Во-первых, правительство, которое не смогло удержаться четыре года, должно вернуть в бюджет страны 2,5 миллиарда — каждая партия свой процент, по количеству полученных мандатов.

Во-вторых, пора изменить положение, что тот, кто пробился в высший эшелон власти, уже оттуда не слезает, что бы он ни натворил или же, наоборот, ничего не делал, а благополучно проспал на своем посту за огромную зарплату и все положенные блага.

Каждый избранник народа лично и каждая партия, пришедшая на наших голосах к власти, должны отчитаться о сделанном перед своими избирателями.

У партии были предвыборные обещания, программа? Отлично. Что из них осуществлено? Ничего? Тогда партия обязана самораспуститься, она не имеет права на политическое существование.

То же самое с конкретным министром и членом Кнессета. Если на своем высоком посту они не сделали ничего, эти люди обязаны уйти. И лишаются права в дальнейшем занимать ответственные посты, для которых они профессионально и интеллектуально непригодны.

При таком подходе у нас появится шанс, что в политику придут свежие люди, с живым умом и чувством ответственности. Что для нашей непростой страны — совершенно необходимо.

ПРОЦЕССЫ

Современные технологии изменили нашу манеру общения. Теперь не нужно спрашивать по телефону: «Алло, кто говорит?» Просто отвечаешь на звонок: «Привет, Петя!» Ушли в прошлое розыгрыши и обиды: Как, ты меня не узнал? Какая еще Наташа?!» Попробуй не узнай, когда и фотография появляется вместе со звонком, и имя написано — для полных склеротиков.

Есть люди (не я!), у которых поразительная память на номера телефонов. Сейчас она никому не нужна — один тык в имя — и говори.

На работу мне позвонил клиент с рядом вопросов. Прошу:

— Оставьте ваш номер телефона, я выясню и вам перезвоню.

Он отвечает с обидой:

— А откуда я его знаю? Я что, себе звоню?

Встретилась на улице со знакомым, с которым не виделись лет пятнадцать. Он говорит: «Привет! Как ты живешь, не спрашиваю, все знаю из ФБ». Действительно, вопрос стал лишним.

Стали неактуальны отговорки: «не позвонил, потому что все телефоны-автоматы не работали», «не оказалось двушки». Появились новые: «забыл подзарядить мобильник», «рухнул Интернет», «был вне зоны связи».

Про эпистолярный жанр уже молчу: эти чудные, многостраничные, литературные письма, с обязательным обращением в начале и теплыми прощальными словами, и именем в конце — ушли в прошлое, как коромысло.

Обращение и подпись не нужны — все есть в почте. Долгие описания? Да кто их будет читать, да и писать некогда. Грамотность — моя грамотность! — разваливается на глазах.

Прежде сделать в письме хотя бы одну ошибку было стыдно. Теперь пальцы скачут по клавиатуре, очепятка на очепятке, запятые проскакивают на место, почти извиняясь, скоро и их не останется.

Филателия — стала занятием типа коллекционирования шпор.

Нет, я не ностальгирую, я констатирую. Ужасно интересно, как оно дальше будет вытанцовываться!

АЭРОПОРТ БЕН-ГУРИОН

В свое время все мы жадно зачитывались «Аэропортом» Хейли. Притом что литературно вещь слабая, любовные линии схематичны, но подробно описанная работа самого аэропорта, сложнейшего организма, целого государства — увлекала почище любого детектива.

И тут я оказалась на экскурсии по израильскому аэропорту. Ну, я думаю, не у меня одной от вида взлетающих самолетов все взмывает внутри им вослед, хочется лететь немедленно!

Нас провели по внутренним помещениям, показали, как работает аэропорт сегодня, когда он обслуживает около 15 миллионов пассажиров в год. Аэропорт Бен-Гурион — самоокупающаяся организация, он не получает денег от государства, при этом ворочает миллиардами и продолжает расширяться, достраивать новые здания, терминалы и пр.

Каждый пассажир приносит доход. Чашечка кофе? Бутерброд? По цене обеда в ресторане. Лучше захватить бутербродик из дому. Основной Duty Free платит аэропорту за помещение около 140 миллионов долларов в год. Ха-ха! Стало понятно, почему там товары золотые!

Еще один источник дохода аэропорта — частные самолеты. Дома в гараже самолет не поставишь, и хозяева самолетов держат их в особой «конюшне» в аэропорту. Ну и платят за это соответственно. Это я пишу для тех, кто мучается проблемой стоянки для личного самолета.

У аэропорта три собственные электростанции: одна работающая, две запасные — на случай, если первая выйдет из строя. Как сказал наш гид, мощность ее такова, что аэропорт мог бы поставлять электричество государственной электрической компании Хеврат Хашмаль.

В ту секунду, когда пассажир заходит в здание аэропорта, он попадает в поле действия многочисленных скрытых камер слежения, Большой Брат следит за ним в любой точке, включая туалеты. Этого требует безопасность — аэропорт Бен-Гурион считается лучшим в мире в этой области.

В этом году из залов исчезли огромные «телевизоры», проверяющие чемоданы, и столы, где служба безопасности потрошила сомнительный багаж. Стало просто и комфортно: пришел, получил билет, сдал чемодан без всякой проверки — и иди себе на посадку.

Дело в том, что аэропорт установил суперсовременную электронную систему проверки багажа. Сданный чемодан проезжает четыре километра до места, откуда его грузят в самолет. Мы были в этих залах — над головами, на нескольких уровнях, несутся на лентах по разным направлениям чемоданы. Фантастическое зрелище!

Чемодан проезжает через систему проверки, напоминающую УЗИ, камера сканирует послойно все, что есть внутри. Если все в порядке, чемодан проносится дальше, по направлению к самолету беспрепятственно. Если что-то в чемодане вызывает сомнение системы, она отправляет его на боковую ветку, где его просвечивает еще более умная камера. Если и она сочтет содержимое подозрительным, то отправляет чемодан в помещение, где сотрудники безопасности проверяют его вручную.

Появлением этой системы мы обязаны члену Кнессета от арабской партии Ахмеду Тиби. Израильтянам этот персонаж известен как яростный ненавистник «сионистского оккупанта», но в данном случае он сделал доброе дело. Он подал жалобу в Верховный суд Израиля на то, что пассажиров-арабов в аэропорту обыскивают гораздо более придирчиво, чем других, и это их обижает и унижает. Верховный суд счел, что он прав, и аэропорт приобрел эту новейшую систему проверки, которая обошлась ему в пару миллиардов долларов.

Еще о безопасности. Есть раззявы-пассажиры, у которых отсутствует чувство времени. Да и со слухом, наверно, не очень, так как они не слышат объявления, в том числе и персональные: «Господина NN просят пройти на посадку!» А раззява застрял в Duty Free или увлекся Фейсбуком, а самолету пора улетать. Тогда — ох! — всех пассажиров выводят из самолета. Выгружают весь багаж, везут в аэропорт, и там пассажиры разбирают свои чемоданы. Тот чемодан, который остался на ленте, — и есть багаж раззявы, и уж этот чемоданчик служба безопасности распотрошит до микронов! Это тот случай, когда лучше перебдеть, чем недобдеть.

Еще нас провели в башню, где находится рубка диспетчеров: там куча умных мониторов и еще более умных сотрудников. И полный визуальный обзор летного поля: какой самолет садится, какой взлетает. В летний сезон это происходит каждые две минуты.

Ну, и в конце экскурсии нас пригласили в столовую для сотрудников аэропорта: там был шведский стол, огромный выбор всего и очень вкусно! А я сфотографировала табличку у входа в ресторан. Интересно, что объявление только на двух языках: на иврите и на русском. Видимо, немало наших бывших соотечественников работает в аэропорту!

СЕРГЕЙ ЮРСКИЙ ПРИЕЗЖАЕТ В ИЗРАИЛЬ

Собирается читать стихи и прозу, то, на что мы бегали в студенческие годы, стреляли билетики, пролезали без билетов сквозь все кордоны.

Это было время, когда первый секретарь ленинградского обкома Романов, образцовый советский монстр, самодур и озверелый антисемит («все евреи — это граждане страны, которая всегда является нашим потенциальным противником» — его высказывание), вытравил из города цвет деятелей культуры: процесс Бродского, процесс Константина Азадовского. Аркадий Райкин вынужден был уехать вместе со всем театром, позже была травля Довлатова…

Лица Сергея Юрского Романов не мог видеть физиологически: когда где-то на телевидении Юрский был показан вскользь, Романов визжал от бешенства.

Сергей Юрьевич и Наталья Тенякова уехали в Москву. И Юрский, пока не нашел работу в театре, стал готовить свои программы чтения стихов и прозы. Его выступления в Ленинграде были редкими, потому что при Романове директора залов боялись давать площадку опальному артисту.

Мне кажется, что чтение стихов — куда как более тонкая и сложная материя, чем игра в театре или кино. Потому что поэзия, которая тебе близка — это что-то глубоко интимное, задевающее самые сокровенные струны твоей души. Поэзия — это о тебе самом, и у каждого она звучит своим голосом, своими интонациями. Поэтому так мучительно непереносимо бывает чужое чтение «твоих» стихов, как ножом по стеклу.

А вот те стихи, которые я слышала в исполнении Юрского, я всю жизнь читаю только так, только с его интонацией, настолько она потрясающе точна и убедительна.

И вот сегодня это все будет в Тель-Авиве. Это будет встреча с Сергеем Юрским, с поэзией и со своей юностью.

ЮРСКИЙ В ТЕЛЬ-АВИВЕ

Это было невероятно!

Я ехала в театр с некоторым опасением. Все-таки 80 лет. И пластика уже не та. И голос, возможно, слушается не как раньше, а немного дребезжит. И память на знакомых стихах где-то дает сбои.

Черта с два! Как интонирует, как двигается, какая ювелирная точность интонаций и каждого жеста! А память!..

Как его любимый герой Мольер, на сцене Юрский сбрасывает годы и недомогания и демонстрирует мощь своего актерского дарования.

В первом отделении, среди прочего, был Бабель, рассказ о гибели в ЧК Фроима Грача. И глава из «Жизни господина де Мольера» Булгакова, именно та, где Мольер в королевском дворце проваливается, играя трагедию Корнеля, а потом оборачивает провал в триумф, сыграв своего «Влюбленного доктора».

«В глазах у влюбленного врача вдруг посветлело. Он понял, что слышит что-то знакомое. Делая привычные паузы перед репликами, чтобы пропускать валы хохота, он понял, что слышит знаменитый, непередаваемый, говорящий о полном успехе комедии обвал в зале, который в труппе

Мольера назывался «бру-га-га!». Тут сладкий холодок почувствовал у себя в затылке великий комический актер. Он подумал: «Победа!» — и подбавил фортелей. Тогда последними захохотали мушкетеры, дежурившие у дверей. А уж им хохотать не полагалось ни при каких обстоятельствах».

Сергей Юрьевич рассказал, что оказался вместе с Еленой Сергеевной Булгаковой в Чехословакии, когда там вышел на чешском роман «Мастер и Маргарита». И это было как раз в августе 1968 года. Ночью в Прагу вошли советские танки. И что они все тогда чувствовали, и как кружным путем, через всю Европу возвращались домой…

Второе отделение прошло под знаком Бродского. Они были дружны, хотя Бродский недолюбливал театр вообще и не одобрял актерскую манеру исполнения стихов. При последней встрече Бродский сказал Юрскому: «Я напишу специально стихотворение, посвящу его тебе. Вот ты его и читай».

Уже после смерти поэта Юрскому попался новый сборник Бродского, где он увидел стихотворение-пьеску «Театральное», посвященное ему. И он его нам показал, в чуть сокращенном виде.

Кто бывал на выступлениях Юрского, знает, что он не просто читает, он играет текст, всю полифонию характеров и реплик, меняя мгновенно голос, рост, возраст и характер персонажей. Какая техника! Какое высочайшее мастерство!

Зал «Нога», большой и поразительно неудобный, где коленки упираются в предыдущий ряд, а локти соседей подпирают твои бока, был полон под завязку. Десять человек, друзей Сергея Юрьевича, сидели на сцене, в зале для них места не нашлось. Зажатая вместе с букетом в середине ряда, я поняла, что никак не смогу выбраться к сцене, чтобы вручить цветы. Но углядела в первом ряду единственное на весь зал пустое кресло и после антракта бросилась к нему. Мне повезло — хозяин не пришел.

Когда в конце зал взорвался аплодисментами, я отдала букет и успела сказать: «Сергей Юрьевич! Для тех, кто вырос в Ленинграде, Вы — составляющая часть жизни и почти член семьи!» Не уверена, что Юрский меня услышал. Он был бледен, еле стоял и на бис ничего не прочёл. Выложился полностью за вечер, и, возможно, та волшебная сила, которая держит любого актёра на сцене вопреки возрасту и всем «не могу», его уже отпустила.

Это был вечер-чудо, вечер-подарок. Совершенно незабываемый.

В ЦЕНТРЕ РЕМОНТА МОБИЛЬНЫХ ТЕЛЕФОНОВ

— Девушка, ваш Айфон будет готов через два часа.
— Как?!! А что же я эти два часа буду делать?!!

«КАКИЕ НЫНЧЕ СТОЯТ ПОГОДЫ?» — «ПРЕДСКАЗАННЫЕ!»

Всю прошлую неделю прогноз обещал температуру «ниже обычной» и выполнил обещанное. Вся эта неделя обещает быть с температурой «выше обычной».

Обычная температура — это не для нас. Израиль — очень маленькая, но очень гордая страна!

ДЕТЕКТИВНАЯ ИСТОРИЯ

Подхожу сегодня к зданию, где работаю, звонок. Кому я понадобилась в 7:20 утра?

— Таня, как ты могла! Почему ты мне не позвонила, что не надо приходить? Я полчаса пыталась войти, дверь заперта, ты подходила к двери, смотрела в глазок и не открыла!!! Я звонила, стучала, звала тебя: «Таня! Таня!»...

Я обалдеваю. Это моя уборщица Лиза, милая, спокойная женщина. Я ей отдала ключ, она приходит и убирает, когда ей удобно, а я возвращаюсь в сияющую чистотой квартиру. А тут какая-то дикая история, она в истерике.

— Лиза, подожди...
— Я от тебя не ожидала!.. Я уже вернулась домой! А на мобильнике моём кончились деньги, я не могла тебе позвонить...

— Лиза, успокойся, отдышись! Я на работе. Ушла в 6:30, дверь заперла, как обычно, деньги для тебя на столе. Замок я не меняла. И ты себе можешь представить, чтобы я была дома и тебе не открыла?

—Хорошо… Ладно… Я сейчас опять к тебе пойду.

—Я тебе перезвоню, когда ты подойдешь к дому. Перезваниваю.

—Лиза, может, ты пыталась не тем ключом открыть — они все похожи?

—Да я всеми тремя ключами полчаса пыталась открыть!

—Ну, если кто-то подходил изнутри к запертой двери, это мог быть только вор, который забрался в дом через открытый балкон и защелкнул изнутри задвижку.

—Ой, Таня! Я уже около твоей двери! Я боюсь!

—Попробуй все-таки открыть. Если будет то же самое, уходи, а я вызову полицию. Не отключайся, оставайся на связи!

—Ой… Вот я вставляю ключ… Открыла!

—Ну как, в доме нет следов вора?

—Не-ет… Все как обычно…

—Лиза, тогда осталось одно объяснение. Ты не дошла до моего этажа, а пыталась войти в квартиру ниже!

—Ох, то-то я заметила, что на лестничных окнах картины не стоят, подумала, убрали… А сейчас я проходила, да, стоят, как и раньше…

Вот соседи удивились, что в семь утра кто-то упорно пытается войти к ним! Хорошо еще, что полицию не вызвали.

ПОЛЕТ В ПИТЕР

Как всегда, приключение началось сразу. Маршрутное такси, везущее в аэропорт, пришло вовремя, я уселась, и внутри закрутились радостные колки, настраивая нутро на полет. Такси долго-долго крутилось по Иерусалиму, по самым дальним районам, собирая пассажиров поштучно, десять районов — десять человек. Через полтора часа мы выехали на трассу и погнали к аэропорту. Вдруг на середине пути движение встало. Сорок минут стоим. Пассажиры нервничают, жалуются, что опаздывают, дергают водителя понапрасну. Потом все стронулось с места. По краям дороги стояли военные машины и солдаты, видимо, что-то проверяли.

В аэропорту я стала в хвост очереди к стойке регистрации на Петербург и предварительную проверку службы безопасности. Очередь извивалась анакондой, проверка тянулась долго. Я стою расслабленно, поскольку уже на месте, внутри отработанной системы приема пассажиров. Наконец, я получила наклейку на чемодан и повернула к стойкам. Ап! Есть какие угодно рейсы — в Москву, Мадрид, Майорку, но на Петербург — нет.

В растерянности качу чемодан к окошку информации.

— Простите, а где регистрируют билеты на Петербург?

— На Петербург? Регистрация уже закончилась — где вы были раньше?

— Стояла в очереди на проверку... Что же мне делать? Я лечу к маме на юбилей, ей 80 лет...

— К маме на юбилей? Подождите, попробую что-нибудь сделать.

Звонит по телефону.

— Ирит, тут дама опоздала на регистрацию на Петербург. А ее маме исполнилось 80 лет... Да? Примешь? — И мне: — Бегите к 59-й стойке!

Девушка на 59-й стойке молниеносно оформляет мне билет, принимает чемодан и говорит:

— Бегите быстро! Посадка через три минуты! Маме здоровья до 120-ти!

Нет, все-таки Израиль удивительная страна!

Несусь. На проверку ручной клади нагло пробиваюсь сквозь поток недовольных пассажиров. Паспортный контроль, минуя все очереди, прохожу в секунду — «по руке» — молодец я, что оформила это прежде! И дальше большими скачками по горизонтальным эскалаторам, перепрыгивая через чужие сумки — к терминалу. На бегу оглядываюсь на Duty Free, где объявлены огромные скидки на «Курвуазье» — эх! Но подлетаю к терминалу как раз к моменту, когда чинно заходит последняя порция пассажиров.

Лечу!

ЭХ, ХОРОШО БЫТЬ ТЕРРОРИСТОМ!..

Поехала в больницу Хадасса Эйн-Керем на очередной прием к ортопеду после перелома ноги. Сижу в коридорчике перед кабинетом и радуюсь четкости работы системы: регистрация, рентген — все быстро, приветливо, без опозданий.

Медсестра-распорядительница с улыбкой наклоняется ко мне:

— Сейчас предыдущий пациент выйдет из кабинета, следующая вы.

Чтобы не задерживать врача, я отстегиваю свой рыцарский сапог, фиксирующий стопу, а это небыстрое дело. И понимаю, что поторопилось. Отделение ортопедии конечностей похоже на улей, все гудит. По узкому проходу проносятся каталки с лежачими, инвалидные кресла с сидячими, неуклюже ковыляют пациенты с ходунками и на костылях... А я только все дальше под стул запихиваю свою беззащитную ногу, ярко представляя, как это все по ней проезжает.

Вот выходит посетитель от врача, я радостно поднимаюсь — ап! В коридоре появляется группа: невысокий молодой араб со скованными руками, которого сопровождают четыре дюжих полицейских. Вся эта команда заходит в кабинет к моему ортопеду.

Медсестра говорит, извиняясь:

— Простите, но они всегда проходят без очереди.

Я понимающе киваю.

— Террористам везде у нас дорога?

Поскольку дама из России, она смеется.

Наконец, сводного брата выводят. Профессор-ортопед, литой красавец, с удовольствием просматривает мои снимки, говорит, что кости срослись как надо, дает рекомендации, и мы прощаемся, надеюсь навсегда.

ИЗ ПИСЬМА КЛИЕНТА

Он жалуется на разные обстоятельства, а в конце присовокупляет: «Нет правды на земле. Но правды нет и выше», как верно заметил Александр Солженицын».

ИСКРЕННИЙ ЧЕЛОВЕК

— Танечка! Привет! Как давно тебя не видела!
— Привет!
— Я сначала на юбку обратила внимание, а потом подняла глаза — а это ты!
— Ну, понятно, юбка важнее! — шучу я.
— Нет, но юбка же красивее лица, — искренне говорит она.

БЕНГТ ЯНГФЕЛЬДТ. «РАУЛЬ ВАЛЛЕНБЕРГ. ИСЧЕЗНУВШИЙ ГЕРОЙ ВТОРОЙ МИРОВОЙ ВОЙНЫ»

Рауль Валленберг, как и Януш Корчак, был любимым героем моего отца. Мы знали о нем немного, но главное. Швед, из богатейшего клана Валленбергов, банкиров и предпринимателей, в 1944 году состоял в дипломатической миссии в Будапеште. В это время особый отдел СС, под руководством Адольфа Эйхмана, начал операцию по уничтожению венгерских евреев. Отработанная за предыдущие годы система не давала сбоев: евреи были отделены от коренного населения и эшелонами вывозились в Аушвиц, где уничтожались сразу или через малый промежуток времени. За короткое время в крематориях Аушвица погибло больше полумиллиона венгерских евреев.

Рауль Валленберг, по собственной инициативе, занялся спасением евреев Будапешта. Сотнями раздавал шведские паспорта, действовал бесстрашно и энергично. И спас тысячи жизней. Когда пришла Красная Армия, Валленберг был арестован, и с этого времени о нем сохранились противоречивые свидетельства, но достоверно одно: он погиб в системе ГУЛАГа. Хотя советская сторона десятилетиями продолжала настаивать, что такого заключенного у них нет, и не было никогда.

Институт Яд Вашем присвоил Раулю Валленбергу статус Праведника Мира, его именем названы улицы в Будапеште и в Израиле.

Это то, что мы знали.

Бенгт Янгфельд занялся розысками информации о Валленберге в 90-е годы, когда в России открылись архивы, в том числе и спецхран КГБ. Ему удалось раскопать все, что не было уничтожено, и восстановить картину гибели Рауля. Но кроме этого, он поднял семейные архивы Валленбергов, письма, фотографии и написал биографию яркого, незаурядного человека — на фоне времени и различных политических и экономических интересов.

Рауль был с детства окружен вниманием и любовью: мать, отчим и сводные брат с сестрой обожали его. Дед, Густав Валленберг, полжизни бывший послом в разных странах, оплачивал его образование и способствовал формированию личности мальчика через постоянные письма.

«Пусть сбудется все то, о чем я постоянно думаю, — что ты вырастешь способным человеком, который сделает честь нашей семье».
ГУСТАВ ВАЛЛЕНБЕРГ —
Раулю Валленбергу
в день его 23-летия, 1935 год

Рауля готовили к серьезной деятельности предпринимателя и банкира: он изучал языки и военное дело, в США окончил курс архитектуры, в Кейптауне и Хайфе проходил практику работы в банке.

Все, кто его знал, отмечают, что Рауль был невероятно обаятелен, коммуникабелен, красноречив, полон неординарными идеями. Все это пригодилось ему, когда он добровольно согласился возглавить операцию спасения будапештских евреев. Формально он был шведским дипломатом, и роль его ограничивалась наблюдением за происходящим и отчетами в МИД. Реально, его направила в Будапешт еврейская община США — ради спасения людей, она же снабдила его необходимыми средствами. Раулю тогда исполнилось тридцать два года.

Валленберг создал собственный штаб, в основном из евреев, и работал больше всех, молниеносно приспосабливаясь к все время меняющейся политической ситуации, действовал сразу в нескольких направлениях, мгновенно находил решение проблемам, которые обрушивались на его группу по много раз на дню.

Он не только раздавал охранные шведские паспорта, но нашел для людей жилье, снабжал их продуктами, организовал медицинскую помощь. Одновременно вел переговоры с венгерскими и немецкими властями. С немцами обсуждал план обмена евреев на деньги и товары. С венграми говорил о приближающейся Красной Армии, и о том, что спасение евреев им зачтется по окончании войны. Раздавал взятки. Кого-то из чиновников угощал обедом с обильными возлияниями (сам почти не пил), всякий раз выбивая какое-то послабление для евреев. Когда из-за бомбежек, стало невозможно ездить по городу на машине, Рауль пересел на велосипед.

В октябре 1944 года немцы устроили в Венгрии политический переворот, свергли Миклоша Хорти, который пытался заключить мир с Советской Россией, и вместо него сделали регентом Ференца Салаши, правого националиста. Положение евреев резко ухудшилось. Их стали гнать в «маршах смерти» на работы в Австрию и Германию. По дороге не кормили, издевались и пристреливали больных и упавших. Пьяные мальчишки, четырнадцати-пятнадцати лет, из организации «Скрещенные стрелы» врывались в дома гетто, избивали, насиловали, убивали. Связывали людей по трое, стреляли в стоящего в центре и сбрасывали в Дунай.

В этой безумной обстановке Валленберг делал невозможное: вытаскивал евреев из «маршей смерти», возвращал из штабов салашистов, где их избивали и пытали. И все время рисковал жизнью.

«Он был, возможно, единственным человеком, имевшим по-настоящему значительное влияние в Будапеште. [...]

В то время проходила крупная операция по спасению [евреев]. Но именно он был тем, кто выступал с инициативой, давал нам силы, действовал личным примером. Он сам был противоположностью всему тому, что происходило в Будапеште».

АРИ БРЕСЛАВЕР на процессе против
Адольфа Эйхмана, 1961 год

В январе 1945 года советские войска вошли в Будапешт. На дверях дома, где работала группа Валленберга, заранее повесили надпись на русском языке: «Шведская миссия». Но это не защитило от грабежа и мародерства.

«Ближе к вечеру того же дня первые советские солдаты уже колотили во входную дверь. Берг (*один из сотрудников Валленберга. — Т.Р.*) надеялся, что «час долгожданного освобождения пробил». Он ошибся — «немецкие преследования евреев, салашистские погромы и даже ужасы блокады блекнут подобно невинным детским сказкам перед драмами террора, которые предстояло пережить городу». Дело в том, что после захвата Буды советские солдаты получили сорок восемь часов на «свободное разграбление».

Это привело к грабежам и изнасилованиям невиданных масштабов. Изнасилованиям подверглось около 10% населения Будапешта, пожилые и молодые, в первую очередь, конечно, женщины, но в некоторых случаях и мужчины тоже.

Петер Цвак, семья которого пряталась в подвале «дома Валленберга» на улице Минервы, вспоминал, что большинство солдат были родом из Средней Азии, а на руках у них от запястий до подмышек красовались награбленные часы: *«Они врывались в дома и уводили женщин, утверждая, что те нужны им, чтобы чистить картошку. Мы спасли нашу мать, уложив ее в кровать, накрыв одеялами и сев сверху. Солдаты выпили флакон ее одеколона и убрались прочь».*

К этому моменту Валленберг был уже в Москве. Он сам поехал на встречу с маршалом Малиновским, надеясь уговорить его спасти беззащитное гетто. С собой у него был его личный план восстановления Венгрии после войны и начало художественного шпионского романа, который Рауль начал писать в часы вынужденного бездействия. Кроме того, его «студебеккер» был набит деньгами и ценностями, которые ему доверили евреи и венгры, чтобы он вывез их в нейтральную Швецию и сохранил для владельцев. До Малиновского он не доехал, пришел приказ из Кремля, скорее всего от самого Сталина, Валленберга арестовал СМЕРШ и препроводил на Лубянку.

На допросах Валленберг рассказывал о своей миссии в Будапеште по спасению евреев, а следователь все пытался выстроить из него немецкого и американского шпиона. Конечно, ни в голову следователя, ни в голову начальника СМЕРШа Абакумова, ни Сталина — не могло втемяшиться, зачем представителю шведской финансовой элиты рисковать жизнью ради спасения чужого для него народа.

Поскольку арест дипломата нейтральной страны был фактом беспрецедентным, а в Венгрии царил хаос, то советское правительство спокойно и нагло врало на все шведские запросы, что Валленберга у них нет, и, скорее всего, он погиб от бомбежки или рук салашистов.

Когда в 1947 году запросы снова активизировались, было приказано убрать Валленберга по-тихому, и того либо расстреляли, либо, скорее всего, ему сделали укол ядом, дающий внешние признаки смерти от инфаркта.

17 июля 1947 года начальник санчасти Лубянской тюрьмы Александр Смольцов направил рапорт министру Государственной безопасности Виктору Абакумову:

«Докладываю, что известный Вам заключенный Валленберг [sic] сегодня ночью в камере внезапно скончался предположительно вследствие наступившего инфаркта миокарда. В связи с имеющимся от Вас распоряжением о личном наблюдении за Валленбергом прошу указания, кому поручить вскрытие трупа на предмет установления причины смерти».

На рапорте есть следующая приписка, сделанная рукой Смольцова: *«Доложил лично министру. Приказано труп кремировать без вскрытия. 17/VII Смольцов».*

Раулю Валленбергу тогда было тридцать пять лет.

Бенгт Янгфельдт пишет:

«Осенью 1944 года линия фронта между двумя великими тоталитарными идеологиями XX века проходила через Будапешт. Рауль Валленберг попал под перекрестный огонь. Одержав победу над одной из идеологий, он пал жертвой другой».

После чтения книги у меня возникло чувство острой утраты близкого человека, о котором знаешь все, с самого его рождения.

ШАББАТНЕЕ

Вышла на свою вечернюю прогулку. Навстречу два старых религиозных еврея, в накинутых на плечи полосатых талесах, идут из синагоги. Один что-то говорит другому, и оба решительно направляются ко мне. Так, сейчас начнется: «как тебе не стыдно», «еврейская женщина в шортах и в майке — позор», «русская проститутка»…

— Добрый вечер! Ты здесь живешь?
— Добрый вечер, да.
— Посмотри туда, над аркой — видишь, хозяева поставили на окно ведро! Оно ведь может упасть и ранить кого-нибудь! Надо бы им сказать, это опасно!
— Вы совершенно правы. Я скажу моим знакомым, которые живут в этом доме.
— Будь здорова! Шабат шалом!
— Шабат шалом!

ИОН ДЕГЕН

И было мне вчера счастье. Я давно знаю военную прозу Дегена, читала его стихи, страшные и пронзительные, написанные на фронте, под огнем. Фронтовик, хирург, писатель.

А вот вчера познакомилась лично. И скажу — он прекрасен! Яркая образная речь, ясный ум, немыслимое обаяние. И это в 90 лет! И после всего пережитого! Дай бы бог каждому. И Иону с его чудесной женой — здоровья и долголетия!

В числе прочего Ион рассказал крохотный эпизод, после дня тяжелого боя.

— Я сидел совершенно без сил, спиной опирался о ствол маслины. Где-то раздался выстрел. Дым. На танкошлем мне упала веточка малюсенькая. Я ее даже не смахнул. И у меня появилось стихотворение. Я ничего не выдумывал.

> *Воздух вздрогнул. Выстрел. Дым.*
> *На старых деревьях обрублены сучья.*
> *А я еще жив. А я невредим.*
> *Случай...*

ЗЛОБНОЕ

Когда в 4 часа утра на улице кто-то радостно заорал в мегафон:

ДОБРОГО ТЕБЕ УТРА, НАРОД ИЗРАИЛЯ!!! —

я отчетливо поняла, что в моем доме не хватает пулемета Дегтярева.

УТРЕННИЙ ВИЗИТ

Сейчас позвонили в дверь две дамы, я открыла. Они просияли, и одна говорит по-русски:

— Как хорошо, что мы вас застали! Ваши соседи сказали, что вы из России?

— Да.

Она достает маленький лэптоп:

— Вот посмотрите, что сказано в Святом Писании, буквально несколько строчек...

На автомате я ответила:

— Ради бога, не надо!

И закрыла дверь. Так и не знаю, что сказано в Святом Писании.

НА КАКОМ ЯЗЫКЕ?

Пятилетний ребенок в автобусе злобно орет своей тихой маме:

— ДАЙ! ДАЙ!

Подумала, а на каком языке он вопит — по-русски, на иврите («дай!» — «хватит!») или, чем черт не шутит, по-английски?

ЖИВАЯ РЕАКЦИЯ

Звонит коллега, просит найти документ.

— Подожди немного, найду и перезвоню. Извини, я сегодня двигаюсь не быстро, утром разбила коленку…

— Да?!! Ой, ты знаешь, я четыре года назад тоже разбила коленку! Понимаешь, упала на ровном месте и так грохнулась! Брюки новые порвала, так жалко было, хорошие такие брюки, «Бенеттон», думала их все лето носить, а тут упала, и прямо на коленке дыра, можно было заплату поставить, но это ведь некрасиво, а нога потом целый месяц заживала, я боялась, что след останется, потому что очень болело, но обошлось, мне дочка тогда сказала, чтобы я была осторожной…

— Так я тебе перезвоню.

НЕПОДДАЮЩИЕСЯ

Напротив меня в автобусе сидят два мальчишки. Не уткнулись носом каждый в свой АйФон, а играют в самодельные карты.

То есть, сами вырезали из бумаги, сами разрисовали, придумали условия игры (какие-то они проговаривали цифры) и увлеченно играют! Не в стрелялки на компе, а в свою игру!

Странные такие. Так было радостно на них смотреть!

КОМПЛИМЕНТ

Во время моей утренней прогулки перед работой я прохожу мимо школы. Сегодня некоторое время моей спутницей была школьница лет восьми. Я отметила, что мы с ней в одинаковой цветовой гамме — черное с оранжевым. Подошли к школе вместе.

Подружки, ожидающие у ворот, окликают девочку:

— Лея! Это твоя мама?
— Нет, я ее не знаю!
Иду дальше, радуюсь: сказали «мама», а не «бабушка»! Впрочем, что эти малявки понимают в возрастах?

БЕСЕДА

Улица Короля Георга, довольно широкая для Иерусалима. Рядом со мной на остановке стоит благообразный старичок. Вдруг он громко орет:
— Эй, ты!!!
Кому это он? Оказывается, пожилому дядьке, который развалясь сидит на табуретке у входа в свой магазинчик на противоположной стороне улицы. Дядька оглядывается, видит старичка и орет в ответ:
— Это ты мне?!!
— Тебе! Ты что делаешь?!!
— А что?!!
— А ничего! Ты выбросил пакет на дорогу!!!
— Ну и что?!!
— А то!!! За это штраф полагается — тысяча шекелей!!! В мусорный ящик надо бросать!!!
Этот диалог идет через трехполосную трассу, по которой несутся автомобили и автобусы, поэтому оба собеседника орут на пределе голосовых связок.
— А твое какое дело?!!
— А такое! Штраф!!! Штраф — тысяча шекелей!!!
И старичок гордо отворачивается. Дядька пытается еще что-то орать в ответ, ему жалко прекращать такой интересный разговор, но старичок его игнорирует.
Дядька с видимым сожалением встает, забирает табуретку и скрывается в магазине.

НЕПОНЯТКА

Жду приема у частного врача. В холле включен телевизор, русский канал. Какое-то ток-шоу: разборки, кто кого избил, зачем и почему. Все участники, свидетели, ведущие орут друг на друга, чуть ли в драку не лезут, подогревая интерес публики. Сварливые голоса, хамские интонации, убогий язык.

Посмотрев десять минут, произнесла вслух:

— Какое счастье, что пятнадцать лет назад я выбросила телевизор!

Хорошенькая девочка, сидящая напротив, вскидывает головку:

— Как это — телевизор выбросили?!!
— На помойку.
— Как же вы живете без телевизора?
— Прекрасно! А зачем он нужен?
— А что же вы делаете, когда к вам гости приходят?!!

Тут уже я на нее вылупилась. Девочке лет пятнадцать, юное поколение, другой мир. У нее хороший русский, но она уже израильтянка. Спрашиваю с интересом:

— А вы что делаете, когда приходят ваши друзья?
— Как что? Телевизор смотрим!

ЗВУКОВАЯ ИЗБИРАТЕЛЬНОСТЬ

Журчание ручья радует и успокаивает. Журчание подтекающего бачка в туалете бесит. Хотя звуки практически одни и те же.

Звук капель дождя о стекло навевает сон, звук капель неисправного крана о раковину сна лишает.

Птичий гай на рассвете, перебранка ворон, ночные завывания котов вызывают улыбку. Вопль со двора в шесть утра: «Хая! Я мобильник забыл!» — вызывает желание сбросить на голову гаду что-нибудь тяжелое.

Цикады и сверчки пиликают и скрежещут занятно, скрежет скребка во время ремонта у соседей может свести с ума.

Наш песик Бежик не боялся грозы, но от звуков салюта забивался под ванну и там умирал от ужаса, не поддаваясь на уговоры вылезти.

Короче, дело не в самих звуках, братцы-граждане, а в нашем к ним отношении, дело, как всегда, в твоем собственном мозгу.

По поводу утренних побудок я некогда написала злобный стишок.

Восход за окошком вспухает,
И сладостен сон-быстрокрыл…
Тут снизу доносится: «Хая!
Спустись!! Я мобилу забыл!!!»

И злобою вся полыхая,
Рычанья в душе не тая,
Я хаю поганую Хаю
И хамского мужа ея!

ХАМСИН

Мне хорошо в хамсин (если он без песка, конечно)!

Ходишь по дому голой и босиком по прохладному каменному полу, после душа не вытираешься — кайф! Одеться на улицу — полминуты: сарафан и босоножки.

Ледяное вино в помощь. Белое холодное, понятно, но и красное, вопреки принятой традиции, отлично идет со льдом. Набить льдом стакан, долить вином и медленно пить, прислушиваясь к нежному звону тающих льдинок.

Ничего жарить-парить не надо: свежие фрукты-овощи, сыры под вино — и сыт и пьян.

Еще хорошо просто залить нарезанные фрукты красным вином (груши, персики, сливы лучше всего, но и др.), дать постоять в холодильнике — получается вкуснейшее охлаждающее блюдо.

А как в море-то прекрасно! Наслаждайтесь хамсином, израильтяне!

НА РАВНЫХ

Еду в автобусе. Бодрый старикашка, сидящий напротив, долго в меня всматривается, потом наклоняется ко мне и говорит умильно-просительно:

— Помоги мне несколькими шекелями!

— С чего бы это?

— Потому что я старый…

— Я сама — пенсионерка! — произношу с удовольствием.

Старичок вскакивает и отбегает в глубину автобуса.

КАВАЛЕР

Жду автобуса, счастливо жмурюсь на солнышке. Наверно, я отношусь к простейшим организмам: амебы или инфузории оживают на свету, носятся энергично, а когда темно и холодно впадают в депрессию и анабиоз.

Рядом тормозит машина, высовывается мужик, спрашивает:

— Тебе куда?

— В Малху.

Это большой торговый центр прямо под нашей горой Гило, на автобусе десять минут езды, на машине пять.

— Садись, я тебя подброшу.

Вроде нормальный мужик, сажусь.

— Тебя как зовут?

— Таня.

— А я Вейцман.

— А имя?

— Это мое имя. Родители были патриотами, так назвали в честь президента Хаима Вейцмана. А фамилия моя Габбай. А ты замужем? — не тратит он время зря.

— Нет.

— И я не женат!

— …но у меня есть друг.

— Хороший?

— Конечно. Зачем мне плохой?

— Эх… А я надеялся, что у нас что-нибудь получится. У меня продуктовая лавка в Гило у парка.

Неожиданно он притормаживает у самого выезда из Гило и говорит:

— Вот твоя остановка автобуса!

Выхожу из машины, хохоча — во, молодец! Любовь не обломилась, а бензин денег стоит!

Отъезжая, он кричит в окно:

— Так ты в лавку ко мне заходи!

ПОБУДКА

Сегодня пришлось встать по будильнику. Звонок оборвал красивый сон (так и не узнаю, чем там закончилось), ввинтился в мозг штопором. Села, глаза категорически не открывались, помогла им пальцами. Темно за окном. Подушка, изогнутая сладострастно, призывала прилечь, забыться. Злобно ткнула ее кулаком. На зарядку не было времени, хотя спина ныла и требовала.

Душ был еле теплым — вода еще не успела нагреться с ночи. Вещи падали из неуклюжих, непроснувшихся рук. Вторая туфля затеяла игру в прятки, минут пять похромала по дому одной обутой ногой, потом сошвырнула туфлю с ноги, обулась в другие, по цвету не подходящие.

Обжигаясь, на ходу, заглотала кофе и выскочила из дому в холодный рассвет.

Нет, как это я двадцать восемь лет подряд вставала ежедневно в 5:15?!! Наверно, это был кто-то другой.

БРОДСКИЙ/БАРЫШНИКОВ
…Сохрани мою тень…

На сцене — застекленная коробка, похожая на стандартную дачную веранду шестидесятых годов.

И вот в ней появляется силуэт, тень с чемоданом. И сердце дает перебой, и огромный зал замирает. Барышников выходит на авансцену. Садится на скамейку. Достает из чемоданчика с заклепками знакомые сборники Бродского, бутылку виски, старый будильник, который он заводит. Открывает одну книжку. И почти неразличимым шепотом начинает читать.

> …Не выходи из комнаты. О, пускай только комната
> догадывается, как ты выглядишь. И вообще инкогнито
> эрго сум, как заметила форме в сердцах субстанция.
> Не выходи из комнаты! На улице, чай, не Франция.
> Не будь дураком! Будь тем, чем другие не были.
> Не выходи из комнаты! То есть дай волю мебели,
> слейся лицом с обоями. Запрись и забаррикадируйся
> шкафом от хроноса, космоса, эроса, расы, вируса.

И потом все 90 минут действа — одни стихи. Никаких рассказов «вот однажды мы с Иосифом», только сумасшедшее напряжение поэзии и пластики, ни малейшей передышки. Барышников читает стихи сам или же двигается под запись собственного чтения. Читает очень сдержанно, не для публики, для себя.

Стеклянная коробка, в которую он периодически входит, то вспыхивает ярко, то гаснет, то искрит порванным электрическим проводом. Это и комната, и веранда, и фонарь, и клетка. И повторяет форму чемоданчика.

> …паутиной окованные углы
> придают сходство комнате с чемоданом.
> Дальше ехать некуда. Дальше не
> отличить златоуста от златоротца.
> И будильник так тикает в тишине,
> точно дом через десять минут взорвется.

И Барышников внутри этого пространства — то черный конь, то бабочка, то фавн с нимфой. Он юн и стар, он показывает напряжение страсти и распад плоти, драму старения. И вдруг оборачивается торсом, обнаженным беззащитным торсом, спиной к залу, без головы, без рук.

> …И останется торс, безымянная сумма мышц.
> Через тысячу лет живущая в нише мышь с
> ломаным когтем, не одолев гранит,
> выйдя однажды вечером, пискнув, просеменит
> через дорогу, чтоб не прийти в нору
> в полночь. Ни поутру.

Только единожды, сидя на скамейке, Барышников начинает раскачиваться, как раввин на молитве, и прикартавливая, певучим завыванием Бродского начинает читать:

> Я входил вместо дикого зверя в клетку,
> выжигал свой срок и кликуху гвоздем в бараке,
> жил у моря, играл в рулетку,
> обедал черт знает с кем во фраке.
> С высоты ледника я озирал полмира,
> трижды тонул, дважды бывал распорот…

И потом начинают крутиться бобины старого магнитофона, и голос самого Бродского подхватывает:

> …Бросил страну, что меня вскормила.
> Из забывших меня можно составить город.
> Я слонялся в степях, помнящих вопли гунна,
> надевал на себя что сызнова входит в моду,
> сеял рожь, покрывал черной толью гумна
> и не пил только сухую воду.

Я читала отклики на этот спектакль: он о дружбе Барышникова и Бродского и о тоске утраты; он о старении и смерти; он о любви. Да, наверно, конечно, все это там есть.

Но для меня это оказалось невероятным пластическим воплощением Барышникова в поэзию Бродского. Таким точным, напряженным, как сами стихи, почти непереносимым. И когда уже зазвонил будильник, и Барышников надел мятый пиджачок и взял в руки чемодан, и было понятно, что вот сейчас он уйдет в эту веранду с замазанными белой краской стеклами двери — навсегда, и хотелось крикнуть: ну, подожди, ну еще хоть чуть-чуть… Вот тут Барышников услышал этот немой призыв зала, приостановился, достал из внутреннего кармана пиджака тонкую потрепанную книжечку. И впервые — залу — сказал:

— А вот еще одно стихотворение. Бродскому было семнадцать лет.

> Прощай,
> позабудь
> и не обессудь.
> А письма сожги,
> как мост.
>
> Да будет мужественным
> твой путь,
> да будет он прям
> и прост.

Да будет во мгле
для тебя гореть
звездная мишура,
да будет надежда
ладони греть
у твоего костра.

Да будут метели,
снега, дожди
и бешеный рев огня,
да будет удач у тебя впереди
больше, чем у меня.

Да будет могуч и прекрасен
бой,
гремящий в твоей груди.
Я счастлив за тех,
которым с тобой,
может быть,
по пути.

Стихотворение называется «Прощай». Светлое прощание юного Бродского с первой любовью и с нами, сидевшими в зале.

Ошалевшая, как и все, я вышла в фойе и впервые в жизни попросила автограф у бледного, вымотанного сумасшедшим напряжением Барышникова.

ВЫХОД НА СВОБОДУ. ЛЕКЦИЯ

Мое учреждение предложило денежный подарок с тем, чтобы я вышла на раннюю пенсию, и я в восторге согласилась! СВОБОДНА! С 1 июля началась славная, осмысленная жизнь!

Тем, кто выходит на пенсию, учреждения любезно оплачивают курс, помогающий хоть как-то сориентироваться в путанной и сложной системе пенсионных страховок и иных накопительных программ, а также разных льгот, скидок и пр.

Проходят эти курсы в конференц-залах красивых гостиниц, где участников кормят завтраком, обедом и перекусом между ними.

Но начался курс не с цифр и процентов. Перед нами выскочила стройная дама, приятная во всех отношениях, в пестром платье и с алой помадой на губах.

— Меня зовут Шоши! — радостно сообщила она. — Мне 69 лет!

И дальше весь свой номер она отрабатывала приподнято-веселеньким тоном.

— Вы все тут выходите не пенсию! Вы должны точно отдавать себе отчет, что начинается последний отрезок вашей жизни! Это билет в один конец! И ведь вам страшно, правда? Ведь что вам давала работа?

Шоши схватила фломастер и стала записывать выкрики из зала.

— социальный статус
— зарплату
— общение
— необходимость выглядеть хорошо, быть красиво одетой и подкрашенной

Ну и т.д.

Один мужчина выкрикнул:

— Возможность отдохнуть от жены!

Зал заржал.

Выписав все это, Шоши весело воскликнула:

— И теперь вы все это теряете! Но вот посмотрите на меня! Вы видите, как я прекрасно выгляжу? А все почему? Потому что я правильно повела себя, выйдя на пенсию! Я занимаюсь спортом! Я хожу к массажистке! Я езжу по всему Израилю с лекциями о том, как хорошо жить на пенсии!

Дальше пошли всякие банальности: не надо впадать в уныние; надо этот последний отрезок жизни провести радостно; надо найти себе занятие и пр.

Я все ждала, когда Шоши предложит всем взяться за руки и покружиться в хороводе. До этого не дошло, но потом она написала на доске что-то типа речевки, где обыгрывалась омонимия: «параш» — это и всадник и «увольняющийся с работы». То есть на пенсии надо быть всадником и оседлать судьбу.

Речевку все повторили хором дважды. Я подавила рвотный рефлекс. Это все длилось два часа.

— Вот! — закончила Шоши. — Будьте как я, и все у вас будет прекрасно! А я побежала, у меня сегодня еще одна лекция!

ПЕРЕД РОШ А-ШАНА

Села в такси. Через пять минут спрашиваю водителя:

— Ты счетчик включил?
— Ой, нет, забыл…
— Так включи сейчас.
— Но это же будет меньше оплата!
— Но ведь это не моя вина.
— Ладно! — неожиданно легко соглашается он. — Лишь бы ты была довольна. Это я перед праздниками забегался совсем.
— А почему ты забегался? Фаршированную рыбу, наверно, жена готовит?
— Да, конечно, готовят женщины. Но на мне все покупки, подарки женщинам, подарки детям. У нас такая большая семья…
— А сколько вас садится за праздничный стол?
— Пятьдесят два человека. Родители, девять братьев и сестер с мужьями, женами, дети, у кого-то уже внуки.
— Ого! Это здорово!
— Да, но в Израиле жить трудно, никак не заработаешь.
— Налоги?
— Праздники! Сплошные праздники… Четыре-пять раз в месяц Шаббат, то есть праздничный стол. А между шаббатами — бесконечные праздники круглый год! И каждый — это расходы, подарки… Когда же работать, зарабатывать?

Доезжаем, расплачиваюсь по счетчику.

— Хорошего тебе года. Мне жаль, что ты заработал меньше.
— И тебе прекрасного года! С тобой так приятно поговорить. И вообще, деньги — это не все!

СВЕРХВЕЖЛИВОСТЬ

Туалетный работник общественного бесплатного туалета в Эйлате встречает меня сияющей улыбкой:

— Здравствуй! Тебе туда!

Хотя я его ни о чем не спрашивала. Выхожу. Он еще более радостно:

— Спасибо, что зашла! Приходи еще!

КРЕДИТКА

Зашла в магазинчик в Эйлате и у кассы обнаружила пропажу кредитки. Выругала себя раззявой, позвонила в компанию, попросила отменить кредитную карту.

— Мы ее тебе закрываем пока на пять дней, а вдруг найдется?

Эх, думаю, вряд ли. Последний раз расплачивалась ею в кафе на автовокзале в Иерусалиме, перед Эйлатом. Если уж там посеяла, то с концами — при таком-то потоке народу.

Вернувшись в Иерусалим, зашла в это кафе для очистки совести, пробилась сквозь огромную толпу к прилавку, спросила безнадежно:

— Вы случайно не находили здесь кредитную карточку?

Парень смотрит на меня и ухмыляется. Говорит:

— Тебе сейчас отдать или после праздников?

Вот так.

Мы хохочем и желаем друг другу хорошего года.

ЗДЕСЬ РУСЬЮ ПАХНЕТ

Захожу в русский магазинчик. В магазине пять продавцов и я — единственный покупатель.

— Здравствуйте! — говорю. Так у нас в Израиле принято. Никто не реагирует. Двое болтают по телефонам, одна раскладывает товары, еще две обсуждают недавнюю свадьбу, за прилавком никого. Жду немного, потом произношу извиняющимся тоном:

— Прошу прощения, что зашла. Кажется, я вам помешала?

Одна отрывается от мобильника и злобно на меня смотрит:

— А что? Человек не может в туалет выйти?!!
— Может, конечно. Я вижу, вы тут все очень заняты...
Она произносит в телефон:
— Надя, я тебе перезвоню! — И потом мне:
— Ну, что вам?

Покупаю все, что нужно, иду к кассе. За кассой никого. Все в магазине опять же заняты, внимания на меня ноль.

Громко говорю в воздух:
— Ну, раз сегодня все бесплатно, то я пошла!

Тут же за кассой возникает мрачная тетка, расплачиваюсь, выхожу. Чего-то мне смешно.

Не могу не заметить, что в Питере, где я была в июне, как раз научились обслуживать быстро и очень вежливо. А хамство «вас-много-а-я-одна» мы вывезли с собой.

ОЧЕНЬ СТРАШНАЯ ИСТОРИЯ

Она случилась несколько лет назад в Иерусалиме. Я пришла на очередной прием к своему дантисту. Выхожу на шестом этаже... и застываю. Передо мной совсем другая дверь, с другими табличками. Робко приоткрываю ее — внутри тоже все иное, какая-то адвокатская контора.

«Спокойно! — говорю я себе, — я ошиблась этажом». Заглядываю в кабину лифта — нет, все правильно — горит красным: «6-й этаж». Внутри на стенке кабины набиты таблички с названиями контор и именами. Тупо читаю: «6-й этаж, дантист NN». Выхожу на площадку снова — чужая дверь. Но ведь я была тут неделю назад!

Ледяной пот трансцендентного ужаса стекает с макушки и заливает глаза. Сердце колотится в ритме престо, конечности дрожат. В голове скачут бессвязные обрывки мыслей: все... крыша уехала... вот выйду сейчас на улицу, а там незнакомый город... это мне снится, сейчас проснусь у себя дома, и кошмар оборвется... как же теперь работать... бедный мой ребенок...

В полуобмороке, на плохо подчиняющихся ногах, я не захожу в лифт, а почему-то начинаю спускаться по лестнице. И на следующем — пятом — этаже вижу знакомую дверь моего дантиста.

Оказалось, лифт перепрограммировали на обозначения этажей, но таблички внутри сменить не успели. Мы с моим врачом долго смеялись.

Но каждый раз, что мне приходится заниматься зубами, по выходе из лифта меня слегка касается тень того ужаса.

НА РЫНКЕ

Покупаю в лавке щеточку для мытья посуды. Продавец:

— Что-нибудь еще?

— Нет, спасибо, больше ничего не надо.

— Даже сдачи?

Я дала ему крупную купюру.

— Ты прав, сдачу хотелось бы получить.

Он, улыбаясь, отсчитывает мне деньги и спрашивает:

— Пакет дать?

— Ну что ты. Или сдача, или пакет, нельзя же, чтобы и то, и другое!

Мы хохочем. Все-таки чувство юмора одного вида — это очень здорово!

СВЕТ И ТЕНЬ

В сильную жару возникает особое острое чувство тени. Шаг в тень — как в холодную воду, почти обжигает. В тени прохладный воздух концентрированный, плотный, будто он забился туда, прячась от обжигающих лучей. И цвета в тени совсем другие. И чувство собственной кожи иное, и выражение лица меняется.

Так и идешь — с солнца в тень, из тени на солнце, как будто переходишь из одного измерения в другое.

ОЧЕНЬ ЛИНГВИСТИЧЕСКАЯ ИСТОРИЯ

Мой семнадцатилетний сын полетел из Израиля посмотреть Прагу.

На Карловом мосту к нему, держащему в руках карту, подошла пожилая пара и по-чешски попросила каких-то разъяснений.

Данька ответил, что по-чешски не говорит. Тогда дама спросила то же самое по-польски. Польского Данька тоже не знает и спрашивает:

— Может быть, вы говорите по-русски?

Нет.

— Ду ю спик инглиш?

Нет.

— Парле ву франсе?

Нет.

— Шпрейхен зи дойч?

Нет, не говорят.

Все, все возможности объясниться исчерпаны, обе стороны извинительно улыбнулись, надо расходиться.

Тогда жена поворачивается к мужу и говорит:

— Ну, ма наасе, Хаим?

(«Ну, что будем делать, Хаим?» — иврит)

НОЧНОЙ ВИЗИТ

Этой ночью я, как водится, не спала и смотрела «Флоренс Фостер Дженкинс» с невероятной Мэрил Стрип. Она может быть любой: прекрасной или уродливой, неуклюжей или изящной, смешной или трагической, лирической, гротескной. Образцом дикции или носительницей разных акцентов. Причем у нее в каждой роли меняется все: интонации, походка, мимика, пластика, мелкие ужимки и жесты. Гениальная актриса!

Но я хотела совсем не о ней, просто не удержалась. Над моим ухом вдруг возникло мощное басовитое гудение, куда ниже, чем у большой мухи или осы. Похоже было на рев реактивного самолета. И огромное существо метнулось к ночнику, чудом не наткнувшись на мою голову. Я с визгом скатилась с кровати, ощущая огромность и незащищенность своего голого тела.

Насекомых я не люблю вообще, а осы и пчелы вызывают ужас, так как у меня на их укусы тяжелая аллергия. И вообще, ведь они — осы и их родственники — дневные животные, правда? Солнце садится, они засыпают? А тут два часа ночи!

ЭТО нервно крутанулось вокруг ночника и нырнуло в колпачок лампы, прикрученный к стене открытой частью вверх. И стало тихо.

Я попятилась от кровати, надела толстый купальный халат и варежку для хватания горячих кастрюль. Вооружилась ножом и полотенцем. Осторожно, как Соколиный Глаз, подобралась к ночнику и заглянула. В колпачке лампы лежало полосатое тело, заполняющее его наполовину. Я вынула его ножом и сбросила на полотенце. Это был мертвый шершень, сгоревший на раскаленной спирали лампы.

Мне даже не было его особенно жалко, потому что на полотенце лежала моя смерть. Мгновенная. Вот так, влетела в неурочное время, напугала. И отпустила до поры.

У ЕВРЕЕВ СОБСТВЕННАЯ ГОРДОСТЬ

Агриппас — узенькая улица, тянущаяся вдоль иерусалимского рынка. Некогда ее строили в расчете на осликов и телеги, а не на двустороннее движение. Я вообще не понимаю, как по ней разъезжаются два автобуса. Тут всегда пробки, да еще пешеходы бесконечно шмыгают на рынок и обратно.

Вчера наблюдала сценку. Вдоль по мостовой, по самой середине, спокойно шагал старый еврей и катил большой чемодан. Почему не по тротуару? Понятно — тротуар покрыт шершавыми плитами, по гладкой мостовой чемодан катить удобнее. Объехать его невозможно — места мало.

Водители автобусов и автомобилей метались в своих кабинах, что-то ему кричали, но в общем шуме их не было слышно. Старичок приветливо им улыбался и даже махал ладошкой. И продолжал шествовать со своим чемоданом, гордо и независимо. А все движение стояло, пока он не дошел до конца улицы.

ГЕФСИМАНИЯ

Гости — это прекрасно. Ты вспоминаешь, как подходить к собственной плите и готовить что-то вкусное. И так хорошо посидеть с ними, не спеша, за рюмкой и поговорить, и стихи почитать, и книжками обменяться. А еще они тебя отрывают от компьютера и выгуливают по Иерусалиму. Считается, что это ты их выгуливаешь.

Последний раз в Гефсиманском саду я была много-много лет назад, а теперь благодаря им туда вернулась...

Такой маленький сад... Храмы на меня редко производят впечатление. Есть в мире несколько соборов, как Санта-Мария-дель-Фьоре во Флоренции, но это особая любовь.

А вот эти маслины Гефсимании, которым действительно около двух тысяч лет... Оторвать глаз от них невозможно, башка уезжает... Хочется провести ладонью по кривому, дырчатому, выеденному Временем стволу... Кажется, вот коснись, и мудрое дерево, видевшее столько всего, что-то тебе расскажет.

Поэтому они защищены от нас решеткой. А то много тут любителей погладить.

ГАДЖЕТЫ

Звонит мобильник. Пока достаю его из сумки, звонок заканчивается. Вижу имя приятеля, перезваниваю.

— Привет, ты мне звонил.

— Рад тебя слышать, но я тебе не звонил.

— ???

— Это мой телефон сам набрал твой номер.

Бывает, да. Они сами созваниваются. Один раз мой, лежа в сумке, вдруг стал фотографировать. Сделал пятнадцать фотографий кармана изнутри, Малевич несчастный!

Пока мы им еще нужны — зарядить, поменять батарейку. Но когда они научатся это делать сами, то просто нас отменят, за ненадобностью.

МНЕ ХОРОШО

Мне частенько доводилось слышать в жизни: «Тебе-то хорошо! А у нас три машины на семью — ты представляешь, какой это расход? И сад — ты ведь и не знаешь, сколько нынче берут садовники за работу!»

Я всегда радостно и искренне подтверждаю: мне-то хорошо!

В ТЕЛЬ-АВИВЕ

Я там совершенно не ориентируюсь, приезжаю только в театр или в гости к друзьям, которые подхватывают меня на машине прямо с автобуса.

А тут пришлось поехать по делу. Автобус из Иерусалима прибывает на железнодорожный вокзал, вокруг которого проложено несколько набитых транспортом трасс. И я пошла в справочное бюро, чтобы узнать, где мне найти мой 76-й автобус. В бюро мне любезно все объяснили. А надо сказать, что вокруг вокзала идет мощное строительство: гремят отбойные молотки, крутятся краны, экскаваторы что-то роют, асфальт выворочен, везде валяются трубы, груды камней, над всем этим грохотом стоит пылевое облако, а люди ходят между заборами из металлической сетки, как львы, выгоняемые на арену. В общем, урбанистический ад.

По сетчатым коридорам я выбралась на указанную трассу, где было множество остановок автобусов, но не того, что мне нужен. Полицейский сообщил мне, что да, 76-й автобус тут ездил, но уже два года как маршрут его изменился (а Справочное бюро до сих пор не в курсе!), и где его остановка, он не знает. И пусть я пройду на другую улицу, может быть, он там.

Я пошла сквозь пыль и грохот на указанную трассу, но и там не было моего автобуса. Расстроенная, обратилась к тетке на остановке. Тетка, рыжая, худая, вся в золотых цепочках, гремящих на шее, сказала, что она не местная. И тут она стала просто останавливать идущих мимо прохожих и каждому говорить:

— Ты тель-авивец? Помоги даме найти нужный автобус, она из Иерусалима.

Пятой ее жертвой оказался молодой человек, мирно слушающий что-то в наушниках. Но это моего рыжего ангела-хранителя не остановило.

— Ты тель-авивец? Вынь наушники из ушей и помоги женщине!

Парень покорно вынул наушники, сказал, что понятия не имеет, но что сейчас посмотрит, у него в мобильнике специальная аппликация. Посмотрел и сказал точно, где нужная остановка. Потратил на меня свое время. Улыбнулся, вставил наушники в уши и пошел дальше.

Я горячо поблагодарила его и тетку. Нет, удивительный народ израильтяне!

ТАТЬЯНИН ДЕНЬ

Сообразила, что надо оторваться от компьютера и выскочить в магазин. Быстро, заученным движением без зеркала, надела подходящие к сумке и сапожкам сережки, влезла в пальто и побежала.

Встречные внимательно на меня смотрели, и некоторые, кажется, даже оборачивались. Ну, понятно, в такой день я — ослепительно прекрасна. Чуть приподняла брови и пошла свободной, раскованной походкой от бедра.

В магазине покупателей было мало, но и они отрывались от своих покупок и смотрели на меня со скрытым восхищением. А один старичок аж рот раскрыл и застыл на месте, мешая проходу.

Русская девушка на кассе шепнула:

— Извините!

— Да?

— Но у вас... все лицо белое.

А-а-а-а! Это я забыла смыть косметическую маску! И изображала привидение, дикое, но симпатичное.

Хорошо еще, что маска была не зеленой. До Пурима далеко, а то у кого-то и родимчик мог бы сделаться...

НА РЫНКЕ

Заскочила на наш иерусалимский рынок за черешней — уж очень она удалась в этом году.

Слышу, с интонацией обращения:

— Интеллигентная!

И меня кто-то хватает за руку. Оборачиваюсь. Продавец орехов улыбается во весь рот, раскрывает мою ладонь и насыпает туда смесь разных соленых орешков.

Улыбаюсь и говорю:

— Так ко мне еще не обращались!

Он тоже смеется и спрашивает:

— А у тебя нет сестрички? Для меня!

— Есть!
— Такая же красивая?
— Нет, она лучше — глаза светлые, волосы кудрявые!
— Познакомь!

И он насыпает мне в руку еще горсть орехов.

— Я ей обязательно скажу!

Парень высокий, красивый, лет ему лет тридцать пять. Своя лавка орехов и прочих вкусностей. И очень любит интеллигентных. Хорошо бы сестра согласилась!

ЗАРАЗА

Автобус стоял на светофоре. Рядом, в автомобиле, сидел водитель и упоенно писал коммент в Фэйсбук на своем АйФоне.

«Какой идиот!» — подумала я. И тут увидела, что на заднем сиденье, в креслице, пристегнут младенец!

Я заколотила в окно, но дебильный папаша, увлеченный ФБ, этого не заметил. Как и зеленого света на светофоре. И только, когда ему забибикали сзади, с трудом оторвал взгляд от монитора и тронулся с места.

Братцы, это преступление!

Последнее время в Израиле участились кошмарные истории, когда родители забывают своего ребенка в машине, и он гибнет. Я уверена, что причина этого — поглощенность своим мобильником до полного выпадения из реальности.

Ведь такой родитель не пьян, не накурен, не сумасшедший. Но он находится под наркотиком виртуального мира настолько, что забывает о собственном малыше!

Что-то надо с этим делать.

ЗНАКИ ВРЕМЕНИ

В автобусе сидит религиозная женщина средних лет. В правой руке держит небольшой молитвенник, в левой — АйФон. Почитает пару строк молитвы, шевеля губами, потом переводит глаза на мобильник и пишет что-то в чате.

Так плодотворно и прошла вся дорога из Иерусалима в Тель-Авив.

РАЗГОВОР В ЛАВКЕ
Иерусалим, рынок. Восточный еврей торгует корешками и пряностями. В лавку заходит покупатель.
Хозяин: Как дела?
Покупатель: Все слава богу.
Хозяин: Слава богу, хорошо? Или, слава богу, плохо?
Покупатель: Скорее, хорошо.
Хозяин: А то ведь Богу не до нас. Он или спит, или в шэш-бэш играет…
Нормальный такой разговор для нашего города.

ЧУТЬ-ЧУТЬ НЕ…
Торопилась на автобус, по дороге забросила пакет в мусорный контейнер. Не заметив, что в той же руке, где был пакет с мусором, на петле висел мобильник…
Мобильник, летящий в контейнер, поймала каким-то отчаянным баскетбольным прыжком. И задним числом затряслась от ужаса.
Потому что достать его из гигантского контейнера — это бы еще та задача была. Когда-то мы с моей подругой пытались найти в нем мое кольцо, вот также улетевшее вместе с мусором. Стояли на табуретке попами вверх и, перегнувшись, шевелили шваброй мешки в вонючей глубине контейнера.
Весь наш район Гило тогда собрался вокруг.

В АВТОБУСЕ
Пассажир по мобильнику:
— Я за рулем, не могу говорить… И притормозить не могу — тут скоростная трасса… Я позвоню тебе. Целую.

ВРЕМЯ, В КОТОРОМ СТОИМ
Вчера забыла дома мобильник. В автобусе каждый пассажир уткнулся в свой Айфон.
Чувствую жуткий дискомфорт — как будто сижу на пляже в вечернем туалете.

ВО СКАЗАНУЛА-ТО...

В Израиле очень агрессивный телемаркетинг. По много раз на дню звонят и радостными голосами предлагают товары и услуги. Я понимаю, что у людей такая работа, поэтому сухо отвечаю: «Меня это не интересует», — и отключаюсь.

Но тут не успела нажать на end, как девица спросила с вызовом:

— А что вас интересует?

— Рюмка коньяку и хороший секс! — неожиданно для себя рявкнула я.

Девица пискнула и испарилась из эфира.

Сама на себя удивилась.

АКСЕЛЬ

Жил в Израиле, рядом с озером Кинерет, такой удивительный человек — Аксель. Буквы AXL были на его входной двери, и все его так и звали. Не каждый даже знал, что по паспорту он Борис Аксельрод.

Он окончил в Питере «Муху» (Высшее художественное училище им. Мухиной), был художником, музыкантом (часто на скрипке играл Баха), философом, человеком особой складки. В его мастерской на Фонтанке не закрывались двери, весь питерский андеграунд там тусовался.

Вспоминают гости студии Виктория и Людмила Третьяковы: «...Хозяин был личностью сказочной и говорил каким-то глубоким, почти библейским голосом. В его кухне было как у средневекового алхимика. Потолок был раскрашен под звездное небо, в ванной стоял аппарат для омоложения организма. Многие из приходящих сюда интересовались йогой, а в коридоре бродила ученая ворона Радилярдус...»

Стихотворение «Над небом голубым» Анри Волохонский написал в мастерской Акселя, когда тому было заказано мозаичное панно «Небо», и весь пол мастерской был завален голубой керамикой.

Анри Волохонский: «Аксель делал тогда это самое «Небо на земле»... А мы делали вид, что помогаем Акселю — кололи смальту и составляли куски мозаик по его росписям, впрочем довольно бездарно. Акселю приходилось нас поправлять».

Но самое удивительное, что сделал Аксель, он — единственный в мире — придумал, как работать в технике энкаустики, писания восковыми красками, как сделаны фаюмские портреты, яркостью и красотой которых мы любуемся.

Секрет этой сложнейшей техники невыгорающих красок был утерян. Многие художники пытались его восстановить, начиная от Леонардо да Винчи, но не преуспели — горячая восковая краска на кончике специального стека мгновенно застывала. Аксель придумал заменить стек обыкновенным паяльником. Сам делал краски, смешивая воск, смолу и пигмент. И писал свои картины.*

Весь его облик, его образ жизни, его окружение — все не вписывалось в образ советского гражданина. И в 1982 году Аксель был вызван на беседу в Большой дом на Литейном, где ему ласково сказали: «Вам пришло приглашение с исторической родины!» — «Я не просил!» — «Не важно, подавайте документы!»

Времени на сборы не дали. Вывезти картины не разрешили. Он уехал с зонтиком и полиэтиленовым пакетом в руках, и вдруг, миновав паспортный контроль, понял — его «выпустили за колючку»!

Он поселился в Тверии и скоро оброс поклонниками и учениками.

Мой отец знал Акселя по Питеру, и когда в 1988 году впервые приехал в гости в Израиль, то скоро навестил Акселя в его мастерской. Вернувшись из Тверии, он рассказывал, что Аксель кормил его ржаным хлебом собственной выпечки. Они не раз еще встречались в Иерусалиме, в мастерской их общего друга Якова Блюмина, изумительного скульптора по дереву. Им троим было вместе всегда хорошо и интересно.

В отцовских блокнотах с набросками я нашла два быстрых портрета Акселя — фронтальный и набросок со спины: «Аксель за станком».

---

* Параллельно с Акселем в похожей технике стал работать в энкаустике В. В. Хвостенко, написавший об этом книгу. Сегодня трудно установить, кто был первооткрывателем этого способа, так пишут об обоих — Акселе и Хвостенко. Возможно, каждый додумался до этого самостоятельно.

Он именно таким и был. В этих работах видно отцовское отношение к Акселю — любовное и с улыбкой.

На портрете Аксель расписался: «Подтверждаю. AXL».

«Подтверждаю. AXL»   Аксель за станком

ЛИЧНЫЙ КОНТАКТ

Поскольку сын получил в Германии рабочий договор на два года, я отнесла его анкету и просьбу отменить ежемесячный налог, который платит каждый житель Израиля в наш Институт Национального Страхования. И хорошо, что отнесла, а не послала по факсу!

Подходит моя очередь, сажусь к чиновнице. Отдаю бумаги. Кратко объясняю, в чем суть. Она читает анкету, слегка хихикает в процессе чтения и говорит:

— Он музыкант?

— Музыкант.

— Договор у него на два года?

— Да.

— Так зачем же он отменяет оплату налога? Музыкант — это же не профессия! Через два года договор закончится. Он вернется, начнет искать нормальную работу. И будут у него проблемы с восстановлением статуса!

Думаю: «Музыкант — не профессия? Конечно, профессия — это тридцать лет просидеть в этом заведении!»
Говорю тепло и приветливо:

— Да, конечно, ты права! Но понимаешь, он так захотел.

— А сколько ему? Двадцать семь? Так он же еще ребенок, ничего не понимает. Давай, мы с тобой эту анкету отложим, чтобы у него проблем потом не было.

Думаю: «А ведь эта корова может спокойно зажать просьбу, с нее станется!»
Говорю:

— Спасибо тебе, что ты все так хорошо объяснила! Я сейчас пошлю ему смс-ку, напишу все, как ты сказала!

Беру мобильник, делаю вид, что пишу. Одновременно обаятельно с ней беседую на посторонние темы. Потом смотрю на телефон, говорю:

— Нет, видишь, он пишет, что по-прежнему просит отменить плату. Ты же понимаешь, дети в этом возрасте думают, что они все знают, и нас с тобой не послушают.

— Да-да, не слушают и нарываются! Вот и моя дочь такая! Так я пишу в компьютере: «отменить оплату с согласия матери после устной беседы с ней».

Думаю: «Причем тут согласие матери? Он совершеннолетний!»
Говорю:

— Конечно! Именно так, как ты говоришь. Большое спасибо! Когда будет ответ?

— Через две-три недели, письмом.

В общем, надеюсь, все будет в порядке! А если нет, я еще раз туда схожу, мы теперь с этой чиновницей — лучшие подружки!

ПОЛЕТ В ЛИССАБОН

Приключение начинается с выхода из дома. Глаз и слух очищаются от суеты будней, все становится остро интересным.

Я заказала маршрутку «Нэшер», которая возит из Иерусалима в аэропорт. Никогда-никогда, за все годы жизни в Израиле, я не видела такого состава пассажиров!

Маршрутка крутилась по городу, набирая десять человек, едущих в аэропорт. Обычно две-три семьи заполняют ее сразу. Но тут было иное. В такси садились только одинокие дамы. Француженка, афроамериканка, арабка, филиппинка, религиозная еврейка, католическая монашка, светская англичанка, девчонка-хиппи, вся в татуировках и серьгах по всему лицу: уши, нос, брови, губа. Еще одна филиппинка. Молдаванка.

Но самое поразительное, что ни у одной из них не было багажа, только ручная кладь! Так что мой чемоданчик, весом шесть килограмм, одиноко мотался в багажном отделении маршрутки. Я бы тоже могла его взять с собой, но посылаю багажом — ради пилочки для ногтей и пинцета, которые запрещено брать в салон самолета. У меня уже пару раз выкидывали из ручной клади это холодное оружие, хватит!

В аэропорту ты попадаешь в иное течение времени. Обязательное ожидание в многочисленных очередях — проверка службы безопасности, регистрация билета, паспортный контроль, — ненавистное в обычной жизни, становится сладостным предвкушением. Ты уже в ином пространстве, в ином времени — ты в приключении!

Я обожаю длинные горизонтальные эскалаторы, всегда иду по ним быстро, молниеносно обгоняя идущих рядом с ними. Это напоминает ледяные каточки на тротуарах моего детства: разбегаешься и летишь, расставив руки и размахивая портфелем, оставляя сзади унылых и скучных прохожих. А потом второй каток, третий. Ветер свистит в ушах, пальто расстегнуто, шапка сползает набок…

Израильский Duty Free стал безобразно дорогим, и я давно там ничего не покупаю. Кроме одного: крохотные бутылочки с бренди. Это ритуал: сесть в зале ожидания перед посадкой в самолет, включить Wi-Fi и выпить глоток бренди за удачную поездку.

В самолете я стояла в загончике стюардесс, ожидая, пока освободится туалет. Подошел мальчик лет пятнадцати и спросил:

— Можно мне кока-колы?

— Пожалуйста! — сделала я широкий жест в сторону кухоньки.

— Как, я сам возьму? А ты мне не нальешь?

Тут до меня стало доходить.

— А ты решил, что я — стюардесса?

— Да.

Мы рассмеялись, и я ужасно возгордилась. Нет, возможно, мальчик был слабовидящий или недоразвитый какой-то, потому что перепутать меня с двадцатилетними девочками несколько сложно. Или для его возраста все, кому за двадцать — уже одно и то же? Но все равно приятно.

Самолет был полупустым, и в моем распоряжении оказались сразу три сиденья. Я забросила сумку на соседнее сиденье, с удовольствием откинулась на крайнем кресле и закрыла глаза.

Меня потрогали за руку. Рядом стояла маленькая старушка, которая вежливо сказала мне на иврите:

— Извини, ты не могла бы вернуть спинку кресла в вертикальное положение? А то мне так неудобно.

Я кивнула, выпрямила спинку кресла и поменялась местами со своей сумкой. Села, откинулась, задремала. Тут меня опять потрогали за руку.

Вежливая маленькая старушка сказала:

— Ты не могла бы выпрямить спинку этого кресла? Я пересела на середину, потому что у прохода меня толкали.

Полет в Лиссабон долгий, около шести часов, так что я решила использовать свои три кресла полностью. Сняла кроссовки, положила на подлокотник у окна подушку, улеглась со вкусом, накрылась своей курткой и задремала.

Тут кто-то деликатно, но настойчиво стал трогать меня за ногу. Я высунулась из-под куртки. Вежливая маленькая старушка сказала:

— Извини! У тебя работает кондиционер?

— Да.

— Тогда я к тебе пересяду, потому что у меня он не работает, и мне душно.

— Нет, это лишнее, — сказала я неожиданно твердо.

Села, надела кроссовки. Шагнула к креслам старушки, повернула над ней колесико кондиционера.

— Все в порядке?

— Да, спасибо большое!

Понимая, что до конца полета у старушки могут возникнуть многие проблемы, показала ей на кнопочку вызова стюардессы.

— Вот, смотрите. Вы нажимаете на эту кнопочку, приходит стюардесса и отвечает на все ваши вопросы.

— Ах, ну что вы! — воскликнула вежливая старушка. — Это неудобно!

— Наоборот, это очень-очень удобно. Это ее работа, она будет счастлива вам помочь, поверьте!

И пошла досыпать на свое ложе.

ПРОНИКНОВЕНЬЕ НАШЕ ПО ПЛАНЕТЕ

Иду по рынку. Сзади меня ударяет по ноге груженая тележка. Взвыв, оборачиваюсь. Тележку катит ортодоксальный еврей в черном лапсердаке, черной шляпе и с длинными пейсами. Индифферентно на меня смотрит.

— Хоть бы извинился! — злобно шиплю я на иврите.

— Твою мать! — мгновенно откликается ортодокс по-русски, без малейшего акцента.

ЭТОТ БЕЗУМНЫЙ, БЕЗУМНЫЙ МИР

«Враг пытался злодейски обстреливать наши самолеты, мирно сбрасывавшие бомбы на его город».

Карел Чапек

Представитель террористической организации ХАМАС Сами Абу Зухри заявил, что Израиль «пролил кровь невинных шахидов, и их чистая кровь станет топливом для интифады Эль-Кудс».

То есть невинные шахиды — ровно четверо сегодня, в разных местах — бросались на израильтян, чтобы их прикончить (двое с ножами, двое наехали автомобилем на прохожих), а гнусные израильские агрессоры их за это невинное и естественное желание застрелили без суда и следствия!

Удивляюсь, что меня еще не разучились удивлять.

НЕВИННЫЙ ШАХИД

Нам гневно ноту шлет ООН,
Желая вставить клизму:
«Израиль вновь нанес урон
Святому гуманизму.

Несчастный маленький шахид
Шел с ножиком по делу,
Страдал он с детства от обид,
Сам мал и ножик мелок.

Совсем ребенок — двадцать лет! —
Но жизни не жалея,
Он богу с детства дат обет
Простой: убить еврея.

И не убил, порезал чуть,
Так, ерунда, для вида,
Но тут прервался жизни путь
Невинного шахида.

Свиреп, безжалостен, носат,
Без совести, без чести,
Злодей — израильский солдат
Убил дитя на месте.

Невинная пролилась кровь,
Страшней злодейства нету,
Мы громко призываем вновь
Агрессора к ответу!»

Нот этих некуда девать,
По десять штук на брата,
По ним бы мог скрипач сыграть
Знакомую сонату.

ПОСЛАНЕЦ МИРА

Утром разбудили какие-то невнятные звуки: шебуршание, хлопки, постукивания, хрипы, как если бы певец прочищал осипшее от пива горло.

С трудом поднялась, побрела в другую комнату. На пианино сидел голубь мира.

Я вооружилась полотенцем и долго его гоняла по направлению к открытому балкону. Но пернатый явно решил свить у меня гнездо и улетать не желал.

Вышибла незваного постояльца. И потом долго и злобно стирала его гуано — на полу, на шкафах, на полках.

Не люблю я посланцев мира, от них одни хлопоты.

ГЛОТОК РОДИНЫ

Когда еще нужны были визы из Израиля в Россию, какой-то новоприбывший российский консул вдруг завел свои правила: заворачивали неподходящие фотографии. Это после многих часов стояния в очереди, сначала на улице, потом на лестнице, потом охранник с бульдожьим лицом пропускал внутрь, отпирая железную сейфовую дверь, с рычанием: «Пять человек! Остальным стоять! Тихо! Телефоны выключить!»

Требовалось, чтобы снимок был «в два уха», без улыбки — ни-ни-ни! — в приличном однотонном костюме — ничего пестренького или безрукавного. И без выреза — боже упаси!

Половина очереди оказывалась на улице без визы и неслась перефотографироваться, а потом снова записываться на прием и стоять, стоять, выключив телефон…

Таким родным от всего этого пахнуло, что радость оттого, что ты тут, а не там вспенилась внутри пузыриками шампанского.

ИЗРАИЛЬСКИЕ РОДИТЕЛИ

Есть три типа родителей, которые приводят меня в состояние тихого бешенства.

1. Ребенку позволено все. Он может орать, плеваться, рассыпать вокруг чипсы, бить свою мамочку ножками по личи-

ку. Вытирать измазанные шоколадом руки о белую юбку соседки по автобусу (это я!), и маменька продолжает его обцеловывать, подвизгивая:

— Слатенький! Миленький! Чмок-чмок-чмок!

Ребенок не виноват. Он следует законам того мирка, который установлен в его доме. Более того, нормальный ребенок с охотой воспринимает разумные ограничения существования в обществе. Безумные мамаши, развращая его до полной безграничности, только осложняют его жизнь в мире, который не сахарная вата.

2. Мамаша вообще не обращает внимания на свое чадо. Ребенок может заходиться в крике, а его мамочка что-то пишет в ФБ и не слышит, что ее малыш синеет в воплях. Это чаще всего бывает с религиозными родителями — «детишек куча, а я одна». Раз я не выдержала в трамвае и прошипела юной религиозной красавице:

— Твой ребенок кричит, потому что его в коляске жжет солнце! Закрой верх!

Мамаша облила меня презрением, но все-таки подняла верх коляски, и младенец тут же замолчал. Ребенок не виноват. Виновато отношение взрослых. Тревожно за малыша.

3. Хомо советикус, даже если говорят с ребенком на иврите. Злобно дергают его каждую минуту:

— Не вертись! Не прыгай! Замолчи! Что я тебе сказала?!!

И сходу — бемц! — по затылку, по попе. И все с такой неистовой злобой, что хочется спросить: ты зачем рожала-то?

Понятно: ее саму так воспитывали, и она, вымещая на малыше свою усталость, комплексы, раздражение, растит неврастеника и несчастного человека.

…Нет, я не была идеальной мамашей. Я делала кучу ошибок, ведь каждый ребенок — непознанная планета, и не всегда хватает ума, юмора, тонкости, времени и сил разобраться, все учесть и правильно повести себя. Но я старалась, как могла.

Я знала, как трудно юному человеку выживать в мире, законы которого отличны от законов внутри семьи, от законов Искусства — в хороших книгах, сказках, рисунках.

Я терялась, когда ребенок обвинял меня в несовершенстве этого мира. Я понимала, что мы — взрослые — виновны во всех подлостях Истории, в том сомнительном, несправедливом обществе, где ему жить.

А теперь мой сын взрослый. И он сам строит свою жизнь и сам отвечает за нашу Планету. И сам будет воспитывать своих детей.

Но моя вина плетется за мной моей тенью.

СИЛА СМИ

В русском магазине стою в кассу за элегантной дамой, лет восьмидесяти. Вдруг дама возмущенно фыркает:

— «Кремлевские легенды»! Это ж надо такое название выдумать!

Смотрю на увесистые квадратные бутылки водки «Kremlin legends». Соглашаюсь:

— Да, как-то не хочется такой водки.

— Пусть сами ее пьют!

Выходим с дамой вместе, зацепляемся языками. Обсуждаем последние «новости» российской истории: Иван Грозный не убивал сына, а тот умер от болезни по дороге из Москвы

в Петербург, так как рядом не оказалось квалифицированного врача.

— И ведь какую бы чушь ни говорили по телевизору, всему верят! — с горечью говорит дама. И рассказала мне реальную историю.

К ее молодым друзьям приехала в Иерусалим погостить мама из Челябинска. Пожила три месяца, пообщалась с внуками, поездила по стране. Вернулась домой. Через неделю звонит, рыдает по Скайпу:

— Возвращайтесь срочно в Россию!

— Мама! Что случилось?!!

— Израиль — страшная страна! Там фашизм! Там нельзя выйти на улицу, стреляют, убивают! Спасайте детей!

Телевизор перевесил то, что человек видел своими глазами.

ХАМКА

После того, как я начала работать в музее Яд Вашем, моя подруга, постоянный там сотрудник, поймала меня в коридоре:

— Ты что делаешь?

— ??

— Прежде чем войти в комнату к кому-то, ты стучишься в дверь! Немедленно прекрати это делать, а то тебя уволят! Ты не представляешь, как это всех раздражает!

— ?!..

— Это воспринимается, как высокомерие, ты как бы демонстрируешь всем, какая ты культурная, в отличие от них!

Я прекратила это хамство, конечно. Но довольно долго еще подлая рука сама тянулась постучать, я ее хватала второй рукой и не давала обидеть хозяина кабинета...

В СУПЕРМАРКЕТЕ

Стою у полок с соками. Арабский парень, рабочий магазина, любезно предлагает:

— Тебе помочь? Снять с верхней полки?

— Да, спасибо. Томатный сок, пожалуйста.
— Сколько упаковок?
— Десять.
— Сколько?!! А что ты с ним делаешь? Пьешь?
— Ванну принимаю.
— А... зачем?
— Люблю.
— А потом что делаешь с соком?
— Потом его пью, конечно!

Удаляясь с тележкой, наполненной упаковками с томатным соком, взглядываю назад. Парень стоит, разинув рот. Выражение его лица неописуемо.

ЯПОНСКИЙ БАЛЕТ «ТОБАРИ»

Слово «Тобари» в современном японском языке не используется и по смыслу означает нечто вроде «тень ночи» или «ниспадающий занавес».

Вчера было счастье. Этот балет не похож ни на что виденное прежде. Как это передать словами?

Сцена засыпана желтым песком. В середине лежит огромный черный эллипс, который мягко, как спящий пруд, отражает то россыпь звезд, то облака, то остается темным и таинственным.

Под странную медитативную музыку по этому пространству движутся одинаковые фигуры, то в желтых, то в желто-черных или желто-синих одеяниях. Их пластика медлительна и совершенна, ритм — от пальцев рук до ступней абсолютен, так движутся во снах, так движутся тени, облака, звезды.

Один балет-сон перетекает в другой, иногда ты видишь движение созвездий во Вселенной, иногда это танец-разговор энтов из «Властелина колец».

Огромный зал, заполненный зрителями, становится единым организмом, дышащим, втянутым в магическое действо, в размышление и познание, выраженные языком музыки и пластики.

Это тот высочайший уровень искусства, который тебя обогащает, приподнимает, расширяет твое знание о себе и о мире.

ИЗРАИЛЬ НЕ ПРАЗДНУЕТ ПОБЕД

Мудро и красиво придумано в Израиле: в День Памяти павших солдат дважды — утром и вечером — звучит сирена, и вся страна замирает на одну минуту. Я каждый год поражаюсь этому зрелищу заново — стоят автобусы, стоят в них пассажиры, застывают пешеходы, водители выходят из машин и стоят рядом с ними, стоит группа школьников, которая только что куда-то неслась с воплями. Всенародная память о солдатах — одни погибли во время Войны за Независимость, другие — совсем недавно, в антитеррористических операциях. Страна замирает, и каждый вспоминает кого-то близкого.

Сирена стихает — и все тут же оживает: школьники с визгом несутся дальше, хлопают дверцы машин — водители садятся и едут, трогаются с места автобусы, жизнь продолжается.

А сразу за Днем Памяти наступает День Независимости Израиля. И в этом есть глубокий смысл: солдаты отдали жизнь за то, чтобы эта страна была.

За свою невероятно короткую историю со времени образования государства в 1948 Израиль вынужден был участвовать во множестве войн.

Сценарий один: на нас нападают, мы защищаемся. И побеждаем. Мы победили во всех войнах, потому что, если мы один раз проиграем, эта страна будет уничтожена вместе с нами.

Мы побеждаем, защищая себя от злобного, безжалостного врага. Но Израиль не празднует побед, не заявляет о «священной войне». Нам эти войны не нужны. Мы просто хотим жить, растить детей, работать, радоваться. В каждой такой войне гибнут наши солдаты, наши дети, друзья, соседи. Каждая жизнь — целый мир. Каждая такая потеря — горе. Поэтому каждый год мы стоим во время сирены, опустив головы, отдавая дань погибшим за нас, за страну.

Мы не празднуем наших побед.

ЗАДУМЫВАЯСЬ

То полусвет, то полутьма,
То снег с дождем, то жар и морок,
И было тридцать, было сорок,
Была весна, была зима,
Любовей разных кутерьма,
Забот ежеминутных ворох.

И Кормчий вёл мою ладью
Меж рифов, мимо Сциллы пасти,
Он часто отводил напасти,
Берёг в ладонях жизнь мою,
Когда шаталась на краю
Жерла отчаянья и страсти.

Наверно не скажу сама,
Зачем мотало и носило
По пенным и крутым валам,
Но это всё меня лепило,
Ломая, взращивало силы,
И я ни йоты не отдам.

Край жизни непреодолим,
Для вечности — не та закваска,
К концу моя подходит сказка.
Но под окном Иерусалим,
Как океан, неизмерим
И с облаками плещет в связке.

Израильские зарисовки Льва Разумовского

Мы улетали в Израиль 3 января 1988 года из Шереметьево, других рейсов тогда не было. Ожидая таможенной проверки, мы с папой оба плакали, ведь по опыту предыдущих отъездов понимали, что расстаемся навсегда — эмигранты как будто проваливались в небытие, редкие письма доходили раз в несколько лет.

Но времена менялись неожиданно и стремительно, и в октябре того же 1988 года я встречала родителей в аэропорту Бен-Гуриона — они были одними из первых российских туристов в Израиле. В тот приезд я их почти не видела — налетели друзья, уехавшие еще в 70-х, возили их по стране. Кроме того, Сохнут устраивал первым гостям роскошные трехдневные поездки по Израилю, знакомя их с историческими местами, заповедниками, кибуцами и сельскохозяйственными угодьями.

Родители были потрясены, восхищены, ошарашены. «Создать на голых камнях, в безводной пустыне такие сады и мощное сельское хозяйство! — говорил папа. — А Россия, с ее неисчислимыми богатствами, лесами, полями, пресной водой — загубила всё, что можно загубить...». И он безнадежно махал рукой.

Папа влюбился в Израиль, приезжал каждый год и жил подолгу. И постоянно рисовал. У него с собой всегда был блокнот, карандаш, и он делал наброски в автобусе и в учреждениях, и просто на улице. А возвращаясь домой, он рисовал увиденные сценки по памяти — у него была фантастическая память художника, цепко удерживающая черты лица и позы, и детали одежды.

Зима в Иерусалиме (шляпы упрятаны от дождя в полиэтиленовые пакеты

Диспут

Беседа о божественном

Человек с кастаньетами
(в качестве кастаньет он использовал вставные челюсти)

Мальчишки

Продавец кур

В кафе

МИР НАОБОРОТ ✡ ИЗРАИЛЬСКИЕ ЗАРИСОВКИ

В погоне за автобусом (автопортрет)

Эфиопочки

В центре абсорбции, где мы жили первые годы, оказались выходцы из множества стран: Америки и Франции, Сирии, Ирана, Йемена, Эфиопии... Разнообразие лиц поражало. Мы-то в России считали, что еврей — это такой узнаваемый очкарик — математик, скрипач, доктор. А евреи оказались невероятно разными, незнакомого нам облика и образа жизни. У папы разбегались глаза, он с наслаждением делал портреты тех, кто соглашался позировать. Особенно его поражали эфиопские евреи — чернокожие, стройные, красивые, живописно закутанные в какие-то белые ткани.

К моему сыну постоянно забегали стайки ребятишек, и папа их всех тоже рисовал.

Детские портреты

Феликс Красавин, философ

Лев Разумовский (автопортрет)

Генрих Моисеевич Рейдер

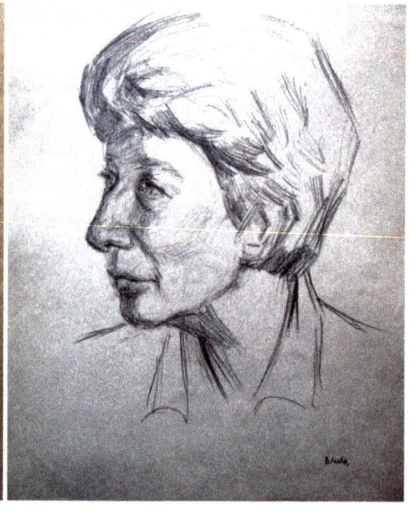
Виктория Кацнельсон, учитель

Папа был универсальным художником. Окончив в Ленинграде высшее художественное Мухинское училище как скульптор, он оставил след практически во всех жанрах: живопись, акварель, художественные медали, садовая скульп-

Эмиль Финкельштейн   Илья Стратиевский

Оля и Володя Горенштейн

Л. Разумовский. «Летчик»
Дипломная работа скульптора, выполненная в бронзе в 1953 году.

тура и мелкая пластика — в фарфоре, стекле и керамике. Много лет он был ведущим игрушечником Ленинграда, создал авторский стиль в игрушке, восемьдесят его моделей были в производстве, продавались по всему Советскому Союзу, и дети нескольких поколений до сих пор их вспоминают.

Он мечтал стать скульптором с детства, занимался в кружке скульптуры Дворца Пионеров. Война жестко и страшно обломала детство и все планы его поколения. Блокада, когда он умирал от голода. Эвакуация по Дороге Жизни вместе с детским домом. В 1943 призыв в армию. Фронт. Тяжелое ранение, потеря руки. Ему только исполнилось 18 лет. «Ну и куда ты теперь такой? — жалостливо говорил сосед по палате в госпитале. — Пысарем будешь».

А он стал скульптором, одним из лучших на курсе. Его дипломная работа «Летчик» (1953) и сейчас стоит в петербургском Парке Победы. Скульптуры его разошлись по разным музеям страны, а пять из них приобрел Русский музей. Он создал множество лирических и веселых работ, но главными темами его творчества оставались война и Холокост.

В моем доме на стенах висят его картины, живопись и акварель. И медали: Блок, Ахматова, Рауль Валленберг. На шкафу стоят несколько его игрушек. Папки, полные его рисунков. И мне светло с ними.

Блокнот четвертый

11 СЕНТЯБРЯ 2001 ГОДА

Я не забыла и не забуду никогда. Не важно, что было тогда утром и днем — обычный рабочий день. Память включается с того момента, как в автобусе, по дороге домой, позвонил на мобильник сын.

Это было непонятно и страшно.

Мой обычно сдержанный и ироничный сын каждые десять минут звонил мне и кричал: «Мама! Что происходит!.. Это конец света!!!»

А я ничего не понимала, сидя в автобусе, только то, что он в страшном состоянии. И бормотала в трубку: «Ничего, подожди, я сейчас буду... уже через 20... через 10 минут... я уже у дома».

А потом мы сидели, обнявшись, на диване и смотрели по телевизору весь этот ужас: первая башня, вторая башня. А потом я пыталась дозвониться до друзей в Нью-Йорке, но там не работали телефоны. Дозвонилась только до одного одноклассника, он работал на Манхеттене и был в почти невменяемом состоянии... Кричал, что всё в черном дыму, что нет связи с домом...

А после эти подробности, подробности, которые не готова воспринять душа, потому что это нечеловеческое.

И после 11 сентября было столько терактов по всему миру и в Израиле, в отдельности. И каждый из них — чья-то трагедия и горе, а для нелюдей — праздник с раздачей сладостей детям и ликующей пальбой в воздух.

И что тут скажешь, кроме одного — банального. Те, кто взорвал Близнецы, хотят уничтожить тот мир, ради которого мы живем. Мир, где мы работаем, учимся, растим детей, защищаем слабых, не обижаем зверей. Мир, где мы радуемся живописи, музыке, архитектуре. Где мы ценим разум, образование, юмор и чудо каждой человеческой жизни.

Они — фанатичные враги всего этого. Им не важна ни своя, ни чужая жизнь. Они успешно уничтожают памятники человеческой культуры, мысли, опыта. Они наслаждаются убийствами, снимают их на мобильники, запускают в Интернет. Им отвратительна идея, что женщина — такой же человек.

И сегодня они, носители пещерного сознания, знающие только приказ какого-нибудь мелкого вождя или имама, умеющие хорошо делать только две вещи — убивать и умирать — сегодня они вооружены самым суперсовременным оружием.

И если мы не поймем, что это война против всех нас, против того, ради чего мы живем — они нас переиграют. Как это бывало и прежде: дикие и воинственные завоевывали и уничтожали культурных и изнеженных.

И не будет будущего ни для нас, ни для наших детей и внуков.

Может, стоит снять шоры с глаз? И, забыв мелкие выгоды экономики и влияния, объединиться против общего, очень страшного врага.

Пока не поздно.

В ПАРИКМАХЕРСКОЙ

Старая дама, делающая стрижку передо мной, бурно обсуждает с парикмахером нашу политическую ситуацию. Она — левая, он — правый, им есть, о чем спорить под щелканье ножниц.

Получив стильную стрижку, дама с удовольствием оглядывает себя в зеркало, целует мастера в щеку и, опираясь на палочку, в сопровождении помощницы идет к такси.

— Сколько ей лет? — спрашиваю я, садясь в кресло.
— 101 год недавно исполнился, — отвечает парикмахер.

В ХРАМЕ ГРОБА ГОСПОДНЯ

Как всегда в небольшом пространстве Храма толпы паломников и туристов, не продохнуть. В Кувуклию (место успения и воскресения Иисуса) огромная очередь.

Через эту толпу прёт тараном крепкий мужик с бритым затылком и огромным золотым крестом на мощной груди. Он тащит за собой свою подругу (длинноногая блондинка на шпильках) и приговаривает:

— Очень sorry, блядь, очень sorry, блядь!

Полиглот.

ВЕЖЛИВОСТЬ

В супермаркете несу упаковку морковки к своей тележке. Дорогу мне решительно пересекает старичок с кучей пакетиков с зеленью. Сует мне один под нос.

— Это что у меня?
— Кинза.
— И это кинза?
— Нет, это петрушка.
— А это что?
— Мята.
— А это?
— Тоже мята.
— Это что?
— Розмарин.

Старичок резко отворачивается и уходит.

— Не хочешь сказать «спасибо»? — говорю я ему в спину.
— Не за что! — бросает он через плечо.

СТАРОЕ

В квартире множество вещей сломалось одновременно, как всегда. Пришел мастер. Говорит:

— Бачок починить нельзя, он старый, его надо менять... Кран у вас какой старый — вот детали в руках осыпаются... Бра — старое, вот тут шайба расшаталась, совсем не держит... Жалюзи — ужасно старые, поэтому перекосились, да и добраться до них трудно... Квартирка какого года? Старенькая уже...

Я не выдержала:

— А если б всё было новенькое, зачем бы вы были мне нужны?

МАЙНЫ

Эти веселые нахальные птицы, из скворцовых, появились в Израиле несколько лет назад. Пишут, что они многочисленны, активны и понемногу вытесняют птичьих аборигенов.

А еще они отличные пересмешники. Однажды, совершая обычный вечерний круг по своему району, я видела дивную сцену.

Под электрическим столбом металась кошка. Она била хвостом, подпрыгивала, перебирала лапами, выражая крайнее возмущение.

А высоко на столбе сидели две майны. Свесившись вниз, они поглядывали на кошку и поочередно… мяукали! После каждого мява кошка просто взрывалась от бешенства, чем доставляла майнам огромное удовольствие.

МАТЕРИАЛИЗАЦИЯ

Вчера написался стишок о серых жутковатых тенях, которые ночами выползают из щелей дома.

Подвесила его в ФБ, пошла спать… И вдруг из-под кровати, рядом с подушкой, на стену полезло что-то большое, серое, дерганое, оставляющее на белой поверхности грязный след — огромная, величиной с ладонь, ночная бабочка. Видимо, она обожглась о ночник и свалилась в щель за кроватью.

А у меня фобия, хотя бабочки не кусаются, не жужжат, не сосут кровь. Но мне отвратительны их прикосновения — с трудом удерживаюсь от визга, если чувствую на коже эти шесть невесомых ножек. А серые, ночные — особенно гадки. А уж огромные, которые нередко залетают в окно — бр-р-р!..

В общем, рифмовать надо осторожно. И лучше что-нибудь типа раннего Пьеро:

Мы сидим на кочке,
Где растут цветочки.

НА БАЗАРЕ

Протягиваю продавцу пакет с яблоками. Мужик, стоящий рядом, сердито:

— Я раньше тебя тут стоял.
— Пожалуйста!
Продавец берет у нас обоих покупки:
— Вы вместе?
— Нет.
Мужик ко мне, улыбаясь:
— Видишь, нас поженили!
— Зря, ты ведь, наверно, женат.
Он (гордо):
— Нет! Я разведен в пятый раз! (меняя тон) Слушай, а может это судьба? Давай посидим с тобой в кафе?
— Хочешь развестись в шестой раз?
Солнце светит, базар шумит перед шабатом. Не знаю, можно ли считать этот разговор предложением руки и сердца, а?

НА УЛИЦЕ

У меня обманчивая внешность. Если в толпе попадается нищий, он всегда обращается именно ко мне. Хотя я подаю только уличным музыкантам, но он же этого не знает.

Вот и сегодня, нищий, завидев меня, бросается наискосок через всех прохожих, протягивает руку и категорично рявкает (нищие у нас — в точности как иерусалимские коты, не просят, а требуют положенное):

— Има! Цдока! (Мама! Милостыню!)

Обычно просто иду мимо, а тут взглянула на него — выглядит, как мой дедушка. И он обращается ко мне «мама»! Я знаю, что в Израиле это просто обращение, без претензий на родство, но неожиданно для себя злобно реагирую:

— Мама? Какая я тебе мама, я — твоя бабушка!

И шагаю дальше, оставив позади, как чувствую спиной, соляной столб.

В МАГАЗИНЕ

Кладу в тележку вареную свеклу в вакуумной упаковке. За мной голос, по-русски:

— Никогда этого не понимала!
— Простите?

— Да, не понимаю, зачем вы покупаете вареную свеклу? В ней нет ни вкуса, ни пользы! Купите сырую свеклу, она варится полчаса. И это гораздо лучше и вкуснее! Зачем вы это делаете?

— Из лени.

Дама радуется.

— Вот! С ленью надо бороться!

— Понимаете, я очень люблю свою лень и берегу ее.

— Лев Толстой считал, что от лени все беды! Так что купите сырую свеклу, не ленитесь…

Не могу, начинаю хихикать.

— Поразительно! Подойти к незнакомому взрослому человеку и начать его воспитывать и учить жить… Такой чистый, незамутненный Совок.

Дама оскорбленно поджимает губы.

— Я — учительница биологии! Я всю жизнь работала в школе! Я знаю, о чем говорю! Но если вас это обидело, извините!

— Ну что вы! Совершенно не обидело. Наоборот, спасибо, я получила от нашей беседы большое удовольствие! Всего вам доброго!

НЕНУЖНОЕ

Всякий раз, как вижу эту картину: библиотека, вынесенная на улицу — сжимается сердце. Ведь всё понятно — старый человек умер, а детям и внукам это не нужно. Они либо не читают вообще, либо не читают по-русски, а если и читают, то свои электронные читалки, да и вкус у них на книги иной. Причем, это ведь хорошие дети и внуки — не в помойку выбросили пыльный бумажный хлам, а уложили аккуратной стопочкой — вдруг кто возьмет.

По библиотеке можно много сказать о хозяине, иногда вкусы настолько совпадают, что ощущаешь уход незнакомца, как что-то личное. Я встречала в этих стопках синие томики библиотеки поэта. Они в советское время целиком шли на экспорт, а гражданин страны Советов мог приобрести вожделенный сборник Цветаевой или Мандельштама только на черном рынке за бешеные деньги, рублей за 30–50. А это треть, а то и половина зарплаты, оторванная от нужд семьи. Но были люди, у которых голод на книги был сильнее голода на вещи.

Я находила на этих развалах прекрасно изданные альбомы по искусству, книги по истории, труды Ю. М. Лотмана...

А еще там попадаются книги, уже купленные в Израиле — дорогие книжки, приобретенные на жалкое пособие по старости теми, кто без книг не мог жить. Это племя «мокрецов» из «Гадких лебедей» — если их лишить книг, они умирают.

Что-то я беру из кучи, одну-две книжки. Я ведь тоже предпочитаю теперь свою электронную читалку. И возвращаясь домой, окидываю тоскливым глазом книжные полки, представляя, как их содержимое будет аккуратными стопочками лежать у стены, в нечистом углу, куда выбегают на перекур продавцы русского продуктового магазина.

НЕПРЕЛОЖНОСТЬ

Чихаю. Идущие мимо мужчина с мальчиком лет десяти произносят в унисон, по-русски:

— Будьте здоровы!

— Спасибо.

Они идут дальше, и я слышу, как мальчик говорит отцу:

— Вот! Теперь ты ОБЯЗАН купить мне Айфон!

— Почему это?

— Потому что, когда мы о нем разговаривали, она ЧИХНУЛА! И поэтому...

ПОЧТИ СЕСТРА

В аэропорту Мадрида, на обратном пути, проверка службы безопасности. Поскольку лечу компанией Эль-Аль, вопросы задают израильтяне.

Строгая девушка в форме раскрывает мой паспорт. И вдруг официальное выражение сползает с ее лица.

— Твоя фамилия Стратиевская-Разумовская?!!

— Да.

— А моя Тетиевская-Могилёвская!

Смотрю на ее нагрудную карточку — таки да! Я протянула ей руку, и мы обменялись родственным рукопожатием. Причем девочка не русскоязычная, родители ее из Аргентины. А дедушка-бабушка понятно откуда.

ХАПУГА

Сижу в автобусе, уткнувшись в телефон. Меня стучат по плечу. Маленькая сухая старушка с копной черных крашеных волос гневно смотрит на меня

— Как тебе не стыдно!

— ??

— Да-да! Ты платила за одно место? А занимаешь два! Где лежит твоя сумка? На соседнем сиденье! А это два места! А платила ты за одно!

Оглядываюсь — автобус пустой, мест полно.

— Хочешь сесть? Садись.

— А-а! Стыдно стало? Поздно! Раньше надо было предлагать! Вот из-за таких, как ты, у людей проблемы! Весь Израиль готовы захапать! За одно место заплатила, а сидишь на двух!

Возвращаюсь к мобильнику, продолжаю читать. Старушка зудит еще несколько остановок и выходит. Пустой автобус несется дальше.

НЕПОСРЕДСТВЕННОСТЬ

Забираю посылку в лавочке, которой перегруженная интернет-покупками почта передала эту функцию. Это очень удобно: пришел, забрал, никакой очереди. Хозяин лавочки, молодой парень, выдает мне пакет и говорит:

— Ты очень красивая!

— Спасибо.

— Можно пригласить тебя сегодня вечером на чашечку кофе?

«Чашечка кофе» — это приглашение переспать. Удивленно фыркаю.

— Я серьезно! У меня записан в почтовом компьютере твой телефон, так я тебе позвоню?

— Да нет, не стоит.

— Почему? Я, что, некрасивый?

— Ты очень симпатичный. Но ты возраста моего сына.

— А сколько ты мне дашь?
— Тридцать с хвостиком.
— Правильно. Но это не имеет значения! Я — красивый, ты — красивая, так я позвоню?

Решительно качаю головой и выхожу, не сдержав хохота. За все годы жизни в Израиле я так и не привыкла к этой непосредственности. Что же это мне напоминает? Ах, да!

«Приходите к амбару. Мне ухаживать некогда. Вы привлекательны, я привлекателен — чего же тут время терять? В полночь. У амбара. Жду. Не пожалеете» (Е.Шварц. *Обыкновенное чудо*)

О КОВИДЕ

Человеческое общество подобно организму. Если человек попадает в стрессовую ситуацию, в его организме обостряются все хронические болячки, у кого сердце, у кого печень. И наоборот, если активизируется болезнь, она часто загоняет в нервное, стрессовое состояние.

Мне кажется, пандемия (сама болезнь, карантин, ограничения, нарушение привычного устройства жизни, экономические сложности и пр.) обострила все хронические проблемы нашего мира. То, что подспудно тлело, вырвалось наружу.

Я не припомню за свою уже долгую жизнь такой вспышки глупости, агрессии, распадания на лагеря по множеству вопросов — политика, мораль, общественные и семейные отношения, принятие/непринятие запретов, связанных с пандемией…

Пандемия касается всего человечества и, по идее, она должна была бы нас сплотить, продемонстрировав, что мы все в одной лодке, несмотря на различия географические, экономические и политические.

Но она только катализировала все процессы. Я — простой и беспомощный наблюдатель происходящего, и я всё время должна себе повторять, что это не фильм циничного режиссера-абсурдиста, а реальность, в которой мы вдруг оказались. И мне очень интересно смотреть за этими процессами, каждый день удивляет чем-то новым. Удивляет, хоть и не радует. И хочется успеть досмотреть, куда же это нас приведет.

ПАРК НА ПОМОЙКЕ

У трассы Иерусалим–Тель-Авив высилась огромная коричневая гора с плоской вершиной, которая называлась Хирия, по месту бывшей арабской деревни. Длиной полмили, высотой 80 м над уровнем моря.

Гигантская помойка, которая вырастала постепенно с начала 50-х годов, куда свозились отходы всего (25 миллионов тонн мусора!). Все первые годы моей жизни в Израиле я с недоумением смотрела на нее, проезжая мимо, а гнилостный запах мешался с ароматами апельсиновых рощ.

Отходы отравляли воду вокруг, а стаи птиц, кормившихся на помойке, создавали серьезные проблемы самолетам расположенного близко аэропорта Бен-Гурион.

В 2004 году был принят проект создания парка на месте помойки. Хирию укутали специальным покрытием, чтобы она перестала отравлять всё вокруг себя, насыпали почву, подвели воду, насадили всякую растительность, и свалка превратилась в очаровательный парк. Поскольку Ариэль Шарон, бывший тогда главой правительства, активно поддерживал этот проект, парк носит его имя.

Выброшенные на свалку стволы деревьев пошли на создание беседок и скамеек, а газ, образующийся внутри Хирии, выводится по пробитым шурфам наружу и становится энергией, вырабатывающей электричество.

И это только начало проекта, парк будет расширяться.

УЗНАВАЕМОСТЬ

Передо мной идет незнакомая пожилая пара. Ветер доносит обрывок фразы, произнесенной женщиной по-русски:

— ...понимаешь, ведь это зависит от восприятия...

И по этому клочку, по интонации, по манере произношения — сразу понятно: питерская интеллигенция!

ПЕКАРНЯ БЕРМАНА

Хорошая новость для иерусалимцев и гостей столицы: три дня назад, после нескольких месяцев ремонта снова открылась пекарня-кофейня Бермана на улице Агрипас. Это самая старая еврейская пекарня в Иерусалиме, с замечательной и даже поучительной историей.

В 1875 году в Палестину из Литвы репатриировалась семья Берман: муж, жена и их двое сыновей, Иегошуа и Элиягу. Евреи могли селиться тогда только в еврейском квартале Старого города. Глава семейства Тодрус Халеви Берман пошел учиться в ешиву, но ведь семью надо было как-то кормить, правда? Тем более что родились еще две девочки, и почему-то все хотели есть.

И тогда жена Тодруса Крише (я не поняла, что это за имя такое, м.б. переделанное польско-литовское Крыся?) стала печь медовые лепешки и продавать их христианским паломникам, стекавшимся в Старый город. Видимо, лепешки были хороши, потому что их расхватывали, и семейству Берман стало полегче жить.

А потом кто-то из православных паломников спросил Крише, не печет ли она ржаной хлеб? Ржаной муки тогда не было в Палестине, и Крише придумала добавлять в пшеницу молотые плоды рожкового дерева, что придало ее хлебу темно-коричневый ржаной цвет, и эта выпечка пошла на ура у паломников из России, за долгие странствия исстрадавшихся от ностальгии.

И вот на лепешках и этом хлебе стало расти производство Берман, так что один из сыновей — Иегошуа бросил ешиву и включился в семейный бизнес.

Он открыл магазин за пределами Старого города и в периоды христианских праздников завозил туда хлеб и лепешки. Так как евреям нельзя было торговать вне города, умный Иегошуа приспособил для вывоза фургоны, приобретенные у частей австрийской армии. На них был знак якоря, и стража у ворот выпускала их беспрепятственно. Позже Иегошуа включил этот якорь в логотип пекарни, так как людям он запомнился.

Постепенно еврейское население стало заселять некоторые районы Иерусалима, и в конце XIX века Берманы перебрались в Меа Шеарим и там открыли свою первую пекарню. Тут уже и брат Элиягу стал помогать матери и брату.

В период Британского мандата (1917–1948) пекарня процветала, так как англичанам ее изделия пришлись по вкусу.

А во время Войны за Независимость 1948 года это была единственная пекарня, которая продолжала работать и снабжать население хлебом.

А дальше производство всё разрасталось, семья Берманов всё богатела, магазины и пекарни Берман открывались по всему Израилю.

К 2007 году доход сети Берман был равен 300 миллионам шекелей в год.

Отличная история для новых репатриантов — умные головы могут отыскать свою нишу для приложения профессиональных талантов.

ПИСАТЕЛЬСКИЙ МАСТЕР-КЛАСС

Молодой успешный писатель (лет тридцати) рассказывает, как сегодня добиться известности, стать знаменитым, востребованным, чтобы твоя книга была нарасхват.

— Надо познакомиться с раскрученными крутыми писателями, писать им всем, не стесняться, просить рецензию. Если один напишет — это уже супер круто. Крутая рецензия — это нормально так. Потом завязывать связи со всякими крутыми медийными личностями… Первый тираж 200 экземпляров — это сегодня уже очень круто… Если нет доступа к крутым авторам, пусть о вас пишут некрутые — друзья, знакомые… Несколько рецензий в крутых магазинах — это очень круто! Пока вы не раскручены, крутым издательствам вы неинтересны…

Я ничего не выдумываю — это просто сжатый конспект выступления. Не будучи раскрученным автором, я почтительно записывала советы своего даровитого коллеги.

Но шевелилась мыслишка: а в курсе ли крутой писатель, что в русском языке есть синонимы? В частности, синонимы к слову «крутой»? Хотя зачем ему? Он и так крут.

ПОРА ЛЮБВИ

Из-за почти полного отсутствия людей и машин в период пандемии, стало слышнее птиц. Со всех деревьев и из кустарников несутся птичьи арии, серенады, сладострастные стоны, семейные разборки.

Минут пятнадцать я наблюдала на дереве яростную сценку воробья и воробьихи. Они не умолкали ни на секунду, чисто итальянские страсти. Воробей пытался напрыгнуть на самочку, чтобы слиться с ней в экстазе, а она уворачивалась с воплями, но не улетала, а клевала воробья в голову, в спину, куда доставала.

Он: Хочу тебя! Хочу тебя!

Она: Подлец! Мерзавец! Сволочь!

Он: Хочу! Хочу! Здесь! Сейчас!

Она: Чтобы ты подох! Чтоб тебя кошка съела!

Он: Ты моя! Моя!

Она: Разбежался! Посмотрите на него, птицы добрые! С тобой — никогда!

Тут появился третий — новый поклонник. Самцы бросились друг на дружку.

— Прочь!

— Сам прочь!

— Заклюю!

— Клюв не дорос!

Дуэлянты сорвались с дерева и полетели выяснять отношения, а самочка в упоении рванула за ними.

ПРАЗДНИК ПИСАТЕЛЕЙ

В качестве новоизбранного члена Союза писателей Израиля я съездила в Тель-Авив на торжественный юбилей — 30 лет существования русской секции этого Союза. Было обещано много юмора и праздничный ужин с выпивкой за счет Союза и мэрии города. Из Иерусалима был организован большой автобус, причем позвонивший мне писатель строго предупредил, что возможны проблемы с местами: в автобусе их 55, а претендентов аж 70. О, как много прозаиков и поэтов в одном Иерусалиме! — подумала я.

А места, ну будут — будут, нет-нет. Пришла я минут за десять до времени отъезда. Увидела большую группу, и сразу поняла, что это русские писатели, хотя никого из них не знала. Дам было совсем немного, все причепуренные, самые юные, лет 50-ти, с неплохими фигурами. У мужчин был некоторый общий стиль парадной одежды: выцветшие джинсы, мятые ковбойки навыпуск, плохо скрадывающие животики, на ногах сандалии, с носками и без. Видимо, подразумевалась надбытность творцов и хорошо продуманная художественная небрежность облика. Я робко стала сбоку и почтительно прислушивалась к литераторам.

Удивило меня то, что все они извинялись друг перед другом за то, что явились вовремя, каждый утверждал, что время для него не существует, что он всегда и везде опаздывает, а сюда пришел загодя, сам не знает почему (разумеется не из-за возможной нехватки мест и перспективы пира на халяву).

Места хватило всем. Мы поехали, предвкушая, но примерно на середине дороги автобус встал. Писатели заволновались. Шофер сказал, что вытекла вода, и мы должны где-то заправиться. И свернул тихонько с трассы на боковую дорожку. Писатели и особенно поэты, которых я отличала по длинным волосам, очень перепугались. Высказывались мнения: зачем сворачивать на боковую дорожку? Проверили ли документы у шофера? А может он араб — вид у него какой-то не такой. Взорвать автобус с русскими писателями — мечта любой террористической организации. И вообще, что это за безобразие, мы опоздаем на концерт (на пир)! Все это говорилось шепотом, хотя шофер по-русски понимать не мог. Но, видимо, решил нас не взрывать, а залил на бензоколонке воду, и мы благополучно прибыли в Тель-Авив.

Большой полукруглый зал мэрии был уже переполнен, вносились дополнительные стулья.

Концерт искрометного юмора начался с того, что председатель секции маститый прозаик Е. Баух (я не виновата, он так и пишется) зачитал поздравление от президента страны, а потом долго говорил о могучем влиянии нас, русских писателей Израиля, на духовную атмосферу страны. Оказалось, что нас, членов, 275 человек (я вздрогнула), но в зале народу было куда как больше. Видимо, пришли поклонники талантов.

Рядом со мной сидела пожилая поэтесса со своим мужем-писателем. Платье на ней было пестрое, а негустые седые волосы забраны в кокетливый хвостик на одну сторону и стянуты под правым ухом красной ленточкой.

Она сразу пожаловалась мне на боли в спине, поскольку сдвинула диски позвоночника во время последней поездки в Италию. Я предложила ей воспользоваться помощью моей мануалистки. Поэтесса в меня вцепилась. Она переспрашивала по много раз каждую мою фразу, после чего оборачивалась к мужу и вскрикивала: «Илюша, ты слышишь, что она говорит? Ее послало мне провидение!» — «Люся, помолчи!» — мрачно отвечал Илюша. Люся в порыве благодарности предложила мне приехать к ним в гости в Хайфу, потому как у них большая библиотека. А, кроме того, она пообещала подарить мне книги — свои и мужа Илюши. Я поблагодарила и извинилась, что книг не покупаю и не принимаю, потому как у меня очень маленькая квартирка, для книг места нет. Люся спросила подозрительно: «А вы — член Союза?» «Член, член», — успокоила я. Потрясенная Люся замолчала, и я смогла, наконец, послушать, что происходит на сцене.

На сцене выступал секретарь секции. Он долго шутил на тему, как все мечтают стать членами Союза писателей и грозят выброситься из окна, если их не примут. Потом выступал прозаик. Он не шутил. Минут двадцать он объяснял залу, что поскольку писатели в Израиле знают, что не получат за свой труд ни славы, ни денег, значит они работают из чистой Любви к Искусству, а потому они все куда как более талантливы, чем российские коллеги, продающиеся за презренный металл и суету сиюминутного успеха.

Я вспомнила «Берегись автомобиля», где режиссер Народного театра в исполнении Евстигнеева объяснял, что в Народном театре актер играет лучше, чем в профессиональном, поскольку не получает зарплату. «И насколько Ермолова лучше бы играла вечером, если бы днем она простояла у сверлильного станка!»

Затем на иврите выступал мэр Тель-Авива, который утверждал, что несмотря на то, что не знает ни слова по-русски, но очень ценит, любит и понимает…

Единственным исключением был журналист местного русского радио, собирающий ляпы дикторов и радиослушателей. Один запомнила: рекламируется сеть магазинов быта. Мягким завлекательным голосом девушка произносит в эфир: «В этих магазинах новый репатриант может приобрести все необходимое — от мыла до веревки».

Потом наступил долгожданный перерыв с пиром. Поэты, прозаики и иже с ними рванули вниз, снося охрану. В большом зале стояло два канцелярских стола. За одним улыбчивые молодые люди наливали желающим в разовые стаканчики диет-колу, а за другим раздавали местные пирожки — бурекасы (много жирного слоеного теста и чуть пюре внутри) — один пирожок в одни руки.

За третьим столом стоял раздраженный Губерман и пытался торговать своей новой книжкой, за тем он сюда, как я поняла, и приехал.

В это время выяснилось, что практически всю иерусалимскую часть творцов, с которыми я прибыла, в зал не пустили, поскольку мест не было, а на ступеньках тут не сажают.

Иерусалимцы были в бешенстве, всё первое отделение они простояли на улице, пуская по кругу фляжки с крепкими напитками, а к перерыву, когда градус достиг предела, они решили гордо ехать домой, не дождавшись второй части концерта.

«Слава богу!» — мысленно вскричала я, и мы благополучно вернулись в столицу.

Слыхала я, что оскорбленные иерусалимцы хотят швырнуть свой писательский билет на стол. Но мне пока что швырять нечего, потому как билета я еще не получила. Пока так живу.

ПРЕДВЫБОРНОЕ

В центре супермаркета густая толпа. Сотрудники магазина перестали раскладывать товары, покупатели бросили свои тележки. Слышны выкрики:

— Только Биби!
— Только не Биби!
— Это Биби виноват в том, что…
— Биби ни в чем не виноват! Он — «король Израиля!»
— Увидишь, Биби вернется, и всё исправит, что эти нагадили…
— Биби исправит? Да он…

Осторожно огибаю бурление страстей и иду к кассам. Там пусто, всем не до покупок.

ПРОВОРОНИЛИ

Прежде чем варить куриный бульон — «еврейский пенициллин», я сняла с курицы жирную кожу, разрезала ее на кусочки, чтобы многим хватило, и вынесла кошкам. Ну, думаю, будет у хвостатых праздник.

Но не тут-то было. Кошки сбежались, понимая, что им принесли очередную дань. Нюхнули. Лапой потрогали. Самые смелые лизнули. И застыли, как в последней сцене «Ревизора».

Понимаю, их щедро кормят специальным сухим комом, и они просто не поняли, что это вот тоже еда. Один, самый передовой, вдруг осознал, впился в свой кусок, заурчал и отволок его от собратьев подальше, береженого бог бережет.

Пока до других кошек доходило, ситуацию расчухали умные вороны. Налетели бандой и молниеносно утащили куриную кожу прямо из-под носа у кошек, те только башкой закрутили.

И вот тут до них дошло. Я наблюдала, с какой скорбной тоской они вылизывали асфальт из-под курицы. А ведь только что лежало тут, звало, в пасть просилось!... Эх!

СИРЕНЬ

Середина 90-х. Заработки художников в России почти сошли на нет, и папу это очень угнетает. Тут моя израильская подруга говорит мне, что ее знакомые хотели бы купить натюрморт с сиренью. Я звоню папе в Питер, он с оказией передает мне в Иерусалим акварель для продажи.

Я на нее смотрю, и у меня сжимается сердце. У папы есть формула: «из десяти работ девять дарить стыдно, а одну — жалко». Это высочайший уровень требовательности к себе. Так вот, этот натюрморт — из тех, которые безумно жалко отдавать. Увидят ли будущие владельцы, какой живой, дышащий букет сирени? Как дивно отражается окно в стекле банки? Как все напоено светом, воздухом, белыми ночами, с их чуть фиолетовым отсветом, вносящим в нежную радость весны капельку печали? Робко заикаюсь об этом папе по телефону, но он и слышать не хочет и командует: продавать!

Звоню подруге, она своим знакомым, и покупатели приходят. Семья: папа, мама, девочка лет одиннадцати. Все замечательно красивы, стильно одеты, явно успешны в новой израильской жизни. Ставлю перед ними натюрморт.

Пауза.
Наконец, жена говорит растерянно:
— Сирень в банке за 20 копеек?!! Мы ждали, что будет какая-нибудь красивая дорогая ваза! Как мы такое можем повесить в нашем новом салоне?

Муж: И скатерть какая-то старая, будто простыню на стол положили. Вот если бы с узорами, с кистями…

Жена: Что скажут наши гости? Нас же засмеют!

Муж *(с сомнением)*: Может, на кухню, рядом с холодильником есть место…

Тут я очухиваюсь и говорю:

— Извините, пожалуйста! Вышла ошибка, недопонимание. Конечно, не стоит вам брать акварель, зачем вам эта банка? Простите, что вас обеспокоили напрасно!

Мои извинения приняты, и покупатели уходят.

Звоню папе и рассказываю ему, что, к сожалению, покупка сорвалась. Пересказываю мнение посетителей. Он в первую минуту огорчается, а потом не выдерживает и начинает хохотать вместе со мной.

Так и осталась у меня эта сирень в «банке за 20 коп».

ХАРАССМЕНТ

Дамы сейчас дружно бросились припоминать, как 10–20–30 лет назад их кто-то гнусно домогался. И вот, они тайно страдали все эти годы, стеснялись рассказать об этом ужасе, а теперь вдруг решили перестать стесняться и призвать подлеца к ответу. И к денежному возмещению морального ущерба.

А я-то чего молчу? Пора и мне вплести свой голос в хор униженных и оскорбленных!

В 1993 году одна довольно значительная репатриантская организация, пресс-секретарем которой я оказалась, устроила голодную забастовку в Саду Роз, напротив Кнессета. Всё было культурно, по закону, из Кнессета нам ежедневно присылали упаковки с водой, чтобы не было обезвоживания, пресса вокруг крутилась в изобилии. Члены Кнессета периодически к нам выходили и беседовали под вспышками блицев, чтобы попасть в вечерние новости. Тогда у меня и выработалось устойчивое отвращение к политикам любых мастей и партий, я поняла, что все они одно и то же.

В какой-то момент к нам пришел Эхуд Ольмерт, кандидат в мэры Иерусалима. Он демократично уселся на траву рядом со мной и радостно всем сказал: «Голосуйте за меня на выборах, и я, когда стану мэром, решу все ваши проблемы!»

Всем было понятно, что это только слова, что ничего он делать не будет, просто не упускает шанс завербовать дополнительные голоса.

Рассказывая о светлом будущем, которое всех нас ожидает, как только он станет мэром, Ольмерт постучал ладошкой себя по коленке, а потом, якобы в рассеянности, постучал по коленке меня, сидящую рядом с ним.

Была бы я умной, вскочила бы, завопила о насилии, об унижении, о недопустимом домогательстве! Свидетелей-то вокруг целая толпа, не отвертелся бы, гад!

Но я просто отодвинула ноги подальше от него... Эх, ворона!

ДЖЕНТЛЬМЕН

Несу выбрасывать мусор. Идущий сзади незнакомый мужчина вдруг забегает вперед и с полупоклоном открывает передо мной крышку мусорного бака.

Киваю ему со сдержанной улыбкой истинной леди. И думаю: «А хорошо, что я не поленилась надеть сережки!»

ШТОРМ

Всю ночь за окном творилось что-то несусветное. Полсотни ведьм выли на разные голоса. По крыше катались железные бочки с камнями, сталкивались, иногда, судя по звукам, наезжали на хвосты кошкам.

Ураган бросался на стену дома с яростью штурмующих варваров, дом трясся от ужаса, стонал, но держал. Молнии пыхали, опережая друг дружку, каждые две минуты. Град с упорством назойливого нищего колотил в окна, просил погреться. Но я, человек черствый, только туже натягивала на нос одеяло.

Утром выглянула в окно — Иерусалима как не бывало, за ночь его стащили, оставили взамен кучу серых облаков.

В доме — морозильник. Сижу за компом в шубе, шапке, меховых тапочках-сапожках. На руках митенки. Чисто француз, уходящий в 1812 году из-под Москвы.

РАЗГОВОР

К моему великому счастью, в Израиле существует доставка из супермаркета. Вот и сегодня я накупила всякого тяжелого: овощи, фрукты, соки, упаковки воды, вино по предпраздничной скидке.

Могучий красавец-араб втащил это всё на мой четвертый этаж, принял чаевые, но вдруг остановился и спросил.
— Ты русская?
— Я — еврейка из России.
— А тебе известно, что среди русских есть мусульмане?
— Я знаю, есть и много.
— Вот, много! Поэтому мы любим Россию и Путина!
— Путина?
— Да! Мы его любим! Он — вождь и он самый умный!
— Почему?
— Потому что он понимает, кто враг, и побеждает его!
— А кто его враг? Украина?
— Нет! Украина — это его собственность, он ее возвращает! А враги его — бадан и ороба!
— Кто?..
— Бадан — вождь Америки! Ороба — Германия, Англия…
— А, Европа.
— Да! Путин их всех победит!
— Ясно. Хорошего дня!

Уже из-за двери.
— Путин — герой! Он победит!

ТАКСИСТ

В пятницу, чтобы доехать до дома от автовокзала, пришлось взять такси, поскольку Иерусалим был перекрыт из-за марафона. Таксист не растерялся и потребовал двойную оплату. Расчет был точен: ледяной ветер с дождем и градом, автобусов нет, такси расхватывают, кто успел. Я согласилась и нырнула в машину.

Я привыкла к разговорчивости таксистов и обычно с интересом слушаю, что бы мне ни рассказывали, не возражая — так можно окунуться в чужое представление о мире. Но в этот раз было не так.
— Ну что, молодец ваш Путин?
— Что?!!
— Ты же русская?
— Да, я еврейка из России. И что?

— Потому что все русские обожают Путина! Все мои русские пассажиры говорят, что Путин прав, что он сильный, умный, что всё делает, как нужно…

Тут меня срывает с винта.

— Путин — преступник и убийца! Гитлер наших дней!

— А все русские говорят…

— Среди русских полно идиотов! И я не обязана думать, как они. А Путина нужно судить в трибунале Гааги!

— За что его судить? Он ни в чем не виноват. Виноваты во всем американцы!

— Причем тут американцы? Россия напала на Украину, там погибло уже множество мирных людей: дети, старики…

— Да никто там не погиб! Враньё это. А что американцы делали в Ираке, в Афганистане, ты знаешь? Они там убивали женщин и детей!

— Какие новости ты смотришь? Причем тут Ирак? Сейчас война в Украине, страшная война, бессмысленная…

— Вот! Тебе плевать, что американцы творили в Ираке! Всему миру плевать!

— Я понимаю, что тебе дорог Ирак, поскольку ты оттуда…

— А откуда ты знаешь?

— По акценту. Так вот, убийство мирного населения — всегда преступление. Но сейчас оно происходит в Украине…

— Ты опять об этом! Это всё устроили американцы из-за денег. Они устраивают все войны, потому что деньги для американцев — всё. А Путин им дает отпор.

— Слушай, посмотри какие-нибудь мировые новости. Может, ты поймешь, что всё не так, как ты говоришь?

— Я смотрю все новости, и я знаю, что я прав!.. Куда сейчас поворачивать?.. Ох, как далеко! Надо было с тебя больше денег взять… А вообще, ты мне понравилась. Не хочешь встретиться, выпить чашечку кофе? Нет? Шабат шалом!

МОРДОР

Нас вмазали против воли
В бессмысленный
Вздор ссор,
В бреду мы? В кошмаре, что ли?
Вдруг сбылся —
Мор-дор.

И легче ли, что убийца
И вор — хвор?
Добрее к жертве волчица,
Чем к людям
Мор-дор.

Пусть будет и дальше рваться
Из ящика ор свор,
Не стоит, братцы, пытаться
Задобрить
Мор-дор.

Вползти старается в каждый
Двор мор,
Но сгинет навек однажды
И скоро —
Мор-дор!

01.01.2023

* * *

Снова рубят лес, взлетают щепочки,
Формы камуфляжные рябы,
Снова наши мальчики и девочки
Мечут жизни в покере судьбы.

Снова гибнет кто-то в этом вздоре, и,
Как ни тщусь, ответа не сыщу,
Всё никак не сдать в музей Истории
Бедную Давидову пращу.

* * *

...и вдруг предел, когда опустишь руки,
И нос на квинте жалостно повис,
И твой январь, как жуткий Фредди Крюгер,
Во сне когтями режет жизнь и мысль.

И хочется бежать, но ноги — вата,
И хочется кричать, но в горле ком,
И страх в висках колотится стаккато,
И дальний колокол звонит — по ком?

(Ты в ужасе зажмуриваешь вежды,
И трижды три плюёшь через плечо,
В приметы верят бабки, да невежды,
И ты за ними, если обречён).

И морок-фуфлогон в январском царстве
Темнит, свистит, и пробужденья нет.
Но контрабандой, день за днём, лекарством
По чайной ложке прибывает свет.

Содержание

ВМЕСТО ПРЕДИСЛОВИЯ 5

ОТ АВТОРА 7

МИР НАОБОРОТ 9

БЛОКНОТ ПЕРВЫЙ 13

ЛЕСНЫЕ СНЫ 83

БЛОКНОТ ВТОРОЙ 89

АВТОБУСНЫЕ ЗАМЕТКИ 151

БЛОКНОТ ТРЕТИЙ 175

ИЗРАИЛЬСКИЕ ЗАРИСОВКИ
ЛЬВА РАЗУМОВСКОГО 241

БЛОКНОТ ЧЕТВЕРТЫЙ 249

www.ingramcontent.com/pod-product-compliance
Lightning Source LLC
Chambersburg PA
CBHW042028050526
44107CB00103B/741